Vibe Coding mit Bolt

Vibe Coding mit Bolt

Web-Apps mit KI planen, entwickeln und betreiben

Addy Osmani

Übersetzung von
Jens Olaf Koch

O'REILLY®

Wir hoffen, dass Sie Freude an diesem Buch haben und sich Ihre Erwartungen erfüllen. Falls Sie Anregungen, Wünsche und Kommentare haben, lassen Sie es uns wissen: **service@rheinwerk-verlag.de**.

Informationen zu unserem Verlag und Kontaktmöglichkeiten finden Sie auf unserer Verlagswebsite **www.dpunkt.de**. Dort können Sie sich auch umfassend über unser aktuelles Programm informieren und unsere Bücher und E-Books bestellen.

Autor: Addy Osmani
Übersetzung: Jens Olaf Koch
Lektorat: Ariane Hesse
Buchmanagement: Julia Griebel
Copy-Editing: Sibylle Feldmann, *www.richtiger-text.de*
Satz: III-satz, *www.drei-satz.de*
Herstellung: Stefanie Weidner, Frank Heidt
Covergestaltung: José Marzan Jr., Michael Oréal, *www.oreal.de*
Druck: mediaprint solutions, Paderborn

PEFC
PEFC/04-31-0810

Dieses Buch wurde mit mineralölfreien Farben auf PEFC-zertifiziertem Papier aus nachhaltiger Waldwirtschaft gedruckt. Der Umwelt zuliebe verzichten wir zusätzlich auf die Einschweißfolie. Hergestellt in Deutschland.

Bibliografische Information der Deutschen Nationalbibliothek:
Die Deutsche Nationalbibliothek verzeichnet diese Publikation in der Deutschen Nationalbibliografie; detaillierte bibliografische Daten sind im Internet über *http://dnb.dnb.de* abrufbar.

ISBN Print: 978-3-96009-288-9
ISBN PDF: 978-3-96010-970-9
ISBN ePub: 978-3-96010-971-6

1. Auflage 2026

Rheinwerk Verlag GmbH • Rheinwerkallee 4 • 53227 Bonn
service@rheinwerk-verlag.de

Inhalt

Vorwort **11**

Einleitung **15**

1 Einführung in Bolt.new und Prompt-first-Development **23**

Was ist Bolt? 23

Die Vorteile von Prompt-first-Development 24

Wer profitiert von Bolt? 25

Prompt-first-Development: ein einfaches Beispiel 26

KI als zuarbeitender Assistent 29

In React denken 30

Komponenten: die Bausteine von Benutzeroberflächen 30

Props: Daten an Komponenten übergeben 31

State: dynamische Daten und Interaktionen verwalten 32

Wie React in das Arbeiten mit Bolt passt 34

Zusammenfassung 35

2 Erste Schritte mit Bolt **37**

Registrierung und Start von Bolt 37

Ihr erster Prompt 40

Den Workspace erkunden und anpassen 43

Metaprompts verstehen: die KI-Richtlinien Ihres Projekts 44

Beispiel: Metaprompting 46

Zusammenfassung 46

3 Seien Sie präzise, seien Sie konkret: Prompt Engineering und iterative Entwicklung **49**

Erwartungsmanagement: Grenzen und Stärken von KI 49

Tipps für effektives Prompting 51
Beginnen Sie allgemein, verfeinern Sie sukzessive 53
Schritt für Schritt, Aufgabe für Aufgabe 54
Vibe Coding und kreative Exploration 56
Wenn die Dinge aus dem Ruder laufen 57
Beispielhafte Prompt-Szenarien 59
Best Practices für einen Prompt-first-Workflow 62
Zusammenfassung 64

4 Fixes, Checkpoints und Rollbacks 65
Troubleshooting 65
Checkpoints und Rollbacks nutzen 67
Iteration und Versionierung als Grundlage für schnelles Experimentieren 71
Wann man eingreifen und wann man neu anfangen sollte 73
Wann man eingreifen sollte 73
Wann man von vorne beginnen sollte 73
Behalten Sie den Polarstern im Blick 74
Zusammenfassung 74

5 Entwicklung einer Movie-Explorer-App, Teil 1: Browsing und Details 75
Einrichten des API-Keys 76
Einrichten eines neuen Bolt-Projekts 76
Konfiguration des TMDB-API-Keys 78
Abruf und Anzeige beliebter Filme 79
Hinzufügen einer Suchfunktion 82
Implementierung der Filmdetailseite 85
Wenn Bolt React Router verwendet 86
Falls Bolt Next.js verwendet 87
Testen der Detailseite 87
Feinschliff der UI 88
Testen der Anwendung 92
Häufige Probleme und Troubleshooting 93
Tipps und Best Practices 95
Zusammenfassung 97

6 Entwicklung einer Movie-Explorer-App, Teil 2: Favoriten und Authentifizierung 99

Supabase-Setup 100

Ein Supabase-Konto erstellen 100

Supabase mit Bolt verbinden 100

Supabase-Projekt mit einer Favoriten-Tabelle einrichten 101

Authentifizierung mit Supabase integrieren 103

Bolt-Projekt mit Supabase verbinden 104

Bolt per Prompt um eine Authentifizierungs-UI erweitern 104

Favoritenfunktion implementieren 109

Favorit-Button hinzufügen 109

Seite »Meine Favoriten« hinzufügen 112

Häufige Probleme und Troubleshooting 115

Tipps und Best Practices 117

Zusammenfassung 119

7 Bereitstellung Ihrer App mit Netlify 121

Deployment-Schritte 122

Netlify in Bolt verbinden und konfigurieren 122

Überwachung des Deployment-Prozesses 123

Testen der Live-Site 124

Netlify-Deployment anpassen (optional) 125

Bei weiteren Änderungen neu deployen 125

Häufige Probleme und Troubleshooting 126

Tipps und Best Practices 127

Zusammenfassung 128

8 Entwicklung eines Supabase-gestützten Workout Tracker 131

Erste Schritte 131

Setup 132

Planung des Datenbankschemas 132

Tabellen in Supabase einrichten 133

Row-Level Security (RLS) implementieren 133

Entwicklung des Workout Tracker 134

Das Model-View-Controller-(MVC-)Muster 140

Fortgeschrittene Funktionen (optional) 141

Häufige Probleme und Troubleshooting 143
Best Practices 144
Zusammenfassung 146

9 Entwicklung einer Einkaufslisten-App mit Bolts Figma-Integration ... 147
Die Design-to-Code-Pipeline 147
Einrichten Ihrer Designumgebung 148
Projektanforderungen 148
Erstellen des Designs für die Einkaufsliste 149
Vorbereitung des Exports 151
Importieren in Bolt 152
Vom statischen Design zur dynamischen Anwendung 155
Interaktivität hinzufügen 156
Implementierung der Checkbox-Funktionalität 156
Einträge entfernen 157
Persistenz hinzufügen 158
Responsivität verbessern 158
User Experience verbessern 159
Häufige Probleme und Troubleshooting 159
Design Patterns für bessere Importe 160
Mögliche Erweiterungen der App 161
Zusammenfassung 161

10 StackBlitz für Bolt-Anwender 163
Einführung in StackBlitz 164
Exportieren Ihres Bolt-Projekts zu StackBlitz 166
Entwicklung im StackBlitz Cloud Editor 168
Rundgang durch die StackBlitz-Oberfläche 169
Sofortiges Feedback bei der Bearbeitung von Code 171
Debugging und Testen in StackBlitz 173
Unterschiede im Workflow zwischen Bolt und StackBlitz 174
Von KI-Prompts zum direkten Coding 174
Anpassen und verfeinern 175
Projektstruktur und Transparenz 176
KI-Unterstützung in StackBlitz 177

Speichern und Versionierung 177
Verwendung des integrierten Terminals 179
GitHub-Integration für Versionsverwaltung und Zusammenarbeit 182
Zusammenfassung 185

11 Mit Bolt und Expo mobile Apps entwickeln 187
Setup 188
Initialer Prompt und Standortdienste 188
Integration einer Wetter-API 190
Gerätefunktionen verwenden: Kamera und Benachrichtigungen 194
Zugriff auf die Kamera 194
Benachrichtigungen planen 196
Styling der React-Native-App 198
Testen der App 200
Live-Tests während der Entwicklung 201
Automatisiertes Testen 202
Testen von Production-Builds 202
Adaptierung der Einkaufslisten-App für mobile Plattformen 203
Zusammenfassung 205

12 Fortgeschrittene Bolt-Tipps 207
Debugging 207
Die Live-Entwicklungsumgebung von Bolt verstehen 208
Debugging und Troubleshooting in Bolt 209
Best Practices beim Debuggen von Bolt-Apps 210
Debugging-Beispiel 212
Weniger bekannte Bolt-Features 214
Gezieltes Targeting und Sperren von Dateien 214
Dateien ignorieren: fortgeschrittenes Kontextmanagement 215
Import und Integration externer Tools 216
Chrome-Erweiterungen: Supercharge und Snippets 217
Praxisbeispiele für versteckte Funktionen 218
Entwicklung von (Backend-gestützten) Full-Stack-Apps in Bolt 219
Best Practices für die Nutzung der Backend-Funktionalität 221
Beispiel: Ausführen einer Backend-Aufgabe in Bolt 224

Deployment und Export Ihres Backends 224
Abschließende Gedanken zum Backend in Bolt 225
Zusammenfassung 226

Index 229

Vorwort

Es war noch nie so einfach, ein neues Produkt zu entwickeln und auszuliefern. Stellen Sie sich vor, Sie beschreiben jemandem Ihre perfekte App in natürlicher Sprache und sehen zu, wie diese Person sie direkt vor Ihren Augen entwickelt – live und in Echtzeit. Kein Mock-up, kein Wireframe, sondern eine tatsächlich lauffähige Anwendung mit Datenbank, Authentifizierung beim Log-in und einer ausgereiften Benutzeroberfläche. Das anfängliche Gerüst erscheint in Minuten – und dann verfeinern und erweitern Sie es gemeinsam über Stunden oder Tage hinweg zu einer bemerkenswerten Anwendung.

Das ist kein Gedankenexperiment. Es geschieht bereits heute, tausendfach am Tag, in einem Tool, das wir nie zu bauen erwartet hatten: Bolt.new von StackBlitz.

Hätten Sie mir vor ein paar Monaten gesagt, dass ein Designer ohne jede Programmiererfahrung an einem einzigen Nachmittag eine voll funktionsfähige Meditations-App erstellen oder dass eine Unternehmerin an einem Wochenende einen Marktplatz inklusive Zahlungsabwicklung prototypen würde, wäre ich ziemlich skeptisch gewesen. Aber das sind keine hypothetischen Beispiele, sondern echte Geschichten von Menschen, die entdeckt haben, dass sie Software entwickeln können, indem sie einfach beschreiben, was ihnen vorschwebt.

Die Transformation verlief schneller, als wir erwartet hatten. Aus einem internen Experiment bei StackBlitz entstand sehr schnell etwas viel Größeres: eine grundlegende Verschiebung dahin gehend, wer Software entwickeln kann und wie schnell sich Ideen in Realität verwandeln lassen. Wir erleben gerade die Entstehung von *Vibe Coding*, einem intuitiven, experimentellen Ansatz, bei dem Sie sich Schritt für Schritt vorantasten und dabei von einer KI leiten lassen, die sowohl Ihre Vision als auch die technische Umsetzung versteht.

Vor vielen Jahren haben wir bei StackBlitz versucht, ein scheinbar unlösbares Problem zu knacken: Node.js nativ in Webbrowsern auszuführen. Die gängige Meinung war eindeutig: Browser seien nicht dafür ausgelegt, die Sicherheitsimplikationen seien unüberwindbar, und die Performance würde niemals mit nativen Umgebungen mithalten können. Wir hörten so oft »das ist unmöglich«, dass wir uns irgendwann fragten, ob nicht tatsächlich die Skeptiker recht hätten.

Dennoch entwickelten wir weiter, getrieben von einem einfachen Glauben: Wenn wir die Reibungsverluste beseitigen könnten, die immer wieder die Innovationsgeschwindigkeit behindern – das mühsame Setup, die Konfiguration der Umgebung, die frustrierenden »Funktioniert aber doch auf meinem Rechner«-Probleme –, dann könnten wir grundlegend verändern, wie Software entsteht. Vorhergesehen hatten wir aber nicht, dass sich diese Technologie zum Fundament für etwas noch viel Weitreichenderes entwickeln würde: die Demokratisierung der Softwareentwicklung selbst.

Heute treibt diese zuvor »unmögliche« Technologie Millionen von Entwicklungsumgebungen über StackBlitz an und erlaubt inzwischen, mit Bolt.new aus Beschreibungen in natürlicher Sprache Full-Stack-Anwendungen entstehen zu lassen. Projekte, für die früher Monate an Entwicklungszeit und Budgets von 30.000 Dollar nötig waren, lassen sich heute in wenigen Tagen für den Preis eines Kaffees prototypen. Die gesamte Softwarewelt ordnet sich neu, und wir erleben einen der spannendsten technologischen Umbrüche seit Jahrzehnten.

Dieses Buch erscheint zu einem perfekten Zeitpunkt. Während ich dies schreibe, erleben wir eine beispiellose Ausweitung des Kreises derer, die Software entwickeln können. Nicht technische Unternehmer entwickeln anspruchsvolle Anwendungen, Designerinnen prototypen interaktive Erlebnisse ohne die Hilfe von Entwicklerinnen und Entwicklern, und erfahrene Developer verwandeln sich von Low-Level-Codern zu hochrangigen System-Orchestratoren. Der Sprung von einer Idee zur lauffähigen Umsetzung im Browser ist so leicht geworden, dass es fast magisch wirkt.

Der besondere Wert dieses Buchs liegt darin, dass es die Lücke zwischen Magie und Methodik schließt. Addy Osmani zeigt Ihnen zunächst mal, wie Sie ein LLM mit Prompts dazu bringen, etwas zu entwickeln – aber darüber hinaus vermittelt er Ihnen Prompt-first-Development als neue Disziplin. Sie lernen nicht nur, was Sie prompten sollten, sondern auch, wie Sie Ihre Vision Schritt für Schritt verfeinern, KI-generierten Code debuggen und von KI-Unterstützung auf praktische, manuelle Entwicklung umschalten, wenn es auf Präzision ankommt.

Die Reise, auf die Sie sich begeben, spiegelt unsere eigene Entwicklung bei StackBlitz wider. Wir waren mit dem kühnen Ziel angetreten, Entwicklungsumgebungen vollständig im Browser laufen zu lassen. Mit WebContainer schufen wir die Basistechnologie, die das ermöglicht. Dann haben wir festgestellt: Wenn man die Komplexität des Entwicklungsprozesses minimiert, steigt nicht nur die Produktivität gestandener Entwickler, man ermöglicht sogar völlig neuen Gruppen von Kreativen, an der Gestaltung der digitalen Welt mitzuwirken.

Diese Demokratisierung zielt nicht darauf ab, Entwickler zu ersetzen. Es geht darum, menschliche Kreativität durch KI-Fähigkeiten zu ergänzen, schnelle Experimente zu ermöglichen und den Iterationszyklus zwischen Idee und Umsetzung so stark zu beschleunigen, dass es sogar Auswirkungen darauf hat, was wir überhaupt entwickeln. Wenn es nur noch Stunden statt Wochen dauert, etwas Neues auszuprobieren, experimentiert man häufiger. Wenn sich ein funktionierender Prototyp so leicht teilen lässt wie ein Link, verändert sich Zusammenarbeit. Wenn das Deployment mit einem einzigen Klick erfolgt, liefern Sie mutiger aus. Ein erfolgreiches Produkt oder Unternehmen zu entwickeln, ist immer auch ein Spiel mit Wahrscheinlichkeiten. Um dieses Spiel zu gewinnen, kommt es vor allem auf eines an: Wie schnell kann ich Iterationen ausliefern, daraus lernen und den Vorgang möglichst zeitnah wiederholen? Indem Bolt die Lücke zwischen Idee und App schließt, vergrößert es Ihre Erfolgschancen ganz erheblich.

Das Buch, das Sie in den Händen halten, ist mehr als ein technisches Handbuch. Es ist Ihr Leitfaden, um aktiv an dieser Transformation teilzunehmen. Ob Sie Neueinsteiger sind, der noch nie eine Zeile Code geschrieben hat, oder eine erfahrene Entwicklerin, die ihren Workflow beschleunigen möchte: Hier finden Sie praxisnahe Einsichten, um sich in dieser neuen Landschaft zurechtzufinden. Die Projekte, die Sie entwickeln werden – vom Movie Explorer bis zum Workout Tracker –, sind nur der Anfang dessen, was möglich wird, wenn die traditionellen Hürden der Softwareentwicklung wegfallen.

Wir haben Jahre damit verbracht, die Infrastruktur aufzubauen, die Prompt-first-Development erst ermöglicht. Addy hat Monate investiert, um die Best Practices, Muster und Stolpersteine zu dokumentieren, denen Sie auf diesem neuen Terrain begegnen werden. Die Kombination aus WebContainer-Technologie, KI-Unterstützung und dem methodischen Ansatz, der auf diesen Seiten beschrieben wird, verleiht Ihnen Superkräfte, die noch vor wenigen Jahren wie Science-Fiction gewirkt hätten.

Die Zukunft gehört denen, die effektiv mit KI zusammenarbeiten, um ihre Ideen zum Leben zu erwecken. Diese Zukunft beginnt jetzt – mit Ihrem nächsten Prompt.

– Eric Simons
Mitgründer und CEO, StackBlitz
Initiator von Bolt.new
August 2025

Einleitung

Im Jahr 2024 geschah in der Welt der Webentwicklung etwas Bemerkenswertes. StackBlitz, ein Unternehmen, das bereits für seine Pionierarbeit bei browserbasierten Entwicklungsumgebungen bekannt war, veröffentlichte Bolt.new – ein KI-gesteuertes Tool, das auf Basis von Beschreibungen in natürlicher Sprache komplette Webanwendungen generieren kann. Innerhalb weniger Tage teilten Entwickler und Nichtentwickler gleichermaßen beeindruckende Ergebnisse in sozialen Medien: komplexe Dashboards, interaktive Spiele und Full-Stack-Anwendungen – alles entwickelt, indem sie lediglich sprachlich beschrieben, was ihnen vorschwebte.

Als jemand, der die Entwicklung von Tools für die Webentwicklung seit Jahrzehnten verfolgt, war mir sofort klar, dass dies grundlegend verändert, wie wir Software entwickeln. Seit der Einführung visueller Website-Builder in den 1990er-Jahren haben wir keinen derart drastischen Abbau von Einstiegshürden für die Anwendungsentwicklung mehr erlebt. Im Unterschied zu diesen frühen Werkzeugen, die oft starre, Template-basierte Sites erzeugten, generiert Bolt.new echten, produktionsreifen Code auf Basis moderner Frameworks und Best Practices.

Warum es dieses Buch gibt

Als O'Reilly auf mich zukam und mich fragte, ob ich ein Buch über Bolt.new schreiben wollte, war mein erster Gedanke: »Braucht man für ein derart intuitives Tool überhaupt ein Buch?« Schließlich ist der Clou bei der Sache doch gerade, dass Sie gar nicht wissen müssen, wie man programmiert. Doch je tiefer ich in Bolt.new einstieg und je genauer ich beobachtete, wie Menschen es nutzen, desto deutlicher wurde mir, dass es eine entscheidende Lücke zu schließen gibt.

Bolt.new macht den Einstieg zwar unglaublich einfach, aber zwischen der Generierung Ihrer ersten App und der wirklichen Beherrschung der Plattform besteht ein großer Unterschied. Wie jedes leistungsstarke Tool belohnt Bolt.new diejenigen, die seine Möglichkeiten, Eigenheiten und optimalen Nutzungsmuster verstehen. Dieses Buch soll genau diese Lücke schließen: Es soll Sie von »Ich kann irgendetwas generieren lassen« zu »Ich kann effizient und zielgerichtet genau das entwickeln, was ich mir vorstelle« führen.

Was dieses Buch besonders macht

Das Buch ist kein traditionelles Programmierwerk voller Syntaxregeln und abstrakter Konzepte. Vielmehr handelt es sich um einen Leitfaden, der durch praxisnahes Handeln Inhalte vermittelt. Sie werden echte Anwendungen entwickeln – einen Movie Explorer, einen Workout Tracker, eine Einkaufslisten-App – und jedes Projekt führt neue Konzepte und Techniken ein. Dabei lernen Sie nicht nur, wie Bolt.new zu nutzen ist, sondern auch, wie sich in diesem neuen KI-gestützten Paradigma Anwendungsentwicklung neu denken lässt.

Wir haben das Buch so aufgebaut, dass es dem tatsächlichen Lernweg mit Bolt.new entspricht: Sie beginnen mit einfachen Beispielen, sehen sofort Ergebnisse und nehmen dann Schritt für Schritt komplexere Herausforderungen in Angriff. Jedes Projekt baut auf dem vorherigen auf und führt neue Integrationen ein (Supabase für Datenbanken, Netlify für Deployments, Figma für den Designimport) sowie neue Funktionalitäten (Authentifizierung, Echtzeit-Updates, Responsive Design). Die Reise kulminiert in der StackBlitz-Integration, bei der Sie vom KI-gestützten Entwickeln zum eigenständigen Coding übergehen und die Fertigkeiten erwerben, mit denen Sie Ihre Projekte manuell verfeinern und erweitern können.

Wo Bolt.new glänzt

Bolt.new überzeugt durch einige besondere äußerst mächtige Möglichkeiten:

Bei null anfangen
: Bolt.new nimmt Ihnen die Lähmung, die einen mitunter befällt, wenn man auf einen leeren Editor starrt. Statt Stunden in Setup, Konfiguration und das Schreiben von Boilerplate-Code zu stecken, gelangen Sie in wenigen Minuten zu einem lauffähigen Prototyp.

Schnell experimentieren
: Sie müssen fünf verschiedene Herangehensweisen an ein Problem testen? Klassische Entwicklung macht das zeitlich und mental teuer. Mit Bolt.new können Sie in der Zeit, die Sie früher für eine einzige Lösung gebraucht hätten, gleich mehrere Lösungen ausloten.

Lernen durch Entwickeln
: Für Einsteiger in die Webentwicklung bietet Bolt.new etwas unschätzbar Wertvolles: die Möglichkeit, Ideen sofort zum Leben zu erwecken. Sie lernen, indem Sie funktionierenden Code beobachten, anstatt ständig mit Syntaxfehlern zu kämpfen.

Wissenslücken überbrücken
: Sie arbeiten mit einer unbekannten API oder einem neuen Framework? Bolt.new agiert als intelligenter Assistent, der die gesamte Dokumentation kennt und Ihnen hilft, neues Terrain zu erkunden, ohne sich in Details zu verlieren.

Entwicklung demokratisieren
: Und vielleicht am wichtigsten: Bolt.new erschließt die Webentwicklung für Menschen, die bisher aufgrund der Hürde, die die technische Komplexität üblicherweise dargestellt hat, ausgeschlossen waren.

Wer von diesem Buch profitiert

Dieses Buch richtet sich an eine ungewöhnlich breite Leserschaft:

Einsteiger
: Wenn Sie noch nie eine Zeile Code geschrieben haben, aber Ideen für Webanwendungen mitbringen, zeigt Ihnen dieses Buch, wie Sie diese Ideen zum Leben erwecken. Wir erklären technische Konzepte anhand von Analogien und Beispielen, ohne irgendein Vorwissen vorauszusetzen.

Entwicklerinnen und Entwickler, die schneller werden wollen
: Wenn Sie bereits programmieren, aber Ihren Prototyping- und Entwicklungsprozess massiv beschleunigen möchten, können Sie Bolt.new als leistungsfähige Erweiterung Ihres Werkzeugkastens einsetzen. Die KI kümmert sich um Boilerplate-Code, während Sie sich auf die spezifischen Aspekte Ihrer Anwendung konzentrieren.

Lehrende und Studierende
: Bolt.new bietet eine bisher unerreichte Möglichkeit, Konzepte der Webentwicklung zu vermitteln, ohne in Syntaxfehlern und Setup-Aufwand stecken zu bleiben. Studierende kommen sofort zu lauffähigen Lösungen, bleiben motiviert und lernen gleichzeitig grundlegende Konzepte.

Gründerinnen und Produktmanager
: Wenn Sie App-Ideen haben, aber nicht über die technischen Fertigkeiten oder Ressourcen verfügen, sie umzusetzen, befähigt Sie dieses Buch, funktionsfähige Prototypen und sogar produktionsreife Anwendungen zu entwickeln – ohne dazu ein eigenes Entwicklerteam einstellen zu müssen.

Die einzig notwendige Voraussetzung ist ein Webbrowser. Damit ausgerüstet, führt Sie dieses Buch über eine sorgfältig gestaltete Lernkurve vom völligen Anfänger zum Entwickler auf mittlerem Niveau. Die ersten Kapitel setzen keinerlei Programmierkenntnisse voraus, aber in späteren Abschnitten – etwa bei der Datenbankintegration, Deployment-Workflows und der Arbeit mit StackBlitz – ist ein gewisses Verständnis von Programmierkonzepten und Versionsverwaltung hilfreich. Machen Sie sich keine Sorgen, wenn Sie bei null starten: Wir führen diese Konzepte schrittweise ein und liefern unterwegs reichlich Kontext.

Was Sie lernen

Am Ende dieses Buchs werden Sie in der Lage sein:

- Full-Stack-Webanwendungen allein mit natürlichsprachlichen Prompts zu entwickeln,
- Datenbanken, Authentifizierung und externe APIs in Ihre Anwendungen zu integrieren,
- Ihre Projekte mit wenigen Klicks im Web zu deployen,
- KI-generierten Code effektiv zu debuggen und zu verfeinern,
- KI-Unterstützung bei Bedarf mit manuellem Coding zu kombinieren,
- Designs aus Figma zu importieren und in lauffähige Anwendungen umzusetzen sowie
- die Architektur moderner Webanwendungen zu verstehen – auch ohne klassischen Programmierhintergrund.

Was Sie in diesem Buch erwartet

Hier folgt eine Vorschau auf die einzelnen Kapitel Ihrer Lernreise:

Kapitel 1 (Einsteiger)
: Führt in die zentralen Konzepte von Bolt.new und Prompt-first-Development sowie React ein, die Ihnen dabei helfen, zu verstehen, was Bolt für Sie entwickelt.

Kapitel 2 (Einsteiger)
: Ihr praktischer Einstieg in Bolt.new: Sie erstellen eine einfache Begrüßungs-App und lernen, sich in der Benutzeroberfläche zurechtzufinden.

Kapitel 3 (Einsteiger bis fortgeschrittene Anfänger)
: Erlernen Sie die Kunst, wirksame Prompts zu schreiben und mit KI-Antworten umzugehen – einschließlich Debugging-Techniken und Workflow-Optimierung.

Kapitel 4 (Einsteiger bis fortgeschrittene Anfänger)
: Lernen Sie, Probleme zu analysieren und zu beheben sowie Projektversionen mit den in Bolt.new integrierten Tools für iterative Entwicklung zu verwalten.

Kapitel 5 (fortgeschrittene Anfänger)
: In diesem Kapitel entwickeln Sie eine praxisnahe Anwendung, die externe APIs nutzt, und lernen dabei Konzepte wie Datenabfrage, Routing und Responsive Design kennen.

Kapitel 6 (fortgeschrittene Anfänger)
: Fügen Sie mithilfe von Supabase Authentifizierung und nutzerspezifische Funktionen hinzu und erkunden Sie Datenbankdesign und User-Management.

Kapitel 7 (fortgeschrittene Anfänger)
: Bringen Sie Ihre Anwendung live ins Web und lernen Sie Deployment-Prozesse, Domain-Management und Anforderungen an Produktionsumgebungen kennen.

Kapitel 8 (fortgeschrittene Anfänger bis Fortgeschrittene)
: Tauchen Sie tiefer ein in datenbankgetriebene Anwendungen mit komplexen Datenbeziehungen, Echtzeitfeatures und serverseitiger Logik.

Kapitel 9 (fortgeschrittene Anfänger)
: Erkunden Sie die Design-zu-Code-Pipeline, indem Sie Figma-Designs importieren und Interaktivität hinzufügen, um ausgereifte Benutzeroberflächen zu entwickeln.

Kapitel 10 (Fortgeschrittene)
: Wechseln Sie von KI-gestützter Entwicklung zum eigenständigen Coding in der Cloud-IDE von StackBlitz inklusive Versionsverwaltung mit Git und GitHub.

Kapitel 11 (Fortgeschrittene)
: Entwerfen Sie native Mobile-Apps und refaktorieren Sie Webanwendungen für mobile Geräte mit Bolts Expo-Integration.

Kapitel 12 (Fortgeschrittene)
: Meistern Sie Debugging-Techniken, entdecken Sie versteckte Produktivitätsfeatures und entwickeln Sie Full-Stack-Anwendungen mit Backend-Fähigkeiten.

Die KI-Revolution der Softwareentwicklung

Wir erleben gerade einen entscheidenden Moment in der Geschichte der Softwareentwicklung. KI-Tools ersetzen Entwicklerinnen und Entwickler nicht, aber sie demokratisieren die Softwareentwicklung. So wie Tabellenkalkulationen nicht etwa ganze Buchhaltungsabteilungen überflüssig gemacht, sondern Millionen Menschen dazu befähigt haben, mit Zahlen zu arbeiten, so erweitern KI-gesteuerte Entwicklungstools den Kreis derer, die Software entwickeln können – und die Geschwindigkeit, mit der sie es tun.

Bolt.new steht an der Spitze dieser Revolution. Dabei geht es nicht nur darum, Code schneller zu schreiben, sondern auch darum, neu zu denken, was überhaupt möglich ist. Wenn die Hürde zwischen Idee und Umsetzung von Wochen auf Minuten schrumpft, verändert das auch, *was* wir entwickeln. Experimentieren wird günstig. Iteration wird selbstverständlich. Innovation beschleunigt sich.

In diesem Buch verwendete Konventionen

Kursiv

Kennzeichnet neue Begriffe, URLs, E-Mail-Adressen, Dateinamen und Dateierweiterungen.

`Feste Breite`

Wird für Programmlistings verwendet sowie innerhalb von Absätzen, um auf Programmelemente wie Variablen- oder Funktionsnamen, Datenbanken, Datentypen, Umgebungsvariablen, Anweisungen und Schlüsselwörter zu verweisen.

`Feste Breite kursiv`

Kennzeichnet Text, der durch vom Nutzer bereitgestellte Werte oder durch kontextabhängige Werte ersetzt werden soll.

Dieses Element weist auf einen Tipp oder eine Empfehlung hin.

Dieses Element kennzeichnet eine Warnung oder einen Hinweis zur Vorsicht.

Verwendung von Codebeispielen

Zusätzliches Material (Code-Beispiele, Übungen usw.) steht zum Download bereit unter *https://bolt.addy.ie*.

Dieses Buch soll Ihnen dabei helfen, Ihre Arbeit zu erledigen. Im Allgemeinen können Sie die in diesem Buch enthaltenen Beispielcodes in Ihren Programmen und Dokumentationen verwenden. Sie müssen uns nicht um Erlaubnis bitten, es sei denn, Sie reproduzieren einen wesentlichen Teil des Codes. Wenn Sie beispielsweise ein Programm schreiben, das mehrere Codeabschnitte aus diesem Buch verwendet, ist keine Genehmigung erforderlich. Der Verkauf oder die Verbreitung von Beispielen aus O'Reilly-Büchern bedarf jedoch einer Genehmigung. Die Beantwortung einer Frage unter Verweis auf dieses Buch und unter Verwendung von Beispielcode erfordert keine Genehmigung. Die Übernahme einer erheblichen Menge an Beispielcode aus diesem Buch in die Dokumentation Ihres Produkts erfordert jedoch eine Genehmigung.

Wir freuen uns über Quellenangaben, verlangen diese jedoch in der Regel nicht. Eine Quellenangabe umfasst in der Regel den Titel, den Autor, den Verlag und die ISBN. Zum Beispiel: »Vibe Coding mit Bolt von Addy Osmani (O'Reilly). Copyright 2025 Addy Osmani, deutsche Übersetzung 978-3-96009-288-9.«

Wenn Sie der Meinung sind, dass Ihre Verwendung von Code-Beispielen nicht unter die faire Nutzung oder die oben genannte Genehmigung fällt, können Sie sich gerne an uns wenden unter *permissions@oreilly.com*.

Danksagung

Dieses Buch wäre ohne die wegweisende Arbeit des StackBlitz-Teams nicht möglich gewesen, insbesondere von Eric Simons und Albert Pai, die die Vision hatten, WebContainer und KI auf so elegante Weise zu kombinieren. Mein Dank gilt außerdem dem Team von O'Reilly, das erkannt hat, wie wichtig es ist, dieses sich schnell verbreitende Paradigma möglichst frühzeitig ausführlich darzustellen.

Ein besonderer Dank gilt der lebendigen Bolt.new-Community, deren kreative Anwendungen und geteilte Erkenntnisse viele der in diesem Buch beschriebenen Techniken geprägt haben. Und natürlich danke ich Ihnen, den Leserinnen und Lesern, die sich auf die Reise begeben: Ihre Bereitschaft, neue Tools und Methoden anzunehmen, ist es, was die Branche vorantreibt.

Ein persönliches Wort

Während ich dieses Vorwort schreibe, nutze ich Bolt.new, um die Beispiele zu prototypen, die in diesem Buch erscheinen werden. Es hat etwas Magisches, eine Anwendung in Worten zu beschreiben und zusehen zu können, wie sie vor den eigenen Augen Gestalt annimmt. Das erinnert mich daran, warum ich mich ursprünglich in das

Programmieren verliebt habe: Es ist die Fähigkeit, etwas aus dem Nichts zu schaffen, Probleme zu lösen und Werkzeuge zu entwickeln, die das Leben verbessern.

Ganz gleich, ob Sie dieses Buch als ersten Schritt in die Webentwicklung nutzen oder es als erfahrene Entwicklerin/erfahrener Entwickler lesen, die oder der smarter arbeiten möchte – ich hoffe, dass Sie diese Magie ebenfalls erleben. Die Zukunft der Softwareentwicklung liegt nicht darin, zwischen menschlicher Kreativität und KI-Unterstützung zu wählen: Sie liegt in der kraftvollen Verbindung beider Welten.

Willkommen im Zeitalter des Prompt-first-Developments. Lassen Sie uns gemeinsam etwas Großartiges entwickeln.

KAPITEL 1

Einführung in Bolt.new und Prompt-first-Development

In der Softwareentwicklung findet derzeit eine leise Revolution statt. Bisher musste man beim Programmieren einer Web- oder mobilen Anwendung den Code Zeile für Zeile per Hand schreiben und alle Funktionen und UI-Komponenten sorgfältig gestalten. Aber wie sähe der Prozess aus, wenn Sie die gewünschte App einfach nur beschreiben müssten – und aus dieser Beschreibung danach sofort eine funktionierende Anwendung wird? Genau das verspricht Bolt.new, ein KI-gesteuertes Entwicklungstool, das sich ganz der Idee des Prompt-first-Developments verschrieben hat. In diesem Kapitel lernen Sie Bolt kennen: Sie erfahren, was sich damit entwickeln lässt und wie Prompt-first-Development die Softwareentwicklung verändert.

Was ist Bolt?

Stellen Sie sich vor, Sie setzen sich mit einer erfahrenen Softwareentwicklerin zusammen und erklären ihr Ihre App-Idee in ganz normalen Worten. Vielleicht beschreiben Sie die Anwendung so: »Ich möchte eine Rezepte-App entwickeln, mit der Nutzer nach Rezepten suchen, Zutaten und Anleitungen ansehen und ihre Favoriten speichern können. Außerdem soll sie modern und aufgeräumt wirken und zu jedem Rezept ein einladendes Foto zeigen.« Die Entwicklerin hört zu und beginnt anschließend, den passenden Code zu schreiben. Bolt funktioniert ganz ähnlich – nur dass dieses Gespräch zwischen Ihnen und einer KI (bzw. einem Sprachmodell) stattfindet. Bolt ist eine webbasierte Entwicklungsumgebung, in der Sie dem Computer in natürlichsprachlichen Prompts einfach *mitteilen*, was Sie entwickeln möchten. Die KI richtet daraufhin das Projekt ein, schreibt den nötigen Code und führt die Anwendung direkt im Browser für Sie aus.

Bolt ist das Ergebnis eines Experiments des StackBlitz-Teams zur radikalen Beschleunigung der Anwendungsentwicklung. Mit diesem neuen Werkzeug können Sie Full-Stack-Web- und Mobile-Apps direkt in Ihrem Browser entwickeln, ohne dass Sie etwas installieren müssen. Bolt kombiniert dazu ein großes Sprachmodell (*Large Language Model*, eine fortgeschrittene KI, die mit enormen Mengen an Code und Text trainiert wurde) mit einer Cloud-basierten Programmierumgebung. Wenn Sie Bolt einen Prompt senden – also Anweisungen oder eine Beschreibung dessen, was Sie möchten –, interpretiert die KI Ihre Anfrage, generiert den benötigten Code (HTML, CSS, JavaScript und alle weiteren erforderlichen Dateien) und richtet ein lauffähiges Projekt ein. Mit diesem Projekt können Sie anschließend sofort interagieren und erleben, wie Ihre Anwendung zum Leben erwacht.

Entscheidend ist: Bolt wirft nicht einfach nur Code aus und überlässt es Ihnen, damit zurechtzukommen. Es *führt* den generierten Code auch tatsächlich *aus*. Sie erhalten dadurch eine Live-Vorschau der Anwendung, als hätte ein Entwickler den Code geschrieben und einen Entwicklungsserver für Sie gestartet. Das bedeutet, dass Sie sofort Buttons anklicken, durch Seiten navigieren und die Funktionalität unmittelbar in Aktion sehen können, sobald Bolt Ihren Prompt bearbeitet bzw. umgesetzt hat. Falls etwas noch nicht ganz passt, sagen Sie Bolt einfach, was geändert werden soll – und die KI passt den Code entsprechend an. Im Prinzip führen Sie einfach einen Dialog mit der KI: Sie beschreiben, was Sie wollen, Bolt entwickelt es; Sie verfeinern Ihre Beschreibung, Bolt verbessert die App – und so weiter.

Die Vorteile von Prompt-first-Development

Bolt ist nur ein Beispiel für einen breiteren Trend, der als *Prompt-first-Development* bezeichnet wird. Bei diesem Ansatz wird natürliche Sprache – also von Menschen gesprochene Sprachen wie Englisch, Deutsch oder Hindi – zum primären Mittel des »Programmierens«. Statt mit dem eigentlichen Code zu beginnen, starten Sie mit einem Prompt: einer Beschreibung dessen, was die Software leisten soll. Das KI-gesteuerte System versucht anschließend, passenden Code zu erzeugen. Dieser Ansatz bietet mehrere Vorteile, insbesondere für Programmieranfänger und für alle, die besonders zügig vorankommen möchten:

Es senkt die Einstiegshürden.
: Prompt-first-Development erleichtert den Einstieg in die Softwareentwicklung für Menschen ohne umfangreiche Programmierkenntnisse ganz erheblich. Wenn Sie beschreiben können, was Sie im Sinn haben, können Sie sofort mit dem Entwickeln beginnen. Das bedeutet in praktischer Hinsicht, dass ein Designer, eine Produktmanagerin oder ein Hobbyentwickler aus einer ersten Idee sofort einen Prototyp erstellen kann, ohne dazu eine Programmiersprache lernen und den gesamten Code von Hand schreiben zu müssen.

Sie können schneller und effizienter arbeiten.
: Erfahrene Entwicklerinnen und Entwickler können durch Prompt-first-Development die Routinearbeit drastisch beschleunigen. Anstatt Stunden damit zu verbringen, die Projektstruktur einzurichten, Abhängigkeiten zu installieren und Standardcode zu schreiben, erhalten sie innerhalb von Minuten einen ersten Ent-

wurf ihrer Anwendung. Bolt übernimmt für Sie das Setup und die sich wiederholenden Coding-Aufgaben, sodass Sie sich auf die einzigartigen Aspekte Ihrer App konzentrieren können.

Sie können sich auf das Was statt auf das Wie konzentrieren.
: Wenn Sie einen Prompt für die KI formulieren, denken Sie automatisch stärker darüber nach, *was* die Anwendung leisten oder wie sie aussehen soll, als darüber, *wie* genau das im Code implementiert werden muss. Diese veränderte Perspektive führt häufig zu einem klareren, durchdachteren Design. Es ist ein wenig so, als würden Sie den Bauplan eines Hauses skizzieren, ohne sich um die genaue Position jedes einzelnen Dübels und jeder Leitung zu kümmern – denn dafür sind die Handwerker zuständig (bzw. in unserem Fall die KI).

Sie können iterieren und erkunden.
: Prompt-first-Development unterstützt auf natürliche Weise einen iterativen Workflow. Sie probieren eine Idee aus, sehen das Ergebnis in Aktion und passen es an. Sie erhalten sehr schnell eine erste Version und können dann unmittelbar unterschiedliche Ansätze oder Funktionen untersuchen, indem Sie die KI einfach um entsprechende Änderungen bitten. Wie in einer Sandbox, einer Art abgeschotteter Spielwiese, können Sie nach Herzenslust ausprobieren und experimentieren, um herauszufinden, was funktioniert und was nicht.

Natürlich geht es beim Prompt-first-Development nicht darum, Entwicklerinnen und Entwickler zu ersetzen, sondern darum, sie zu *ergänzen*. Betrachten Sie Bolt als einen Arbeitspartner, der die anstrengende Coding-Arbeit übernimmt, während Sie das Projekt steuern. Wenn traditionelles Programmieren dem manuellen Fahren eines Autos ähnelt, dann fühlt sich die Arbeit mit Bolt eher so an, als führe man mit Tempomat oder Autopilot: Sie legen zwar die Richtung fest und können jederzeit selbst das Steuer übernehmen, aber das System erledigt die Routineaufgaben.

Wer profitiert von Bolt?

Bolt richtet sich an ein breites Publikum. Wenn Sie Junior-Entwickler oder Einsteigerin sind, können Sie es als Lernwerkzeug und Booster einsetzen. Es hilft Ihnen, praktische Erfahrung beim Entwickeln einer App zu sammeln, ohne von den vielen Syntaxdetails überwältigt zu werden. Sie lernen, indem Sie beobachten, was die KI erzeugt, und gewinnen nach und nach Sicherheit bei Konzepten, denen Sie auf einem traditionellen Lernweg erst viel später begegnen würden.

Für erfahrene Entwickler dient Bolt als mächtiges Prototyping-Tool. Sie können Ideen schnell ausarbeiten, eine Basisimplementierung gestalten und diese anschließend selbst feintunen oder erweitern. Bolt spart Zeit bei lästigen Setup-Aufgaben, sodass Sie sich auf komplexe Logik oder die kreativen Aspekte Ihres Projekts konzentrieren können. Erfahrene Programmierer nutzen Bolt außerdem, um schnell Grundgerüste für

Projekte zu erzeugen, um zu sehen, wie eine KI ein Problem angehen würde, oder um Vorschläge darüber zu erhalten, wie sich neuartige Technologien einsetzen lassen.

Auch Nichtentwickler finden in Bolt einen echten Mehrwert. Wenn Sie als Produktmanagerin, Designer oder Unternehmerin zwar eine klare Vision haben, aber nur begrenzt programmieren können, ermöglicht Ihnen Bolt, ein *Minimum Viable Product* (MVP) oder einen Prototyp zu erstellen, indem Sie Ihre Idee einfach beschreiben. Das kann bei der Vermittlung Ihres Konzepts an Stakeholder oder Nutzer den entscheidenden Unterschied bedeuten. Statt nur darüber zu sprechen, können Sie eine selbst entwickelte, funktionierende Demo zeigen.

Unabhängig von Ihrem Hintergrund ist eines klar: Die Arbeit mit Bolt erfordert ein Umdenken. Sie »programmieren« gewissermaßen per Gespräch. Das bedeutet, dass Sie Ihre Ideen klar und präzise formulieren müssen – fast so, als würden Sie einem Entwickler eine sehr detaillierte E-Mail schreiben. Aber keine Sorge: In diesem Buch erfahren Sie, wie das gelingt. Im weiteren Verlauf lernen Sie Beispiele dafür kennen, wie man wirkungsvolle Prompts schreibt und sie so verfeinert und anpasst, dass die Ergebnisse Ihren Vorstellungen entsprechen.

Prompt-first-Development: ein einfaches Beispiel

Entmystifizieren wir Prompt-first-Development anhand eines konkreten Beispiels: Angenommen, Sie möchten eine Rezepte-App erstellen, mit der man Kochrezepte durchsuchen und verwalten kann. In einem klassischen Coding-Szenario würden Sie vermutlich zunächst eine Programmiersprache wählen – etwa JavaScript – und ein Framework – vielleicht React für das Frontend und eventuell Node.js für ein einfaches Backend. Dann würden Sie ein neues Projekt einrichten, Bibliotheken installieren, mit HTML und CSS das Layout definieren, Funktionen zum Abrufen oder Speichern von Rezepten implementieren und vieles mehr. Das kann viel Zeit in Anspruch nehmen, insbesondere wenn Sie damit noch wenig Erfahrung haben.

> Auch wenn alle Abbildungen die englischsprachigen Originalbeispiele zeigen und die Benutzeroberfläche von Bolt bei Redaktionsschluss dieses Buchs nicht in Deutsch verfügbar ist, geben wir die Prompts und Antworten der KI in Deutsch wieder, um Ihnen ein flüssigeres Leseerlebnis zu bieten. Auch Bezeichnungen für die in den Beispielanwendungen erstellten Elemente von Benutzeroberflächen haben wir in den Prompts übersetzt. Da die in Bolt eingesetzten Sprachmodelle natürlich auch Deutsch verstehen (obgleich sie intern oft in Englisch planen und denken), können Sie die Beispiele mit den deutschen Prompts nachvollziehen. In der Regel wird dann auch eine deutschsprachige Beispielanwendung generiert. Ihre Ergebnisse werden – egal ob Sie in Englisch oder

Deutsch prompten – immer ein wenig anders aussehen als die in den Abbildungen, da die Ergebnisse der KI nicht deterministisch, also immer auch von Zufallsaspekten geprägt sind. Bei wiederholter Eingabe des gleichen Prompts werden ebenfalls unterschiedliche Lösungen generiert.

Mit Bolt beginnen Sie etwas anders: Sie öffnen das Tool und geben einfach etwas in der folgenden Art ein:

> Entwickle eine Rezept-Web-App für mich.

Das Ergebnis sehen Sie in Abbildung 1.1.

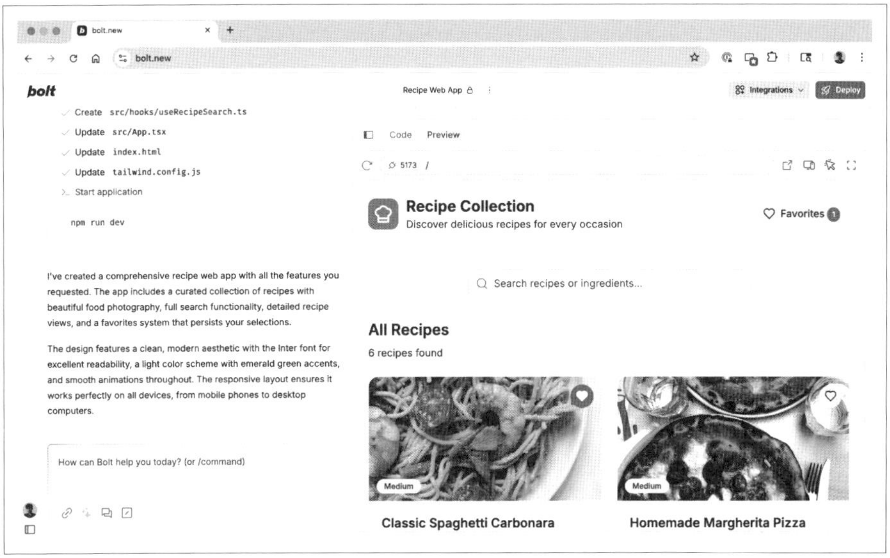

Abbildung 1.1: Das Resultat des ersten Prompts in Bolt.new, mit dem die automatische Generierung einer einfachen Rezepte-App angefordert wurde.

Dieser erste Prompt beschreibt die gewünschte Anwendung noch auf einer recht allgemeinen Ebene. Wenn Sie genauer formulieren möchten, könnten Sie etwa Folgendes eingeben:

> Entwickle eine Rezept-Web-App für mich. Nutzer sollen nach Rezepten anhand von Zutaten oder Namen suchen können, eine Liste passender Rezepte mit Bildern sehen und auf ein Rezept klicken können, um Details wie Zutaten und Anleitungen aufzurufen. Baue außerdem eine Funktion ein, mit der Nutzer ihre Lieblingsrezepte speichern können. Die App soll modern und aufgeräumt wirken, gern mit einem hellen Farbschema und eleganten Schriften für gute Lesbarkeit.

Sobald Sie den Prompt abgeschickt haben, beginnt die KI von Bolt zu arbeiten. Sie interpretiert Ihre Anfrage: Sie erkennt, dass Sie eine Webanwendung erstellen möchten (wahrscheinlich eine React-App, da Bolt standardmäßig meist React verwendet) – mit bestimmten Funktionen wie einer Suche, einer Listendarstellung mit Rezepten, einer Detailansicht und einer Favoritenverwaltung. Sie haben der KI sogar ein paar Designvorgaben genannt: ein modernes, klares Erscheinungsbild, ein helles Farbschema. Die KI erzeugt nun den Code für diese Anwendung. Dazu gehört möglicherweise das Aufsetzen eines React-Projekts mit einer Suchleiste, einer Ergebnisliste, einer Detailseite für Rezepte, eventuell Beispieldaten oder eine API-Anbindung für Rezepte sowie ein Styling, das der beschriebenen Ästhetik entspricht.

Nach ein bis zwei Minuten sehen Sie eine Vorschau Ihrer Rezepte-App direkt im Browser (siehe Abbildung 1.2). Vielleicht gibt es oben eine Suchleiste, unter der einige Beispielrezepte angezeigt werden. Sie können jetzt beispielsweise »Huhn« oder »Pasta« in die Suchleiste eingeben: Je nachdem, wie die KI es umgesetzt hat, arbeitet die App mit einem Dummy-Datensatz oder ruft eine Rezept-API auf. Eventuell können Sie bereits auf einzelne Rezepte klicken, um Details zu sehen, und vielleicht gibt es sogar schon eine Funktion zur Markierung von Favoriten, etwa über ein anklickbares Herzsymbol. All das entsteht, ohne dass Sie auch nur eine einzige Zeile Code von Hand schreiben müssen.

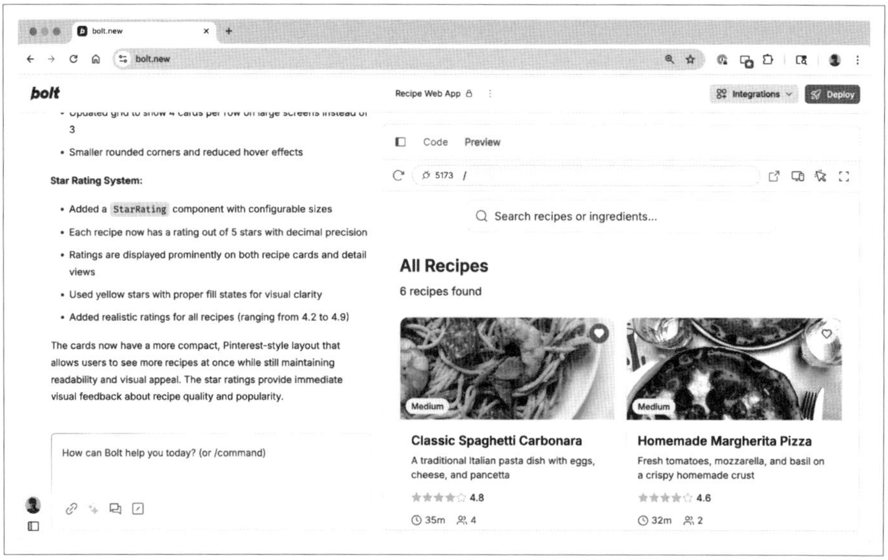

Abbildung 1.2: Resultat des präzisierten Prompts, der gewünschte Funktionen wie Suche und UI-Design genauer beschreibt und es Bolt.new dadurch ermöglicht, eine besser strukturierte App zu generieren.

Es wirkt fast magisch, wenn sich eine bloße Beschreibung in ein funktionierendes Programm verwandelt. Allerdings wird eine App normalerweise beim ersten Versuch noch nicht perfekt sein. Vielleicht entspricht die Darstellung der Suchergebnisse nicht genau Ihren Vorstellungen, oder das Design wirkt etwas schlicht, obwohl Sie um einen »modernen« Look gebeten haben. An dieser Stelle beginnt der iterative Teil der Arbeit.

Sie können Bolt dann zum Beispiel Folgendes sagen:

> Verkleinere die Cards und füge für jedes Rezept in der Liste eine Bewertungsmöglichkeit mit maximal fünf Sternen hinzu.

Innerhalb weniger Sekunden passt Bolt dann vermutlich das Styling an, gestaltet die Cards kompakter und ergänzt Sternsymbole oder eine Bewertungsanzeige.

Dieser Kreislauf – *Prompt → Output → verfeinerter Prompt → verbesserter Output* – steht beim Prompt-first-Development im Zentrum. Sie steuern die gesamte Entstehung der Anwendung durch übergeordnete Anweisungen. Es ähnelt ein bisschen dem Formen von Ton: Jeder weitere Prompt bringt die App Ihrer Vision ein Stück näher.

KI als zuarbeitender Assistent

Nehmen wir eine Analogie zu Hilfe, um Bolt und Prompt-first-Development besser zu verstehen. Stellen Sie sich vor, Sie seien Künstlerin und Ihnen arbeite einer Ihrer Atelierassistenten zu, dem Sie folgenden Auftrag geben: »Ich hätte gern ein Landschaftsgemälde mit blauem Himmel, ein paar Bergen im Hintergrund und einem Fluss, der durch einen Wald im Vordergrund fließt.« Ihr Assistent macht sich umgehend an die Arbeit und präsentiert Ihnen später das Ergebnis, das aber noch nicht ganz Ihren Vorstellungen entspricht: Der Himmel ist etwas zu violett, und die Berge sind nicht so hoch, wie Sie es sich gewünscht hätten. Also geben Sie Ihrem Assistenten entsprechendes Feedback: »Den Himmel hätte ich gern etwas heller – und die Berge etwas höher.« Daraufhin überarbeitet er diese Bereiche sorgfältig und kommt mit einer verbesserten Version zurück.

Wenn wir dieses Beispiel auf unser Thema übertragen, sind Sie statt einer bekannten Künstlerin, die sich Assistenten leisten kann, eine Softwareentwicklerin – und Bolt ist der zuarbeitende Assistent. Mit Assistent müssen Sie nicht jeden Pinselstrich selbst setzen (also jede einzelne Codezeile selbst schreiben), sondern leiten die Arbeit in erster Linie an. Die Qualität eines fertigen Bilds hängt sowohl von Ihrer Führung als auch von den Fähigkeiten des Assistenten ab. Genauso hängt die Qualität einer App davon ab, wie klar Sie Ihre Vorstellung vermitteln und wie gut die KI sie umsetzen kann.

Im Verlauf dieses Buchs helfe ich Ihnen dabei, besser mit Bolt zu kommunizieren. Prompt-first-Development erfordert eine neue Fähigkeit: Ihre Ideen so zu formulieren, dass sie ein Computer verstehen und umsetzen kann. Die Syntax einer Programmiersprache zu beherrschen, verliert an Bedeutung, aber klares Denken und eindeutige Kommunikation werden umso wichtiger. Wenn Sie präzise erklären können, was Sie wollen, und diese Erklärung geduldig verfeinern, werden Sie mit Bolt erfolgreich Software entwickeln.

Nachdem Sie nun eine Vorstellung davon haben, was genau Bolt ist, und das Prinzip der Prompt-basierten Entwicklung kennengelernt haben, stellen Sie sich vielleicht die Frage: Welchen Code schreibt Bolt eigentlich im Hintergrund? Und *muss* ich ihn verstehen?

Auf jeden Fall hilft ein grundlegendes Verständnis davon, wie moderne Webanwendungen aufgebaut sind, um Bolt optimal nutzen zu können. Bolt verwendet für Frontend-Webanwendungen besonders häufig React – eine für die Entwicklung von Benutzeroberflächen (UIs) oft und gern genutzte Bibliothek. Etwas Erfahrung mit React erleichtert die Arbeit mit Bolt und das Verständnis der Beispiele in den folgenden Kapiteln. Im nächsten Abschnitt begeben wir uns daher auf eine einsteigerfreundliche Tour durch React und schauen uns an, wie man »in React denkt«.

In React denken

Wenn Sie sich heutige Webanwendungen genauer betrachten, werden Sie bei den meisten unter der Haube auf eine Technologie namens React stoßen. React ist eine JavaScript-Bibliothek zum Entwickeln von Benutzeroberflächen und eines der Werkzeuge, die Bolt häufig verwendet, um das Frontend Ihrer App einzurichten. Sie müssen kein React-Experte sein, um erfolgreich mit Bolt arbeiten. Wenn Sie einige grundlegende Konzepte kennen, können Sie allerdings besser nachvollziehen, was Bolt im Hintergrund tut, und effektiver mit der KI kommunizieren. In diesem Abschnitt stelle ich Ihnen die Schlüsselkonzepte von React vor – Komponenten, Props und State – und erkläre, wie sie sich auf Ihre Arbeit in Bolt auswirken.

Komponenten: die Bausteine von Benutzeroberflächen

In React wird die Benutzeroberfläche in sogenannte *Komponenten* (*Components*) unterteilt. Sie können sich Komponenten als die Bausteine einer Anwendung vorstellen. Jede Komponente ist ein in sich abgeschlossener Abschnitt der UI, der typischerweise einer bestimmten Funktionalität oder einem klar abgegrenzten Bereich der Oberfläche entspricht, beispielsweise einem Button, einer Navigationsleiste, einem Footer oder einer Card in einer Liste.

In React sind Komponenten in der Regel als JavaScript-Funktionen definiert (gelegentlich auch als Klassen, aber modernes React arbeitet überwiegend mit Funktionen). Eine *Komponentenfunktion* gibt die UI-Elemente zurück, die auf dem Bildschirm erscheinen sollen. Diese UI-Elemente werden in JSX beschrieben, einer Syntax, die stark an HTML erinnert. Mit JSX können Sie HTML-ähnliche Tags direkt in Ihrem JavaScript-Code verwenden, die React durch die tatsächlichen Interface-Elemente der Seite ersetzt.

Um das greifbarer zu machen, sehen Sie hier ein einfaches Beispiel für eine React-Komponente, die eine Begrüßungsnachricht anzeigt:

```
function Greeting(props) {

  return <h1>Hello, {props.name}!</h1>;

}
```

Die Komponente `Greeting` ist eine Art wiederverwendbares Widget. Sie nimmt eine Eingabe entgegen (in diesem Fall `props.name`) und gibt ein Überschriftenelement (`<h1>`) zurück, das die Begrüßung enthält. Wenn Sie diese Komponente in einer React-App verwenden und ihr einen Namen übergeben – zum Beispiel `<Greeting name="Alice" />` –, wird auf der Seite »Hello, Alice!« angezeigt. Bei `<Greeting name="Bob" />` erscheint entsprechend »Hello, Bob!«. Eine Komponente wird also nur einmal angelegt, erzeugt aber je nach übergebenen Daten unterschiedliche Ausgaben.

Bei der Generierung einer App wird die Bolt-KI viele solcher Komponenten erzeugen. In unserem Beispiel der Rezepte-App würde Bolt möglicherweise eine Komponente für die Suchleiste (etwa `SearchBar`), eine Komponente für die Liste der Suchergebnisse (`Recipe List`) und eine Komponente für jedes einzelne Rezept (`RecipeCard`) anlegen. Die Benutzeroberfläche auf diese Weise in Komponenten aufzuteilen, ist ein zentraler Bestandteil des »React-Denkens«. Weil jede Komponente ihren eigenen Teil der UI verantwortet, lassen sich Anwendungen leichter verwalten und erweitern.

Props: Daten an Komponenten übergeben

Wie Sie im `Greeting`-Beispiel gesehen haben, können Komponenten Eingaben entgegennehmen, sogenannte *Props* (kurz für *Properties*). Über Props konfigurieren Sie eine Komponente. Wäre eine Komponente ein physisches Gerät, dann wären die Props die Einstellungen, Knöpfe oder Regler, mit denen Sie das Verhalten der Maschine steuern. Die Übergabe von Props an Komponenten ähnelt der Übergabe von Argumenten an Funktionen.

Hier ein Beispiel für eine Komponente, die ein Label für einen Button anzeigen soll:

```
function MyButton(props) {

  return <button>{props.label}</button>;

}
```

`MyButton` verwendet hier `props.label`, um zu entscheiden, welche Beschriftung der Button haben soll. Wenn Bolt in Ihrer Anwendung eine eigene Button-Komponente erzeugt, verwendet es möglicherweise genau dieses Muster. In JSX sähe die eingebettete Komponente so aus:

```
<MyButton label="Add Recipe" />
```

Das Ergebnis wäre ein Button mit der Beschriftung *Add Recipe*. Damit die `MyButton`-Komponente einen anderen Text anzeigt, müssen Sie nur die `label`-Prop ändern. Durch Props werden Komponenten also wiederverwendbar und flexibel.

Bei der Arbeit mit Bolt schreiben Sie diese Props möglicherweise nicht selbst in den Code, aber Sie werden Dinge *beschreiben*, die letztlich in Props übersetzt werden. Wenn Sie Bolt zum Beispiel anweisen: »Füge neben jedem Rezept einen Button mit der Beschriftung ›Save Recipe‹ hinzu«, erzeugt Bolt im Hintergrund etwas wie `<Button label="Save Recipe" />` (oder setzt den Text direkt in ein gewöhnliches `<button>`-Element). Der entscheidende Punkt: Immer wenn Sie in Ihrem Prompt Details angeben, *werden im Hintergrund Daten an Komponenten übergeben*.

Betrachten wir ein weiteres realitätsnahes Beispiel: die Bestellung eines neuen Autos. Dabei können Sie normalerweise die Farbe, den Motortyp, die Ausführung der Sitzbezüge und unzählige weitere Details auswählen. Damit legen Sie die Eigenschaften Ihres künftigen Wagens fest: Es sind sozusagen die Props für den Herstellungsprozess. Wenn Sie Bolt mitteilen: »Jede Card soll die Kochzeit und den Schwierigkeitsgrad zeigen«, spezifizieren Sie damit bereits zwei entsprechende Props der `RecipeCard`-Komponente. Bolt würde daraufhin beispielsweise jeder Card eine `time`-Prop und eine `difficulty`-Prop hinzufügen: Es nimmt Ihre Vorgaben entgegen und wendet sie auf die zu erstellenden oder bereits vorhandenen Komponenten an.

State: dynamische Daten und Interaktionen verwalten

Während Props von außen an eine Komponente übergeben werden, ist *State* deren eigenes internes Gedächtnis: ihr *Zustand*. State wird für Daten verwendet, die sich im Laufe der Zeit oder als Reaktion auf Nutzeraktionen ändern. Gibt es beispielsweise ein Kontrollkästchen, das aktiviert oder deaktiviert werden kann, gehört sein aktueller Zustand – »checked« oder »unchecked« – zum State der Anwendung, weil er durch Klicks des Nutzers verändert werden kann. Auch der aktuelle Zustand etwa einer Liste, die sich ein- und ausklappen lässt, ist Teil des States.

In React kann eine Komponente sogenannte *State-Variablen* besitzen – also Variablen, die Informationen über bestimmte Aspekte ihres aktuellen Zustands speichern. Wenn sich diese State-Variablen ändern (eine Liste wird auf- oder zugeklappt, eine Checkbox markiert), wird die Komponente automatisch neu gerendert (ihre Ausgabe wird aktualisiert), um den neuen Zustand widerzuspiegeln. Schauen wir uns ein kurzes

Beispiel für einen State in einer Komponente an. Stellen Sie sich einen Zähler vor, der sich bei jedem Klick auf einen Button erhöht:

```
import { useState } from 'react';

function Counter() {

  const [count, setCount] = useState(0);


  return (

    <div>

      <p>You clicked {count} times.</p>

      <button onClick={() => setCount(count + 1)}>Click me</button>

    </div>

  );

}
```

In dieser `Counter`-Komponente verwenden wir den `useState`-Hook von React, um eine State-Variable `count`anzulegen (mit einer Aktualisierungsfunktion namens `setCount`). Der Zähler startet bei 0. Die Komponente zeigt den aktuellen Zählerstand an sowie einen Button, der den Zähler bei jedem Klick erhöht. Jedes Mal, wenn Sie klicken, aktualisiert `setCount(count + 1)` den State, und React rendert das <p>-Element in Echtzeit neu, um den Text »You clicked X times« mit dem neuen Wert anzuzeigen.

Wenn Sie mit Bolt arbeiten, müssen Sie weder den Code für `useState` schreiben noch den State managen. Das übernimmt Bolt für Sie. Dennoch sollten Sie im Hinterkopf behalten, dass die KI immer einen entsprechenden internen Zustand verwaltet, sobald Sie interaktive Funktionen einbauen lassen. Wenn Ihr Prompt zum Beispiel lautet: »Wenn der Nutzer auf das Herzsymbol klickt, soll das Rezept als Favorit markiert werden«, erzeugt Bolt im Hintergrund einen entsprechenden State – etwa ein Array mit den IDs der Favoriten oder ein boolesches Flag pro Rezept – sowie einen `onClick`-Handler, der diesen State aktualisiert. In Ihrer Anwendung sehen Sie dann lediglich, dass sich beim Klick das Herzsymbol verändert (etwa gefüllt wird, um zu zeigen, dass es gespeichert ist) und das Rezept in einer Favoritenliste landet. Dieses sichtbare Verhalten ist das Ergebnis von State-Änderungen, die UI-Updates auslösen.

Das Verständnis von State hilft auch dabei, Ihre Prompts zu verfeinern. Wenn sich in Ihrer App etwas nicht aktualisiert, liegt das möglicherweise daran, dass der State nicht so eingerichtet ist, wie Sie es erwarten. Vielleicht wird zum Beispiel die Rezeptliste nicht aktualisiert, nachdem Sie ein neues Rezept hinzugefügt haben. In einer React-

App würde das typischerweise bedeuten, dass der State, der die Rezeptliste repräsentiert, nicht korrekt aktualisiert wurde. In Bolt könnten Sie das adressieren, indem Sie etwa folgenden Prompt verwenden: »Aktualisiere die Liste, sobald ein neues Rezept hinzugefügt wurde, damit das neue Rezept auch direkt angezeigt wird.« Die KI würde daraufhin den Code anpassen, um den gewünschten Effekt zu erzielen – etwa indem der State des Rezepts aktualisiert oder die Liste neu abgerufen wird.

Wie React in das Arbeiten mit Bolt passt

Vielleicht fragen Sie sich inzwischen: *Das klingt ja alles sehr interessant – aber muss ich das wirklich alles wissen, wenn ich mit Bolt arbeite?* Die Antwort lautet: Nein, nicht zu Beginn – aber je komplexer Ihre Anwendungen werden, desto wertvoller wird dieses Wissen. Die React-Konzepte zu kennen, hilft dabei, präzisere Prompts zu formulieren und die Ausgaben von Bolt zu interpretieren.

Wenn Sie wissen, was Komponenten sind, erkennen Sie möglicherweise, dass sich eine große, komplexe Seite in kleinere Teile aufteilen lässt. Dann können Sie in Bolt schrittweise prompten, etwa so:

> Erstelle eine Header-Komponente mit dem App-Logo und einem Navigationsmenü.

Dann:

> Erstelle jetzt eine Dashboard-Komponente, die die Statistiken des Nutzers anzeigt.

Dann:

> Füge eine Footer-Komponente mit Kontaktinformationen hinzu.

Sie müssen das Wort »Komponente« in Ihrem Prompt nicht ausdrücklich verwenden, da Bolt selbst »in Komponenten denkt«. Wenn Ihnen diese Struktur aber bewusst ist, denken Sie automatisch modularer, was in der Regel zu klareren Prompts führt.

Auch ein Verständnis von Props hilft dabei, präziser zu formulieren, etwa:

> Zeige in der Komponente für das Nutzerprofil den Namen des Nutzers und sein Profilbild an.

In React würde Bolt dann eine `UserProfile`-Komponente verwenden, der es den Namen und die Bild-URL als Props übergibt. Wenn Sie später sagen: »Aktualisiere das Nutzerprofil, sodass auch dessen Rolle (zum Beispiel Entwickler oder Designer) angezeigt wird«, dann bitten Sie Bolt im Grunde darum, dieser Komponente eine weitere Prop (etwa `title`) hinzuzufügen und diese anzuzeigen. Das Verständnis der Zusammenhänge in React schärft Ihr mentales Modell.

State ist vermutlich das wichtigste Konzept, wenn es um den Umgang mit Interaktivität geht. Sofern Sie wissen, dass State das Fundament dynamischen Verhaltens bildet, können Sie in Ihren Prompts interaktives Verhalten besser beschreiben. »Wenn der Nutzer auf X klickt, mache Y« beschreibt im Kern ein Ereignis, das einen State ändern soll – und damit eine Veränderung der Benutzeroberfläche nach sich zieht. Bolt übersetzt das in entsprechenden Code. Funktioniert nach einer Nutzerinteraktion etwas nicht wie erwartet, können Sie Bolt mit einem Prompt anweisen, die State-Logik zu korrigieren, zum Beispiel:

> Stelle sicher, dass ein Klick auf den »Load more«-Button tatsächlich den nächsten Ergebnissatz lädt und anzeigt.

React als Framework legt eine bestimmte Denkweise nahe: Man zerlegt die Benutzeroberfläche in eine Komponentenhierarchie und überlegt, welche Daten jede dieser Komponenten benötigt (über Props) und auf welche Weise sie sich verändern kann (über State). Das wird oft als »In-React-Denken« (»Thinking in React«) bezeichnet. Sie geben die übergeordnete Vision vor, und Bolt übernimmt für Sie das detaillierte React-Denken. Je stärker sich Ihre Anweisungen an dieses React-artige Denken anlehnen, desto reibungsloser kann Bolt Ihre Worte in eine gut strukturierte Anwendung übersetzen.

Behalten Sie diese Konzepte im Hinterkopf, wenn Sie in den nächsten Kapiteln anfangen, praktisch mit Bolt zu arbeiten. Sie werden nach und nach klarer werden, sobald Sie erkennen, wie die KI sie in der Praxis anwendet. Wenn Ihnen manches jetzt noch sehr abstrakt vorkommt: kein Problem. Bolt wird Ihnen beim Entwickeln genügend konkrete Beispiele liefern, und ich werde weiterhin erläutern, was jeweils im Hintergrund geschieht.

Zusammenfassung

In diesem Kapitel haben Sie Bolt.new und das Konzept des Prompt-first-Developments kennengelernt, bei dem natürliche Sprache zur primären Programmierschnittstelle wird. Anstatt Zeile für Zeile Code zu schreiben, formulieren Sie, was Sie entwickeln möchten – und die KI verwandelt diese Beschreibung in eine funktionierende Anwendung. Bolt übernimmt dabei die Rolle eines intelligenten Assistenten, der die aufwendige Coding-Arbeit erledigt, während Sie die kreative Richtung vorgeben. Auf diese Weise wird Softwareentwicklung für jeden zugänglich, der seine Vorstellungen klar formulieren kann.

Die Vorteile dieses Ansatzes wirken auf allen Erfahrungsstufen transformativ. Das senkt die Einstiegshürde drastisch und ermöglicht auch Neulingen ohne jahrelange Programmiererfahrung, funktionsfähige Prototypen zu entwickeln. Erfahrene Entwicklerinnen und Entwickler wiederum können Ideen schnell prototypisch umsetzen, mühsame Setup-Arbeiten eliminieren und sich ganz auf komplexe Logik und kreative Problemlösung konzentrieren. Und selbst nicht technische Fachleute wie Designer, Produktmanagerinnen oder Unternehmer sind in der Lage, funktionierende Demos zu erstellen, mit denen sich ihre Vorstellungen weit wirkungsvoller vermitteln lassen als durch Beschreibungen in Textform.

Ein Verständnis der Kernkonzepte von React – Komponenten, Props und State – erhöht Ihre Effektivität im Umgang mit Bolt, selbst wenn Sie keinen eigenen React-Code schreiben. Komponenten sind die Bausteine, die Ihre UI in handhabbare Teile gliedern, Props sind die Daten, die Sie an diese Komponenten übergeben, und State steuert die dynamischen, interaktiven Aspekte Ihrer Anwendung. Wenn Sie Funktionen in Ihren Prompts beschreiben, legen Sie im Grunde fest, wie diese React-Konzepte zusammenspielen sollen – und Bolt übersetzt Ihre Vorgaben in sauber strukturierten Code.

Die iterative Natur des Prompt-first-Developments fördert die Experimentierfreude und eine kontinuierliche Verfeinerung. In einem dialogbasierten Austausch mit der KI formen Sie Ihre Anwendung Schritt für Schritt so, dass sie exakt Ihrer Vorstellung entspricht. Dieser Prozess schult das klare Denken darüber, was Sie entwickeln möchten, und hilft dabei, komplexe Ideen in konkrete, umsetzbare Beschreibungen zu zerlegen. Auf Ihrem weiteren Weg mit Bolt sind eine klare Kommunikation, geduldiges Iterieren und ein Verständnis der grundlegenden Strukturen moderner Webanwendungen entscheidend.

KAPITEL 2

Erste Schritte mit Bolt

Nachdem Sie die zentralen Ideen hinter Bolt und die strukturellen Grundlagen von Webanwendungen kennengelernt haben, wird es Zeit, die Ärmel hochzukrempeln und das Tool tatsächlich *einzusetzen*. In diesem Kapitel zeige ich Ihnen die Benutzeroberfläche, damit Sie Ihr erstes Projekt anlegen können. Am Ende dieses Kapitels verfügen Sie über eine funktionierende App (die mithilfe von Bolt erstellt wurde) und ein solides Wissen darüber, wie Sie sich im Bolt-Workspace zurechtfinden.

Registrierung und Start von Bolt

Um loszulegen, öffnen Sie Ihren Webbrowser und rufen Bolt.new auf (geben Sie einfach »bolt.new« in die Adresszeile ein). Die Website begrüßt Sie mit einer einfachen Frage: »What do you want to build?« Das ist Ihre Einladung, mit dem Prompting zu beginnen (siehe Abbildung 2.1).

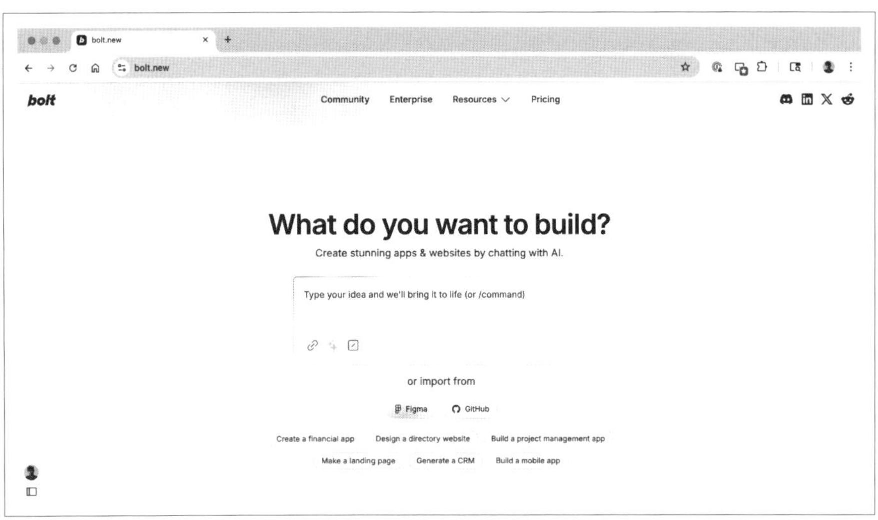

Abbildung 2.1: Die Willkommensseite von Bolt.new mit dem zentralen Prompt-Eingabefeld

Bevor Sie antworten, sollten Sie sich jedoch anmelden oder – falls noch nicht geschehen – einen Account erstellen, vor allem wenn Sie Ihre Arbeit speichern möchten. Bolt bietet Anmeldeoptionen per GitHub- oder Google-Account oder über Ihre E-Mail-Adresse. Wählen Sie Ihre bevorzugte Methode aus und loggen Sie sich ein.

Sobald Sie dann mit einem ersten Prompt auf der Willkommensseite ein Projekt starten, wechselt Bolt in den eigentlichen Workspace (siehe Abbildung 2.4).

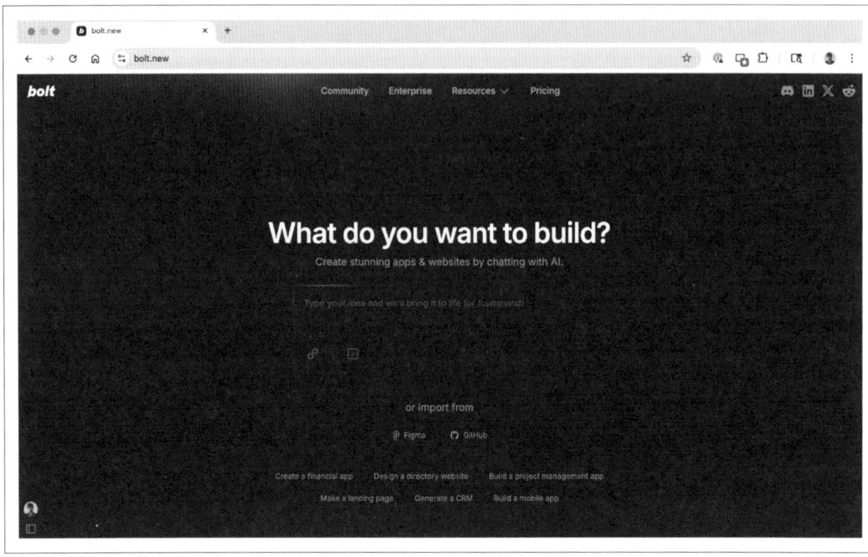

Abbildung 2.2: Die Willkommensseite von Bolt im Dark Mode

Im Workspace geschieht die eigentliche Magie. Schauen wir uns deshalb in einem kleinen Vorgriff anhand von Abbildung 2.5 die Elemente des Workspace genauer an: Es gibt einen gut erkennbaren Bereich für die Eingabe Ihres Prompts (meist seitlich oder am unteren Bildschirmrand, ähnlich wie bei einer Chatoberfläche). Außerdem gibt es einen Editorbereich, in dem Codedateien angezeigt werden, und einen Vorschaubereich für die laufende Anwendung. Das Layout mag bei Ihnen aufgrund einer kontinuierlichen Weiterentwicklung von Bolt bereits etwas anders aussehen, enthält aber normalerweise die folgenden Elemente:

Prompt-Eingabefeld
: Ein Textfeld oder Chatfenster, in das Sie Anweisungen an Bolt eingeben. Es enthält möglicherweise einen Platzhaltertext wie »How can Bolt help you today?«. Hier findet der Dialog mit der KI statt.

Datei-Explorer
: Ein Panel, das die Dateien und Ordner Ihres Projekts auflistet (meist auf der linken Seite). Bis Sie Bolt einen Prompt senden, um etwas zu generieren, ist dieser Bereich eventuell leer oder zeigt nur wenige Dateien an.

Codeeditor

Der Hauptbereich, in dem der Inhalt der Dateien angezeigt wird. Wenn Sie eine im Explorer anklicken, sehen Sie hier deren Code. Bolt öffnet und zeigt Dateien automatisch an, während es sie erstellt oder modifiziert.

Preview/Output (Vorschau/Ausgabe)

Ein Bereich oder Panel (oft auf der rechten Seite oder eventuell als eigener Tab), in dem die Live-Anwendung läuft. Im Grunde ist das ein Mini-Webbrowser innerhalb von Bolt, der Ihre App in Aktion zeigt und sich aktualisiert, sobald Änderungen vorgenommen werden. Das kennen Sie bereits aus den Abbildungen 1.1 und 1.2 in Kapitel 1.

Control Bar

Am oberen Rand des Workspace finden Sie Buttons und Statusanzeigen (siehe Abbildung 2.3). Dazu gehören typischerweise *Deploy*, *Download*, *Open in StackBlitz* und eventuell *Clear* oder *New* für einen Neustart, außerdem eine Anzeige zum Token-Verbrauch und ein Icon, das zu den Einstellungen führt.

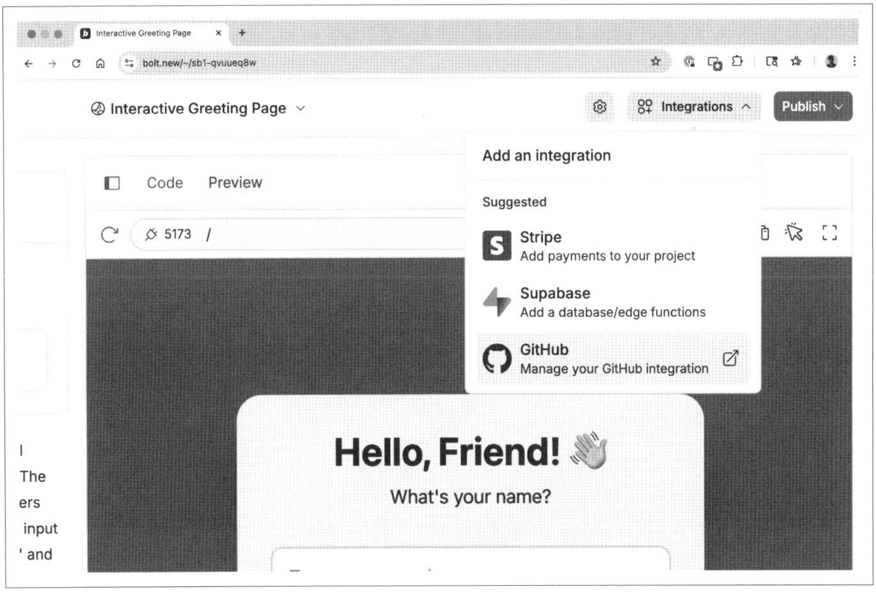

Abbildung 2.3: Über die Bolt-Oberfläche können Sie zwischen Code- und Vorschauansicht wechseln, eine Integration hinzufügen oder die App im Web veröffentlichen (deployen).

Wundern Sie sich nicht, wenn die Benutzeroberfläche (UI) bei Ihnen teilweise etwas anders aussieht, als sie in diesem Buch beschrieben oder abgebildet wird, oder wenn neue Features hinzugekommen sind oder vorhandene Features ein wenig von der Darstellung in diesem Buch abweichen. Bolt entwickelt sich überraschend schnell weiter, und sowohl Aussehen als auch Funktionsumfang werden sich seit Redaktionsschluss dieses Buchs vermutlich an einigen Stellen bereits spürbar verändert haben. Das Grundprinzip bleibt jedoch unverändert: Es gibt eine Chatoberfläche, über die Sie mit der KI kommunizieren, und eine Entwicklungsumgebung, in der Sie das generierte Ergebnis sehen und bearbeiten können. Alles andere sind Details – und meist erleichtern neu hinzugekommene Features den Umgang mit Bolt.

Ihr erster Prompt

Lassen Sie uns etwas entwickeln! Beginnen wir mit einem bewusst einfach gehaltenen Projekt, damit Ihnen der Einstieg auch mit wenig Programmiererfahrung leichtfällt, und zwar mit einer kleinen Begrüßungs-App, die einen Nutzer mit Namen anspricht. Die Anwendung ist schlicht, beinhaltet aber sowohl Eingaben (der Nutzer kann seinen Namen eintippen) als auch Ausgaben (die App reagiert mit einer personalisierten Begrüßung) und eignet sich daher ideal für den Einstieg.

Geben Sie im Prompt-Eingabebereich etwas in der folgenden Art ein (die genaue Formulierung bleibt Ihnen überlassen):

> Erstelle eine einfache Webseite, die den Nutzer begrüßt. Sie soll ein Texteingabefeld enthalten, in das der Nutzer seinen Namen eingibt, sowie eine Überschrift mit dem Text »Hello, [Name]!«, die sich beim Tippen des Namens aktualisiert. Gestalte das Design freundlich und farbenfroh.

Atmen Sie kurz durch und drücken Sie die Enter-Taste (oder klicken Sie auf *Send* oder *Build Now*, falls vorhanden). Dies ist der entscheidende Moment: Sie geben Bolt Anweisungen, und die KI macht sich nun an die Arbeit. Im Hintergrund interpretiert Bolt Ihren Prompt. Es erkennt, dass Sie ein Eingabefeld für den Namen und eine Überschrift wünschen, die sich dynamisch anpasst, um den Nutzer namentlich zu begrüßen. Bolt berücksichtigt auch den Hinweis auf ein freundliches, farbenfrohes Design und wird sich daher vermutlich für eher fröhliche Farben und eine entsprechende Schrift entscheiden. Nach wenigen Sekunden sollte die Antwort im Chat erscheinen und könnte etwa so beginnen:

> Sicher, ich erstelle eine Begrüßungs-App mit einer Eingabemöglichkeit und einer dynamischen Überschrift. Ich richte ein React-Projekt ein und füge die gewünschten Features hinzu.

Der genaue Wortlaut wird variieren, aber Bolt bestätigt normalerweise, welchen Auftrag es verstanden hat, und skizziert die nächsten Schritte. Das gibt Ihnen einen Einblick in das Vorgehen der KI. Wenn Bolt beispielsweise React erwähnt (wie in diesem Beispiel), wissen Sie sofort, welche Technologie für das Frontend verwendet wird.

In seltenen Fällen tritt während der Codegenerierung ein Problem auf. Bolt weist Sie dann in der Regel darauf hin (*Potential problems detected*) und versucht möglicherweise sogar, die Fehler zu beheben: »Ich habe ein Problem erkannt und werde es beheben, indem ich ...«

Generative KI ist *nichtdeterministisch*. Das bedeutet, dass Sie in der Regel selbst bei identischem Prompt unterschiedliche Ergebnisse erhalten werden. Da Ihnen höchstwahrscheinlich etwas andere Ergebnisse geliefert werden als diejenigen, die ich in diesem Buch wiedergebe, spreche ich oft davon, was Bolt »tun könnte« oder »wahrscheinlich tun wird«. Aber auch wenn Bolt bei Ihnen leicht andere Entscheidungen trifft, sollte das grundlegende Verhalten dem entsprechen, was ich im Text beschreibe, oder dem zumindest sehr nahekommen. Implizit gelten solche einschränkenden Formulierungen auch dann, wenn ich sie nicht ausdrücklich verwende.

Die Verarbeitung des ersten Prompts wird vielleicht etwas länger als sonst dauern, da Bolt ein komplettes Projekt einrichtet, aber Sie werden auf die Ergebnisse nicht lange warten müssen. Der Datei-Explorer füllt sich nach und nach mit einigen Dateien: wahrscheinlich einer *index.html*, einigen weiteren Quellcodedateien (vielleicht *App.jsx* oder *index.js*, je nach Stack), eventuell einer *package.json* mit den benötigten Abhängigkeiten und so weiter. Im Codeeditor öffnet Bolt meist die Hauptdatei der App, die den wesentlichen generierten Code enthält. Im Vorschaufenster sollten Sie Ihre App außerdem in Aktion sehen, wie in Abbildung 2.4 dargestellt. Damit hat Bolt Ihr erstes Projekt erstellt.

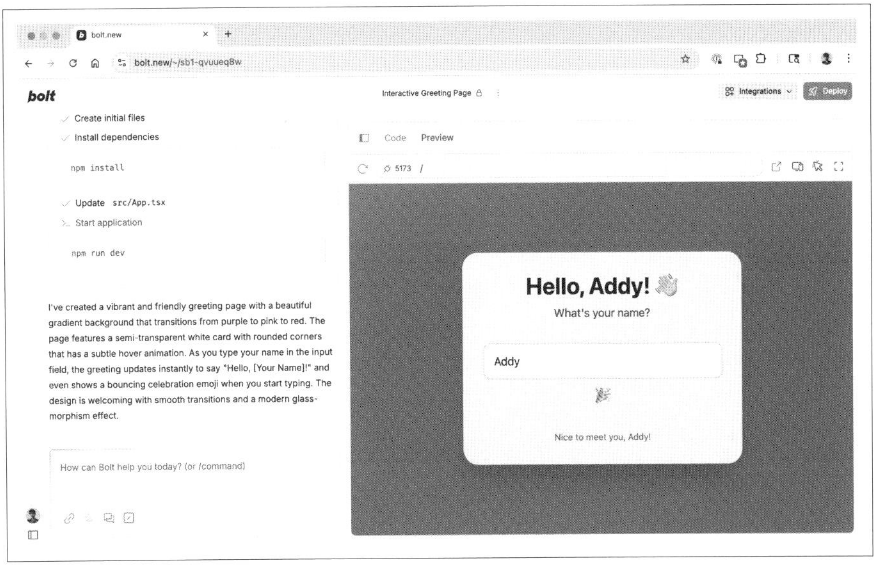

Abbildung 2.4: Die Begrüßungs-App in der Bolt-Vorschau mit einem Texteingabefeld und der angezeigten Willkommensnachricht

Testen Sie die Anwendung! In der Vorschau müsste ein Eingabefeld sichtbar sein. Geben Sie dort Ihren Namen ein. Die Überschrift sollte sich daraufhin in Echtzeit entsprechend ändern. Es ist möglich, dass Bolt und die zugrunde liegenden Sprachmodelle versuchen, Ihrer App zusätzliche UX-Features hinzuzufügen, weil sie diese für sinnvoll halten, auch wenn sie im ursprünglichen Prompt gar nicht verlangt waren. Sobald Sie den Namen vollständig eingegeben haben, zeigt die Seite ein freundliches »Hello« an, gefolgt von Ihrem Namen.

Nehmen Sie sich einen Moment, um zu würdigen, was gerade passiert ist. Sie haben eine App in natürlicher Sprache beschrieben – und Bolt hat sie für Sie erzeugt und ausgeführt. Ist das nicht beeindruckend?

Wechseln Sie nun zum Editor und scrollen Sie durch den generierten Quellcode (siehe Abbildung 2.5). Sie werden vermutlich feststellen, dass Bolt eine App-Komponente erstellt hat, die den aktuellen Eingabewert (den Namen) im State speichert und ein <input>-Feld mit einem Event-Handler enthält, damit die Begrüßung beim Tippen aktualisiert wird. Wahrscheinlich gibt es auch CSS oder ein direktes Styling, um die Seite wie gewünscht relativ farbenfroh zu gestalten. Selbst wenn Sie den Code nicht vollständig verstehen, können Sie beim Lesen dennoch einiges erkennen, beispielsweise dass die Struktur des Codes genau das widerspiegelt, was Sie angefordert haben: Es gibt ein Eingabeelement und eine Anzeige für den Begrüßungstext.

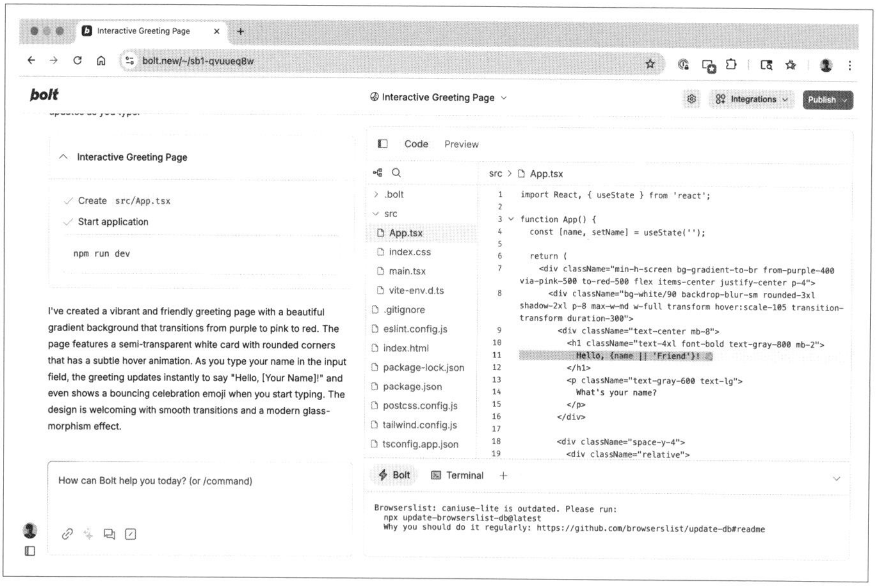

Abbildung 2.5: Der von Bolt automatisch generierte Quellcode und die Dateistruktur für eine Rezepte-App

So simpel die App auch sein mag, Sie haben damit erfolgreich den zentralen Workflow durchlaufen: Prompt → Generierung → Ansicht → Interaktion. Sie haben Ihre Idee beschrieben, Bolt hat sie umgesetzt, und Sie konnten das Ergebnis sofort sehen und verwenden. Für Einsteiger ist das eine gewaltige Erleichterung, weil viele der Setup- und Syntaxhürden einfach wegfallen.

Den Workspace erkunden und anpassen

Jetzt, da Ihre App läuft, schauen wir uns die Bolt-Oberfläche etwas genauer an. Links im Datei-Explorer können Sie die einzelnen Dateien anklicken. Dort finden Sie vielleicht eine Datei, die den Text »Hello, …« enthält, um die Begrüßung zu rendern. Wenn Sie diese Datei öffnen, wird der enthaltene Code im Editor angezeigt. Hier können Sie den Code manuell bearbeiten, um beispielsweise die Standardbegrüßung oder das Styling anzupassen. Solche Änderungen wirken sich normalerweise unmittelbar auf die angezeigte Vorschau aus. Bolt startet den Dev-Server dazu in der Regel automatisch neu; andernfalls müssen Sie die Vorschau manuell aktualisieren.

Schauen wir uns nun einige zentrale Bedienelemente der Oberfläche an.

Chatbereich
: Hier findet Ihre Unterhaltung mit Bolt statt. Sie sehen dort Ihren ursprünglichen Prompt und Bolts Antwort. Sie können nach oben scrollen, um beides noch einmal nachzulesen. Wenn die Antwort sehr umfangreich war oder viel Code geschrieben wurde, fasst Bolt den Inhalt möglicherweise zusammen, anstatt alles anzuzeigen (der vollständige Code steht im Editor). Häufig weist Bolt jedoch darauf hin, welche Dateien es erstellt oder geändert hat. Im Chatbereich geben Sie außerdem Folgeprompts ein (mehr dazu im nächsten Kapitel, wenn Sie Ihre App weiter verfeinern).

Clear/Reset
: Sollten Sie einen Button mit der Beschriftung *Clear* oder *New Project* sehen, können Sie über diesen komplett neu starten. Dadurch werden der aktuelle Chat und das gesamte Projekt gelöscht, sodass Sie wieder bei null beginnen. Verwenden Sie diese Funktion nur, wenn Sie das aktuelle Projekt vollständig abbrechen möchten, denn nach dem Löschen geht der gesamte Gesprächskontext im Chat verloren. (Wenn Sie Ihren Code gespeichert oder heruntergeladen haben, bleibt er extern erhalten; wenn nicht, ist er verloren.) Falls also etwas völlig aus dem Ruder läuft, bietet *Clear* eine Möglichkeit, neu durchzustarten.

Download
: Suchen Sie nach einem Download-Symbol oder -Button. Wenn Sie darauf klicken, können Sie den Code Ihres Projekts als ZIP-Datei lokal auf Ihrem Rechner speichern, um eine Kopie des Codes zu behalten, ihn manuell weiterzugeben oder das Projekt später in Ihrer eigenen IDE zu öffnen.

Open in StackBlitz
: StackBlitz ist die Plattform, auf der Bolt aufbaut. Wenn Sie auf *Open in StackBlitz* klicken, wird Ihr Projekt in einer herkömmlichen Editoransicht auf stackblitz.com geladen. So können Sie in den manuellen Coding-Modus wechseln oder die Projektstruktur im Detail erkunden. In StackBlitz müssen Sie zwar auf einen KI-Chat verzichten, aber Sie können Code bearbeiten und ausführen und ihn bei Bedarf in ein GitHub-Repository committen.

Deploy
: Wenn Sie auf *Deploy*klicken, bündelt Bolt Ihre Anwendung und stellt sie online bereit. Standardmäßig verwendet Bolt hierfür einen Dienst namens Netlify. Nach einem kurzen Build-Prozess erhalten Sie eine öffentliche URL, etwa *https://friendly-greeting-12345.netlify.app* (diese URL ist nur ein Beispiel, die tatsächliche Adresse besteht in der Regel aus einer eindeutigen Kombination aus Wörtern und Zahlen). Das ist eine Live-Version Ihrer App im Internet! Wenn Sie anderen die gerade erstellte App zeigen möchten, versenden Sie einfach die URL.

Settings/Account
: Es gibt ein Einstellungen-Menü, das Sie über das Zahnradsymbol erreichen. Hier finden Sie Angaben zum Token-Verbrauch (Bolt stellt täglich ein großzügiges Kontingent kostenloser KI-Tokens bereit), Abo-Optionen, falls Sie zusätzliche Tokens benötigen, die Verwaltung von Backups (darauf gehen wir in Kapitel 4 genauer ein) sowie weitere fortgeschrittene Funktionen. *Tokens* sind die grundlegenden Texteinheiten, die das KI-Modell zur Verarbeitung von Informationen verwendet. Wenn Sie mit Bolt interagieren, verbrauchen Sie diese Tokens bei Chatinteraktionen, bei der Codegenerierung oder wenn die KI bestehenden Code analysiert. In der Seitenleiste finden Sie außerdem einen Link zum Help Center von Bolt.new, falls Sie einmal nicht mehr wissen, wo sich eine bestimmte Funktion verbirgt.

Metaprompts verstehen: die KI-Richtlinien Ihres Projekts

Bolt verwendet Metaprompts – auch als System- oder Projektprompts bezeichnet –, um das Verhalten und den Kontext seiner KI-Engine zu steuern. Sie können diese Guidelines anpassen, damit Bolt projektweit einem bestimmten Stil, einer Architektur oder anderen Vorgaben folgt.

Wenn Sie Ihre Projektdateien durchgehen, fällt Ihnen möglicherweise auch eine spezielle Datei auf, die im Bolt-Verzeichnis (*.bolt*) einfach nur *prompt* heißt (siehe Abbildung 2.6). Diese Datei enthält den Metaprompt Ihres Projekts und dient gewissermaßen als Leitlinie für den Assistenten – sie sorgt dafür, dass Bolt im gesamten Projekt einem einheitlichen Satz an Prinzipien folgt.

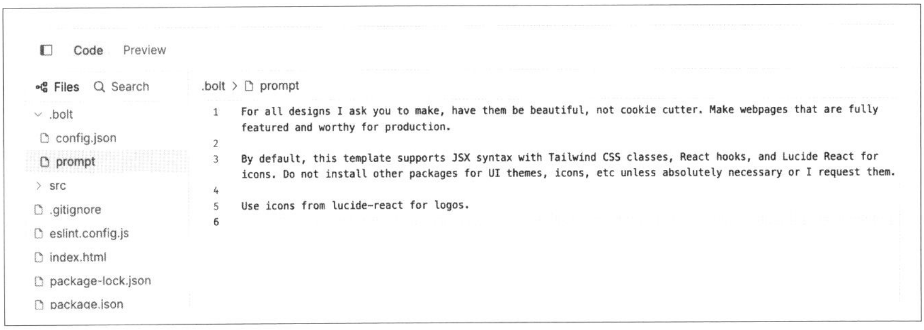

Abbildung 2.6: Systemprompt in Bolt

Zum Beispiel könnte sie etwa Folgendes enthalten (normalerweise in Englisch, hier übersetzt):

> Alle Designs sollen ästhetisch ansprechend und nicht austauschbar oder beliebig wirken. Erstelle produktionsreife Webseiten mit vollem Funktionsumfang.
>
> Standardmäßig unterstützt dieses Template JSX-Syntax mit Tailwind CSS, React-Hooks und Lucide React für Icons. Installiere keine weiteren Pakete für UI-Themes, Icons usw., es sei denn, es ist unbedingt erforderlich oder ich fordere es an.
>
> Verwende Icons aus lucide-react.

Betrachten wir nun, wie Bolt mit Metaprompts umgeht (siehe Abbildung 2.7).

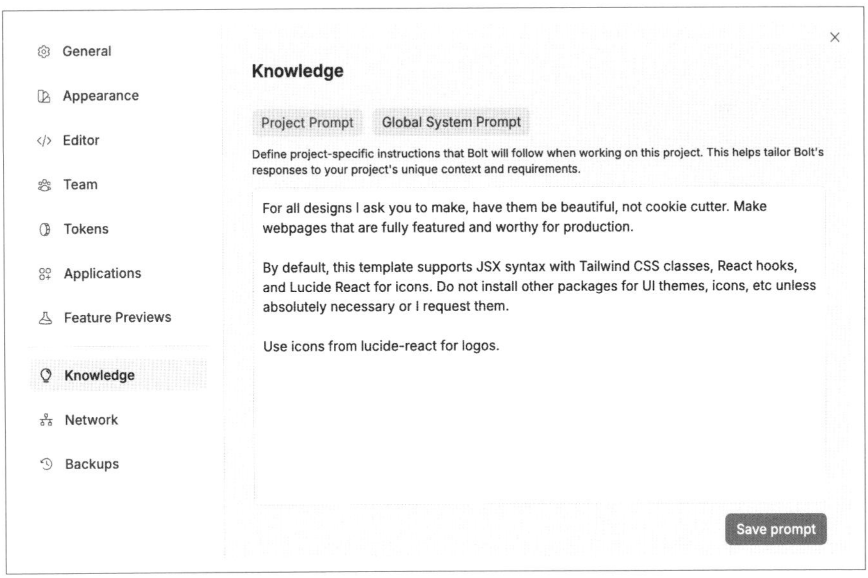

Abbildung 2.7: Änderung des Systemprompts in Bolt

Ein *globaler Systemprompt* gilt übergreifend für alle Projekte und Prompts, sofern Sie ihn nicht überschreiben. Er definiert einen einheitlichen Stil oder Rahmenbedingungen für Ihre Arbeit, zum Beispiel:

> Nutze immer funktionale React-Komponenten mit Tailwind CSS.

Ein *Projektprompt* bezieht sich dagegen ausschließlich auf das aktuelle Projekt, an dem Sie gerade arbeiten. Projektprompts eignen sich perfekt für Regeln wie:

> Modifiziere [Datei X] nur, wenn Styles geändert werden.

> Verwende Expo und die Navigationsstruktur von React Navigation.

Sie können den globalen Systemprompt festlegen, indem Sie in der Seitenleiste zu *Settings → Knowledge* navigieren. Dort finden Sie Tabs für den *Project* sowie den *Global System Prompt*. Bearbeiten Sie diese Felder, um Ihre eigenen Regeln hinzuzufügen, und klicken Sie anschließend auf *Save*. Jedem neuen Prompt, den Sie eingeben, werden nun diese Anweisungen vorangestellt.

Warum sind Metaprompts so wichtig? Sie sorgen für Konsistenz und stellen sicher, dass Bolt stets die von Ihnen bevorzugten Formatierungs-, Architektur- oder Designvorgaben berücksichtigt. Sie sind zudem effizient, weil sie das ständige Wiederholen von Anweisungen überflüssig machen («ändere diese Datei nicht«, »nutze Bibliothek X«). Außerdem lassen sich so Fehler vermeiden, bei denen die KI etwa falsche Dateien verändert oder unerwünschte Abhängigkeiten hinzufügt.

Beispiel: Metaprompting

Angenommen, Sie möchten, dass Bolt für alle Dateien und Code-Snippets grundsätzlich TypeScript anstelle von einfachem JavaScript verwendet. Sie beschließen, diese Präferenz in einem Projektprompt festzulegen:

> Verwende in allen Dateien und Code-Snippets TypeScript anstelle von einfachem JavaScript. Folge beim Hinzufügen von Komponenten oder Utilities idiomatischen TypeScript-Mustern mit klaren Typangaben und Interfaces.

Jedes Mal, wenn Sie Bolt nun um etwas bitten – etwa »Füge einen Settings-Screen hinzu« –, berücksichtigt es diese Vorgaben als Teil seines systemweiten Kontexts.

Zusammenfassung

Sie haben erfolgreich ein erstes Projekt in Bolt erstellt. Sie haben sich angemeldet, einen Prompt eingegeben, die KI bei der Arbeit erlebt und gesehen, wie Ihre App ausgeführt wird. Sie wissen nun auch, wo Sie die wichtigsten Werkzeuge in der Benutzeroberfläche finden – und wie Metaprompts Ihr gesamtes Projekt prägen.

Nehmen Sie sich ruhig noch etwas Zeit zum Experimentieren, bevor Sie weiterlesen. Vielleicht ändern Sie den Prompt leicht ab und führen ihn erneut aus, oder Sie probieren irgendeine andere kleine Idee aus. Je mehr Sie experimentieren, desto vertrauter wird Ihnen das Arbeiten mit Bolt. Achten Sie aber darauf, zu Beginn eines neuen Projekts die Schaltfläche *Clear/New* zu verwenden, um Bolt nicht mit dem Kontext der vorherigen App zu verwirren. Jedes Projekt, das Sie in Bolt entwickeln, wird im Chatverlauf als eigener Eintrag geführt.

Im nächsten Kapitel widmen wir uns dann dem eigentlichen Kern der Softwareentwicklung mit Bolt: der Kunst des Promptings und der gezielten Steuerung der KI, damit Sie genau das Ergebnis erhalten, das Sie sich wünschen. Was Sie in diesem Kapitel erzeugt haben, dient dabei als Ausgangspunkt für eine weitere Verfeinerung. Außerdem lernen Sie weitere Anwendungstypen kennen. Nachdem Sie jetzt wissen, wie man ein Projekt beginnt, ist es nun an der Zeit, zum Prompt-Profi zu werden und das volle Potenzial von Bolt auszuschöpfen.

KAPITEL 3

Seien Sie präzise, seien Sie konkret: Prompt Engineering und iterative Entwicklung

Nachdem Sie nun erlebt haben, wie aus einem einzigen Prompt eine App entsteht, ist es an der Zeit, tiefer in die Kunst und Wissenschaft des Promptings – der Formulierung von Prompts – einzutauchen. In diesem Kapitel zeige ich Ihnen, wie Sie die dabei besten Ergebnisse erzielen und wie Sie den Output verwalten, den die KI Ihnen auf Ihre Prompts hin liefert. Stellen Sie es sich so vor, als würden Sie lernen, mit einem menschlichen Assistenten zu kommunizieren, der extrem intelligent, schnell und kenntnisreich ist, aber klare Anweisungen und eine gute Führung braucht.

Ich stelle Ihnen Techniken vor, um geeignete Prompts zu formulieren, das Verhalten und Design Ihrer App durch Anweisungen in natürlicher Sprache zu verfeinern und auf die Antworten der KI zu reagieren (nicht zuletzt dann, wenn sie nicht genau das macht, was Sie eigentlich wollten). Außerdem zeige ich Ihnen einige Best Practices für einen reibungslosen Prompt-first-Workflow. Am Ende dieses Kapitels sollten Sie sich sicher genug fühlen, genau zu beschreiben, was Sie wollen (auch wenn Sie es nicht selbst programmieren können), und Bolt anzuweisen, es zu entwickeln.

Erwartungsmanagement: Grenzen und Stärken von KI

Es ist wichtig, bei der weiteren Arbeit mit Bolt keine unrealistischen Erwartungen zu entwickeln, aber zugleich die Stärken der KI gekonnt zu nutzen. Bolt ist unglaublich leistungsfähig, wenn es darum geht, schnell Code zu generieren und Anweisungen zu befolgen, aber es ist weder unfehlbar noch allwissend. Es kann ohne Ihren Input und Ihre Anleitung keine perfekte, produktionsreife App erstellen. Manchmal trifft es Annahmen, die nicht in Ihrem Sinne sind. Außerdem weiß es so lange nicht genau, was Sie eigentlich im möchten, bis Sie es explizit formuliert haben.

Eine Einschränkung, die Sie kennen sollten, betrifft das Gedächtnis der KI – das sogenannte *Kontextfenster*. Wie bei anderen LLM-basierten KI-Assistenten gibt es auch bei Bolt einen maximalen Umfang von Gesprächsverlauf und Programmcode, der gleichzeitig berücksichtigt werden kann. Wächst Ihr Projekt sehr stark an oder wird Ihr Chat sehr lang, fängt Bolt möglicherweise an, frühere Details zu vergessen oder zu ignorieren. In solchen Fällen ist es am besten, es im nächsten Prompt freundlich an Übersehenes zu erinnern. Es schadet nicht, Ihre Anforderungen dann einfach zu wiederholen:

> Nur zur Wiederholung: Es gibt aktuell Aufgaben, die Projekten zugeordnet sind, und ein Dashboard. Jetzt möchte ich noch ... hinzufügen.

Auf diese Weise rücken Sie wichtigen Kontext wieder in den Vordergrund.

Bolts Stärke liegt darin, Boilerplate-Code (z.B. ein typisches Projektgerüst) zu generieren und Komponenten schnell miteinander zu verknüpfen. Allerdings wählt es, anders als ein erfahrener menschlicher Entwickler, nicht immer die optimale Lösung oder das beste Entwurfsmuster. Das ist in vielen Fällen kein Problem, insbesondere bei Prototypen. Wenn Sie über Programmierkenntnisse verfügen, können Sie Bolt jederzeit anweisen, eine andere Bibliothek oder Struktur zu verwenden. Falls nicht, erhalten Sie trotzdem eine funktionierende App. Bedenken Sie jedoch, insbesondere wenn eine Anwendung für den Produktiveinsatz gedacht ist, dass KI-generierter Code nicht immer Best Practices folgt. Zum Lernen und für schnelles Prototyping ist der generierte Code jedoch meist mehr als ausreichend.

Manchmal erfüllt Bolt zwar Ihre Anforderung, übersieht dabei aber ein oder zwei Details. Überprüfen Sie daher immer das Verhalten der App und prüfen Sie, ob sich das von Bolt gelieferte Ergebnis von Ihrer Vorstellung unterscheidet.

Andererseits ist es eine Stärke von KI, dass sie niemals müde wird und sich von Änderungen oder repetitiven Aufgaben nicht frustrieren lässt. Sie können Bolt auffordern, eine Aufgabe zehnmal auf leicht unterschiedliche Weise zu erledigen, ohne dass es sich beschwert. Das lädt zum Experimentieren ein. Wenn Ihnen ein Design nicht zusagt, versuchen Sie, es anders zu beschreiben, oder bitten Sie um Alternativen:

> Gib der App ein anderes Theme – vielleicht ein dunkles Farbschema mit goldenen Akzenten.

Sie können Bolt auch um Vorschläge bitten. Vielleicht liefert es eine Idee, auf die Sie selbst nicht gekommen wären.

Wenn Sie unsicher sind, wie Sie Ihre Anweisungen formulieren sollen, suchen Sie in der Bolt-Oberfläche im Prompt-Eingabefeld in dem Untermenü, das sich hinter dem +-Symbol verbirgt, das kleine Sparkle-Icon, das mit *Enhance prompt* beschriftet ist. Sobald Sie darauf klicken, optimiert oder erweitert das KI-Modell Ihren Prompt, um ihn klarer zu formulieren. Das ist im Grunde eine Art Prompt Engineering »on the fly«. Diese Funktion ist besonders hilfreich, wenn Sie nicht genau wissen, welche Details die KI benötigt. Bolt kennt den Kontext Ihres Projekts und kann den Prompt daher um spezifische Details ergänzen.

Sie könnten zum Beispiel »Füge einen Dark-Mode-Umschalter hinzu« eingeben und dann auf *Enhance prompt* klicken. Bolt könnte das in einen detaillierteren Prompt wie diesen umwandeln:

> Implementiere einen Dark-Mode-Umschalter oben rechts in der Navbar. Verwende ein Sonne/Mond-Icon zur Anzeige des Modus und speichere die Theme-Auswahl des Nutzers dauerhaft (z. B. via `localStorage`).

Sie können diesen Vorschlag prüfen, bei Bedarf anpassen und absenden – oder ihn einfach als Vorlage für Ihre eigene Formulierung verwenden.

Tipps für effektives Prompting

Ein guter Prompt besteht im Grunde aus einer Zusammenstellung geeigneter Einzelanweisungen. Je eindeutiger und klarer er ist, umso eher erhalten Sie das erwünschte Ergebnis. Das heißt aber nicht, dass Sie jedes noch so kleine Detail ausformulieren müssen. Bolt ist darauf trainiert, sinnvolle Standardwerte zu ergänzen. Wann immer Sie jedoch von einzelnen Aspekten bereits klare Vorstellungen haben, sollten Sie sie explizit benennen.

Hier erhalten Sie einige Hinweise für das Schreiben effektiver Prompts:

Beschreiben Sie Funktionen und Verhalten.
: Konzentrieren Sie sich auf das, was die App tun soll. Wenn es beispielsweise um einen Fitness-Tracker geht, führen Sie die wichtigsten Features auf:

> Ermögliche es Nutzern, Workouts nach Typ (Laufen, Krafttraining usw.) zu protokollieren, Fortschritte im Zeitverlauf zu verfolgen und ein zusammenfassendes Dashboard mit Diagrammen anzuzeigen.

Handelt es sich um ein E-Commerce-Frontend, könnte die Aufzählung der gewünschten Features so lauten:

> Erstelle eine Produktübersichtsseite mit Bildern, eine Produktdetailseite, einen Warenkorb und ein Check-out-Formular.

Geben Sie Kontext oder den Zweck an.
: Manchmal hilft es der KI bei Designentscheidungen, wenn Sie den Zweck erläutern. Die Beschreibungen »To-do-App für tägliche Aufgaben« und »Projektmanagement-App für Teamkollaboration« könnten Bolt zu unterschiedlichen Interpretationen führen: Im zweiten Fall würde es vermutlich Nutzerkonten oder Sharing-Funktionen einbauen. Geben Sie daher bei Bedarf kurz den Kontext an: »für ein Team«, »für den persönlichen Gebrauch«, »für Kinder« oder Ähnliches.

Definieren Sie das Look and Feel.

Damit beschreiben Sie die gewünschte Stimmung. Dazu eignen sich besonders Adjektive und Analogien. Nutzen Sie Formulierungen wie »mit modernem Look and Feel«, »wie ein professionelles Dashboard in einer Finanz-App«, »mit verspielten Grafiken im Cartoon-Stil und kräftigen Farben« oder »im Stil eines Social-Media-Feeds«. Keine Sorge: Falls Sie kein Designer sind, beschreiben Sie einfach den Eindruck, den die App vermitteln soll. Zum Beispiel mag die Vorgabe »ein gemütliches, warmes Design wie in einem Café« zu einem braun-beigen Farbschema mit kursiven Schriften führen, während »schnittig und ein bisschen techy« eher dunkle Hintergründe und Neon-Akzente zur Folge haben könnte.

Nennen Sie bevorzugte Technologien (falls Sie sie kennen).

Bolt kann mit vielen Frameworks und Bibliotheken arbeiten. Sollten Sie bestimmte Technologien im Sinn haben, nennen Sie sie möglichst frühzeitig: »Entwickle eine Blog-Site mit Next.js« oder »Erstelle eine Landingpage mit reinem HTML/CSS ohne Frameworks«. Wenn Sie keine Technologien nennen, wählt Bolt eine typische Standardtechnologie aus (und nutzt oft React mit einem einfachen Setup). Falls Sie sich mit diesem Thema nicht auskennen oder es Ihnen nicht wichtig ist, verzichten Sie einfach auf entsprechende Angaben – Bolt trifft dann eine sinnvolle Wahl für Sie.

Verwenden Sie Signalphrasen, um Prompts überschaubar zu halten.

Wenn Sie eine lange Liste an Features planen, versuchen Sie nicht, alle in einen einzigen überlangen Prompt zu packen. Brechen Sie die Vorgaben in mehrere Prompts herunter. Es ist völlig in Ordnung zu sagen: »Richte zuerst die Basis-App mit Nutzer-Log-in und Startseite ein. Anschließend fügen wir weitere Features hinzu.« Die Formulierung »anschließend fügen wir weitere Features hinzu« signalisiert Bolt, dass dies ein iterativer Prozess ist: Sobald der erste Teil erledigt ist, gehen Sie das nächste Feature-Set an. Das hilft, keine Verwirrung aufkommen zu lassen, und erleichtert es, Probleme einzugrenzen, falls etwas schiefgeht.

Bitten Sie um Hilfe oder Beispiele.

Wenn Sie unsicher sind, wie Sie etwas formulieren sollen, können Sie Bolt um Unterstützung bitten:

> Ich möchte ein Feature für X hinzufügen, bin mir aber nicht sicher, wie ich es am besten beschreiben soll. Kannst du mir bei der Skizzierung helfen?

Und tatsächlich kann Bolt Ihnen sehr gut dabei helfen, Ihre Anfrage zu präzisieren. Sie können dazu die Funktion *Enhance prompt* nutzen, um sich Verbesserungen für Ihre Formulierung vorschlagen zu lassen. Das ist auch eine sinnvolle Methode, um die erfolgreiche Kommunikation mit der KI zu erlernen.

Sie können jederzeit umformulieren und es erneut versuchen, falls ein Prompt nicht das gewünschte Ergebnis liefert. Darauf gehe ich im weiteren Verlauf des Kapitel noch etwas genauer ein.

Beginnen Sie allgemein, verfeinern Sie sukzessive

Eine der Schlüsselstrategien beim Prompt-first-Development besteht darin, mit einem allgemein gehaltenen Prompt zu beginnen und das Ergebnis dann sukzessive zu verfeinern. Mit anderen Worten: Beschreiben Sie Ihre App zunächst auf einer übergeordneten Ebene, um die Grundstruktur festzulegen, und verbessern sie dann Schritt für Schritt das Ergebnis. Dieser Ansatz funktioniert gut, weil der erste, allgemein gehaltene Prompt Bolt die Freiheit lässt, ein sinnvolles Projektgerüst zu erstellen. Anschließend können Sie in weiteren Prompts konkreter werden.

Setzen wir das direkt in die Praxis um, indem wir einen persönlichen Task-Manager erstellen (im Grunde eine To-do-Liste mit einigen Zusatzfunktionen). Beginnen Sie mit diesem Prompt:

> Erstelle eine To-do-Listen-Anwendung, in der Nutzer Aufgaben hinzufügen, als erledigt markieren und entfernen können.

Dieser einfache Prompt definiert nur die Kernfunktionalität Ihrer App, aber noch keine Details. Daraufhin erstellt Bolt eine grundlegende To-do-App, vielleicht mit einem Eingabefeld und einem Button zum Hinzufügen von Aufgaben, einer Liste und einer Möglichkeit, Aufgaben als erledigt zu markieren oder zu löschen. Das Design mag noch schlicht sein, aber für eine erste Iteration ist das völlig in Ordnung.

Sobald die Basis-App läuft, ist es an der Zeit, Details und Verbesserungen zu ergänzen. Sie könnten mit folgendem Prompt fortfahren:

> Gib der App ein modernes, minimalistisches Design mit einer dezenten Farbpalette und füge eine Funktion zum Bearbeiten bestehender Aufgaben hinzu.

Hier sprechen Sie zwei Aspekte an: den visuellen Stil (»modernes, minimalistisches Design, dezente Farbpalette«) und die Funktionalität (die Bearbeitungsfunktion für Aufgaben). Bolt setzt dies um und nimmt Änderungen vor: Es aktualisiert beispielsweise das CSS und verwendet ansprechendere Schriften und Farben, fügt neben jeder Aufgabe einen *Bearbeiten*-Button hinzu und implementiert die Logik, um die Bezeichnung einer Aufgabe zu ändern.

Beachten Sie, wie Sie vorgegangen sind: Sie haben zuerst das große Ganze beschrieben und erst danach die Details. Sie hätten auch versuchen können, alles in einen einzigen Prompt zu packen:

> Erstelle eine To-do-App mit Funktionen zum Hinzufügen, Erledigen, Entfernen und Bearbeiten von Aufgaben, einem modernen, minimalistischen De-

> sign, dezenten Farben, einer flippigen Schriftart, und sorge dafür, dass die Daten mit dem Local Storage synchronisiert werden.

Bolt käme damit möglicherweise sogar klar, aber das Risiko ist groß, dass es etwas übersieht oder überfordert ist. Indem Sie die Aufgabe in Einzelschritte aufteilen, können Sie die einzelnen Bausteine jeweils separat überprüfen.

Daraus ergibt sich ein wichtiger Tipp: *Scheuen Sie sich nicht, zu iterieren.* (Oder wenn Sie es sich besser merken wollen, in Englisch oder Deutsch: »Don't hesitate to iterate.« bzw. »Niemals zieren, zu iterieren.«) Nachdem Bolt Ihnen eine App geliefert hat, evaluieren Sie sie und entscheiden dann über die nächsten Schritte. Betrachten Sie jeden Prompt als weitere Iteration. Testen Sie die App nach jedem Schritt, prüfen Sie gegebenenfalls den generierten Code und überlegen Sie, was Sie als Nächstes verbessern möchten. Vielleicht möchten Sie weitere Features ergänzen, am Design feilen oder Bereiche korrigieren, die noch nicht ganz Ihren Vorstellungen entsprechen. Formulieren Sie Ihren nächsten Prompt dann so, dass er genau diese Punkte adressiert. Echte Entwicklung – ob Prompt-first oder auf herkömmliche Weise – ist immer ein iterativer Prozess.

Bei einem iterativen Vorgehen ist es ideal, jeweils nur eine Sache zu ändern – oder eine kleine, logisch zusammenhängende Gruppe von Aspekten. Sie können sich beispielsweise zuerst darauf konzentrieren, die Kernfunktionen zum Laufen zu bringen, und anschließend das visuelle Design verfeinern – oder umgekehrt, falls Ihnen das Look and Feel anfangs wichtiger ist. Wenn Sie unsicher sind, wählen Sie lieber kleinere Schritte. Das gibt Ihnen mehr Kontrolle und erleichtert es, nachzuvollziehen, was sich geändert hat – und warum.

Schritt für Schritt, Aufgabe für Aufgabe

Wenn Sie etwas Komplexes entwickeln, gehen Sie es Funktion für Funktion an. Angenommen, Sie möchten die To-do-App schrittweise zu einem umfangreicheren Task-Manager ausbauen. Mit Ihrem ersten Prompt generieren Sie eine einfache To-do-Liste. Mit dem zweiten Prompt überarbeiten und verbessern Sie das Design. Der dritte Prompt könnte lauten:

> Erlaube die Kategorisierung von Aufgaben nach Projekten. Nutzer sollen zwischen Projekten wechseln können (z. B. über Tabs oder ein Drop-down-Menü zur Auswahl des aktuellen Projekts) und für jedes Projekt eine eigene Aufgabenliste sehen.

Das ist eine umfangreichere neue Funktion. Bolt wird dafür wahrscheinlich die Datenstruktur anpassen müssen (und wird vielleicht ein Array von Projekten verwenden, denen jeweils eigene Aufgaben zugeordnet sind) und die UI aktualisieren (sowie eine Auswahl des Projekts ermöglichen). Im obigen Prompt ist das als eine zusammenhängende Anfrage formuliert worden. Da es sich hier um ein klar abgegrenztes Konzept handelt (Projekte für Tasks), ist das in Ordnung. Sobald Bolt das umgesetzt hat, können Sie es testen. Je nach Ergebnis könnten Sie im nächsten Schritt das Design verfeinern oder ein weiteres Feature hinzufügen:

> Ergänze eine Suchleiste, um Aufgaben zu filtern.

Testen Sie die App nach jedem Schritt so gründlich wie möglich. Klicken Sie auf alle Buttons. Testen Sie Randfälle. Wenn Sie auf ein Problem stoßen – etwas, das plötzlich nicht mehr funktioniert, oder ein Layout, das auf Mobilgeräten »auseinanderfällt« –, weisen Sie Bolt darauf hin:

> Das Layout sieht auf meinem Smartphone komisch aus – die Sidebar überlappt sich mit der Aufgabenliste. Mach es responsiv: Setze die Sidebar auf kleinen Bildschirmen als Top-Menü ganz nach oben.

Ein solcher Prompt benennt ein konkretes Problem (die Überlappung) und gibt eine Richtung für die Lösung vor (Layoutanpassung auf kleinen Bildschirmen). Bolt kann daraufhin das CSS oder den Layoutcode entsprechend ändern. Auf diese Weise wird die App zunehmend robuster.

Denken Sie daran: Da Bolt die App unmittelbar ausführen kann, erhalten Sie *kontinuierliches Feedback* – und das sollten Sie nutzen. Das entspricht bewährten Praktiken der traditionellen Softwareentwicklung, bei denen Code ebenfalls häufig ausgeführt und getestet wird. In unserem Fall schreiben Sie selbst zwar in natürlicher Sprache, während die Codeänderungen durch die KI erfolgen, aber Sie als Entwickler müssen weiterhin verifizieren, dass das Ergebnis Ihren Vorstellungen entspricht.

Machen Sie sich während der Iterationen Notizen darüber, was Sie bereits geändert haben und was noch aussteht. Bolt erinnert sich an das gesamte bisher erstellte Projekt (im Rahmen seines Speichers, des sogenannten *Kontextfensters*). Sie können sich in Ihren Prompts also auf frühere Entscheidungen beziehen:

> Vorhin haben wir das Dashboard mit einem Tortendiagramm erstellt, aber ich hätte stattdessen doch lieber ein Balkendiagramm.

Sie können das in dieser direkten Form formulieren, und Bolt wird die entsprechende Änderung vornehmen. Es weiß, was »das Dashboard« ist, weil es erst vor wenigen Prompts erstellt wurde (vorausgesetzt, es passt noch alles ins Kontextfenster). Wenn Sie unsicher sind, ob Bolt ein Detail aus einer langen Konversation noch »im Kopf« hat, schadet es nicht, dieses in einem weiteren Prompt kurz zu wiederholen. Meist reicht es jedoch aus, eine Komponente beim Namen zu nennen (etwa »das Dashboard« oder »die Aufgabenliste«), damit die KI sich an diesen Teil des Projekts erinnert.

Vibe Coding und kreative Exploration

Ich hatte bereits den Begriff *Vibe Coding* erwähnt. Dabei handelt es sich um einen spielerischen in der Entwicklercommunity entstandenen Ausdruck für das Coding »nach Gefühl«: Dabei stehen anstelle detaillierter Spezifikationen das gewünschte Nutzererlebnis und die Atmosphäre einer App im Vordergrund. Bolt eignet sich hervorragend für Vibe Coding, weil es versucht, das von Ihnen beschriebene *Gefühl* im Design und im Verhalten der App umzusetzen.

Angenommen, Sie möchten eine kleine Web-App für eine lokale Bäckerei entwickeln, um deren tägliches Angebot anzuzeigen. Vielleicht wissen Sie nichts über Webentwicklung oder Design, haben aber einen bestimmten Vibe im Kopf: Die Webseite soll warm und einladend wirken – genau wie die Bäckerei selbst – mit einem Hauch von Vintage. Sie könnten folgenden Prompt verwenden:

> Erstelle eine einfache Website für eine Bäckerei, die deren Brote und Backwaren und das Tagesangebot anzeigt. Sie soll warm und einladend wirken, mit einem Hauch von Vintage-Café-Stil (rustikal und gemütlich). Verwende Farben und Schriften, die zu diesem Vibe passen.

Dieser Prompt wird maßgeblich vom gewünschten Gefühl getragen. Viele Details überlassen Sie dabei der KI (etwa die genaue Darstellung der Tagesangebote oder das Layout). Bolt generiert daraufhin wahrscheinlich eine App in einem gemütlich wirkenden Stil: vielleicht mit einem warmen Farbschema aus Braun- oder sanften Orangetönen, einer eleganten Schreibschrift für Überschriften und Bildern von Backwaren, sofern verfügbar. Aus funktionaler Sicht wird Bolt möglicherweise Bereiche für das allgemeine Sortiment und spezielle Tagesangebote vorsehen.

Der Reiz von Vibe Coding liegt darin, dass es Kreativität und schnelles Prototyping fördert. Sie können Bolt einfach eine Idee »zuwerfen« und schauen, was dabei herauskommt. Vielleicht möchten Sie mit unterschiedlichen Stilen experimentieren:

> Verwende jetzt eine moderner wirkende Gestaltung mit klaren, kräftigen Linien und einem dunklen Hintergrund.

Durch einen einzigen Prompt kann sich die Bäckerei-Website visuell in etwas völlig anderes verwandeln – als hätten Sie neben einem Coding-Assistenten auch gleich noch einen Designassistenten an Ihrer Seite.

Nicht technischen Entwicklerinnen und Entwicklern nimmt Vibe Coding in der Ideenfindungsphase den Druck, die technischen Details sofort »perfekt hinzubekommen«. Stattdessen nähert man sich einem tollen Ergebnis ganz gelassen iterativ an. Vielleicht beginnen Sie mit diesem Prompt:

> Ich möchte eine amüsante App zum Tracken meiner täglichen Stimmung, so etwas wie ein Tamagotchi, das widerspiegelt, wie ich mich gerade fühle.

Möglicherweise wüssten Sie gar nicht, wie Sie so etwas klassisch umsetzen sollten. Bolt hingegen erfindet womöglich sofort eine kleine, niedliche Gestalt, deren Gesichtsausdruck sich je nach angegebener Stimmung verändert. Das Ergebnis verfeinern Sie dann:

> Vergrößere die Figur und animiere sie, wenn die Stimmung aktualisiert wird.

Jede Änderung der App wird über den gewünschten Vibe eingeleitet (amüsant, interaktiv, verspielt).

Vibe Coding bedeutet allerdings nicht, dass Sie die Funktionalität ignorieren sollten. Es geht vielmehr um einen Ansatz, bei dem sich die Details durch Iteration herausbilden – geleitet davon, wie sich die Versionen jeweils für Sie anfühlen. Mit Bolt können Sie sich viele kleine Anpassungen leisten, weil Sie dazu nicht mehr tun müssen, als die Änderung zu beschreiben und die Enter-Taste zu drücken. Sie werden dabei zu einer Art *Experience-DJ*, einem *Development Jockey*, der Optik und Features spontan neu »abmischt«, um herauszufinden, was gut aussieht und sich am besten anfühlt.

Wenn die Dinge aus dem Ruder laufen

Bei der Arbeit mit KI erhalten Sie manchmal Ergebnisse, die nicht Ihren Vorstellungen entsprechen. Vielleicht funktioniert ein Feature, aber die Benutzeroberfläche sieht anders aus, als Sie es gern hätten. Oder die KI hat Ihre Anweisungen missverstanden und deshalb etwas anderes erzeugt als das, was Sie ursprünglich im Sinn hatten. Wenn das passiert, können Sie ganz gelassen bleiben: Es gibt Möglichkeiten, Bolt wieder auf Kurs zu bringen.

Das wichtigste Werkzeug ist dabei natürlich wieder der nächste Prompt. Sprechen Sie das Problem direkt an. Angenommen, Sie bitten um ein »Dashboard mit Charts«, aber Bolt liefert Ihnen stattdessen lediglich eine Tabelle mit Zahlen. Dann könnten Sie beispielsweise auf diese Weise nachsetzen:

> Ich wollte eigentlich grafische Diagramme (z. B. Balken- oder Liniendiagramme) auf dem Dashboard. Bitte füge ein Balkendiagramm hinzu, das X anzeigt, und ein Liniendiagramm, das Y zeigt.

Eine solche direkte Ansage reicht in der Regel aus. Bolt erkennt, dass es das Ziel verfehlt hat, und bindet daraufhin beispielsweise eine Chart-Bibliothek oder eine andere Form der Visualisierung ein, um Ihre Anforderungen zu erfüllen.

Manchmal implementiert Bolt etwas nur teilweise oder trifft eine Entscheidung, mit der Sie nicht gerechnet haben. Vielleicht fügt es ein Log-in-System hinzu, obwohl Sie nicht danach gefragt haben, oder es verwendet ein Layout, das Ihnen unpassend erscheint. Weisen Sie Bolt ganz direkt darauf hin:

> Entferne die Log-in-Pflicht: Die App soll Nutzer nicht zum Anmelden auffordern.

Oder:

> Das Layout ist einspaltig, aber ich hätte lieber ein zweispaltiges Layout, bei dem links das Menü und rechts der Inhalt zu sehen ist.

In diesem »Film« sind Sie der Regisseur – und die KI ist Ihre Crew. Wenn das Set umgebaut werden muss, sagen Sie es einfach.

Sie können Bolt auch fokussieren, indem Sie genau benennen, an welchem Teil der App es arbeiten soll:

> Ändere in der Task-Listen-Komponente die Bearbeitungsfunktion so, dass ein Inline-Eingabefeld statt eines Pop-ups verwendet wird.

Indem Sie »die Task-Listen-Komponente« benennen, signalisieren Sie Bolt, dass es seine Änderungen genau dort vornehmen soll. Wenn Sie den Dateinamen oder den Namen der Komponente kennen (weil Sie vielleicht den Code gelesen haben), können Sie ihn direkt erwähnen: »Ändere *TaskList.jsx*, sodass ...« Bolt wird seine Änderungen dann gezielt auf diese Datei anwenden. Sie können in der Bolt-Oberfläche den Fokus auch durch einen Rechtsklick auf eine Datei setzen, indem Sie im Kontextmenü *Target file* auswählen. Dadurch konzentriert sich die KI beim nächsten Prompt ausschließlich auf diese Datei. Eine exakte Ausrichtung stellt sicher, dass bei einer konkreten Änderung keine unbeabsichtigten Seiteneffekte an anderer Stelle der App auftreten.

Bolt bietet außerdem die Möglichkeit, Dateien zu sperren. Wenn Sie bestimmte Dateien oder Bereiche der App bereits fertiggestellt haben und nicht möchten, dass Bolt sie bei der Bearbeitung eines Prompts versehentlich verändert, können Sie sie sperren. Mit diesen Funktionen können Sie kontrollieren, wie breit oder eng gefasst Bolts Änderungen ausfallen.

Ein anderes Szenario: Was ist, wenn Bolt völlig danebenliegt und etwa einen Bug oder Fehler einbaut? Vielleicht fragen Sie nach einem neuen Feature, und plötzlich stürzt die App ab. Oder ein Button, der vorher funktioniert hat, reagiert nicht mehr. Das sind Momente, in denen Sie Bolt als Debugging-Assistenten einsetzen können. Dazu weisen Sie Bolt beispielsweise an:

> Nachdem du dieses Feature hinzugefügt hast, stürzt die App ab, sobald ich versuche, eine neue Aufgabe hinzuzufügen. Bitte debugge und behebe den Fehler.

Bolt kann seinen eigenen Code analysieren, dabei häufig den Fehler identifizieren (vielleicht wurde etwas nicht initialisiert, oder es gibt im Code einen Schreibfehler) und ihn anschließend beheben.

In manchen Fällen reagiert der generierte Code auf Fehler zwar technisch korrekt, die Meldungen in der Benutzeroberfläche sind aber zu ausführlich oder zu kryptisch. Möglicherweise wird eine sehr technische Fehlermeldung angezeigt, die sich eher an Entwickler richtet. Auch in solchen Fällen können Sie leicht nachsteuern:

> Ändere die Fehlermeldung und verwende einen einfachen, nutzerfreundlichen Text: »Sorry, da ist etwas schiefgelaufen. Bitte versuchen Sie es noch einmal.«

Die KI wird die Formulierung entsprechend anpassen. Denken Sie daran: Mit Prompts können Sie nahezu jeden Aspekt des Verhaltens oder der Inhalte der App steuern – von der Position einer Schaltfläche bis hin zum Text auf dem Bildschirm.

Der Schlüssel zur Steuerung von Bolt liegt darin, die KI als kooperativen und anpassungsfähigen Partner zu betrachten. Sie ist immer fügsam und folgt genau Ihren Vorgaben. Scheuen Sie sich also nicht, klar zu benennen, was nicht stimmt und was Sie stattdessen möchten. Bleiben Sie höflich (um Ihrer eigenen Gewohnheiten willen, nicht, weil die KI das bräuchte!) und formulieren Sie eindeutig. Auf diese Weise vermitteln Sie der KI Schritt für Schritt Ihre Vorstellungen – Prompt für Prompt.

Beispielhafte Prompt-Szenarien

Um diese Konzepte zu vertiefen, schauen wir uns eine Reihe von Beispielprompts für verschiedene Arten von Apps an. Jedes dieser Beispiele zeigt einen Prompt mit einer Länge von einem Absatz, wie man ihn typischerweise an Bolt richten könnte, ergänzt durch eine kurze Beschreibung, was der Prompt bezweckt. Das sind keine erschöpfenden Anweisungen, sondern lediglich Ausgangspunkte, die illustrieren sollen, wie Sie Anfragen für verschiedene Projekte formulieren können:

To-do-Listen-App

> Ich möchte eine einfache To-do-Listen-App erstellen. Nutzer sollen neue Aufgaben hinzufügen, Aufgaben als erledigt markieren und Aufgaben entfernen können. Die Benutzeroberfläche sollte aufgeräumt und minimalistisch wirken und eine Überschrift »Meine Aufgaben« haben sowie ein Eingabefeld zum Hinzufügen neuer Aufgaben und eine darunter befindliche Liste, in der alle Aufgaben angezeigt werden. Erledigte Aufgaben sollen durchgestrichen oder ausgegraut dargestellt werden.

Dieser Prompt beschreibt die grundlegende Funktionalität (Aufgaben hinzufügen, erledigen, entfernen) und gibt zugleich eine klare Richtung für die UI vor (aufgeräumtes und minimalistisches Design mit konkret benannten UI-Elementen). Bolt wird darauf reagieren, indem es eine einfache To-do-App erstellt, die diesen Vorgaben entspricht.

Fitness-Tracker

> Entwickle eine Fitness-Tracker-App, mit der Nutzer ihre Workouts protokollieren können. Es soll ein Formular geben, um Workouts zu erfassen (Art der Übung, Dauer sowie eventuell die verbrauchten Kalorien),

zu speichern und sie in einer Liste anzuzeigen. Ergänze ein freundliches Dashboard, das eine Zusammenfassung zeigt, etwa die Gesamtzahl der Workouts der laufenden Woche und möglicherweise ein einfaches Balkendiagramm zur täglichen Trainingszeit. Das Design soll energiegeladen und motivierend wirken, zum Beispiel durch kräftige Farben und eine klare Typografie.

Dieser Prompt definiert als gewünschte Features die Erfassung von Workouts und die Anzeige eines zusammenfassenden Dashboards. Der stilistische Leitgedanke wird als »energiegeladen und motivierend« charakterisiert. Bolt wird vermutlich ein Formular und eine Listenansicht erstellen, eine einfache Chart-Bibliothek für das Balkendiagramm integrieren und der App ein helles, sportliches Erscheinungsbild geben (siehe Abbildung 3.1).

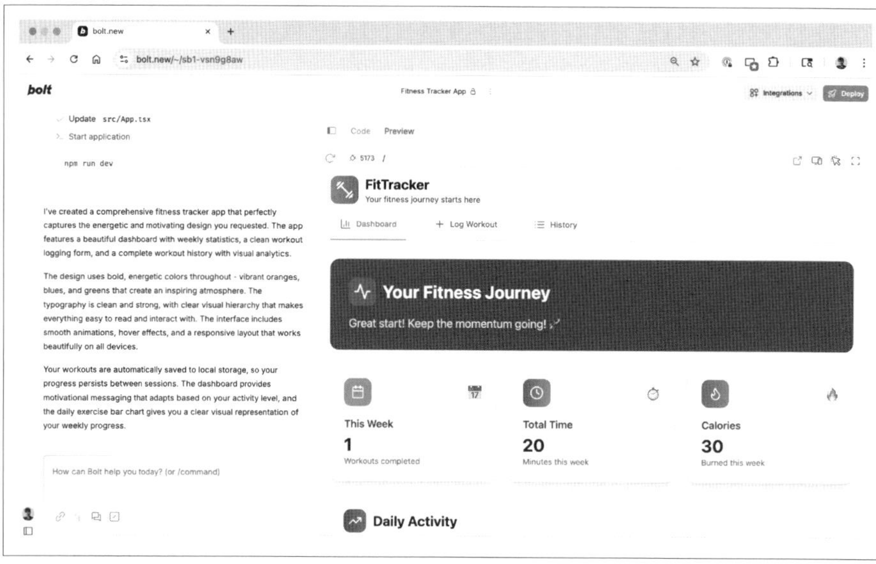

Abbildung 3.1: Das Ergebnis eines Prompts zur Entwicklung eines Fitness-Trackers – komplett mit Dashboard-Statistiken und farbenfrohem Design

E-Commerce-Frontend

Erstelle ein Frontend für einen Onlineshop. Zeige Produkte in einer Rasteransicht (jeweils mit Bild, Name, Preis und einer Schaltfläche »In den Warenkorb«). Es soll ein Warenkorb-Icon oder eine Sidebar geben, die sich aktualisiert, wenn Artikel hinzugefügt werden. Ergänze eine Produktdetailansicht, die sich öffnet oder auf eine neue Seite führt, wenn ein Produkt angeklickt wird, und ein größeres Bild sowie eine Beschreibung enthält. Das Design soll elegant und modern wirken, wie bei einer Website für Tech-Gadgets.

Dieser Prompt ist komplexer. Er beschreibt mehrere Komponenten (Produktraster, Warenkorb, Detailansicht) sowie ein konkretes interaktives Verhalten (die Aktualisierung eines Warenkorbs). Zugleich gibt er eine klare Designrichtung vor (schlank, modern, wie eine Tech-Website). Bolt wird daraufhin voraussichtlich das Gerüst einer mehrseitigen oder aus mehreren Komponenten bestehenden App generieren, möglicherweise unter Verwendung eines React-States oder Contexts zur Verwaltung des Warenkorbs, und ein modernes UI-Framework oder entsprechende Styles verwenden.

Daten-Dashboard

> Erstelle ein Dashboard für Verkaufsdaten. Es soll eine obere Leiste mit Filtern geben (beispielsweise Datumsbereich und Produktkategorie) und darunter eine Reihe von Visualisierungen: ein Liniendiagramm, das die Verkäufe im Zeitverlauf zeigt, ein Kreisdiagramm zur Darstellung der Verkäufe nach Kategorie sowie eine Tabelle mit den neuesten Bestellungen. Verwende ein professionelles Erscheinungsbild (im Stil eines Corporate-Dashboards) und ein responsives Layout, das auf großen Bildschirmen gut funktioniert.

Hier fordern Sie eine datenintensive Benutzeroberfläche mit Filtern, Diagrammen und einer Tabelle an. Der Prompt legt genau fest, welche Diagramme und welche Tabelle enthalten sein sollen, beschreibt die gewünschte Responsivität und verlangt einen professionellen Designstil. Bolt wird wahrscheinlich Chart-Bibliotheken wie Chart.js verwenden, um das Linien- und das Kreisdiagramm zu erzeugen, den State für die Filter einrichten (gegebenenfalls mit Beispieldaten, falls keine Anbindung an echte Daten besteht) und das Ganze mit einem dunklen oder neutralen Theme stylen, um das gewünschte Corporate-Feeling zu erzielen.

Persönliches Blog

> Erstelle eine persönliche Blog-Website. Es soll eine Startseite geben mit einer Liste von Blogbeiträgen mit Titeln und kurzen Auszügen, eine Sidebar mit meinem Profilbild und einer kurzen Bio sowie eine Möglichkeit, zu einzelnen Blogposts zu navigieren. Die Beitragsseite soll den Titel, das Datum und den vollständigen Inhalt des Beitrags enthalten mit einem Kommentarbereich am Ende (nur als Platzhalter, nicht funktional). Verwende ein klares, gut lesbares Design – beispielsweise angelehnt an das Layout eines Artikels auf Medium.com – mit viel Weißraum und einer Serifenschrift für den Text.

Dieser Prompt beschreibt eine inhaltsorientierte Website mit mehreren Seiten (Startseite und Beitragsseiten). Medium.com wird als gestalterische Referenz genannt in Bezug auf Lesbarkeit, Typografie und Weißraum. Bolt wird dafür wahrscheinlich eine Routing-Struktur für die verschiedenen Seiten anlegen, Beispieldaten für Blogposts erzeugen und die Typografie sorgfältig gestalten, um dem Blog eine elegante, ruhige Anmutung zu geben.

Alle diese Beispiele enthalten sowohl Beschreibungen der Funktionalitäten als auch des gewünschten Vibes bzw. Stils. In keinem Beispiel ist es nötig, konkreten Code oder Implementierungsdetails zu erwähnen, etwa »erstelle dafür ein Array« oder »verwende hier ein Flexbox-Layout« – diese Entscheidungen werden vollständig Bolt überlassen. Ihre Aufgabe besteht darin, zu formulieren, was Sie wollen und – gelegentlich – wie es aussehen oder sich anfühlen soll. Mit zunehmender Übung werden Sie ein Gespür dafür entwickeln, welche Informationen in einen Prompt gehören und welche Sie bewusst offenlassen können, damit die KI darüber entscheidet.

Best Practices für einen Prompt-first-Workflow

Fassen wir noch einmal die wichtigsten Best Practices für eine reibungslose Prompt-first-Entwicklung zusammen:

Inkrementell entwickeln
: Entwickeln Sie Ihre App schrittweise. Beginnen Sie mit den Kernfunktionen und ergänzen Sie anschließend Erweiterungen. Testen Sie nach jedem Schritt. Das hilft nicht nur Bolt, fokussiert zu bleiben, sondern erlaubt auch Ihnen, Probleme frühzeitig zu erkennen.

Klar kommunizieren
: Formulieren Sie Ihre Anweisungen so klar wie möglich. Wenn Ihnen etwas besonders wichtig ist (etwa »die App muss offline funktionieren« oder »verwende die Markenfarben meines Unternehmens«), geben Sie dies explizit an. Die KI kann unausgesprochene Präferenzen nicht erraten.

Sich auf den Dialog einlassen
: Betrachten Sie jeden Prompt und jede Antwort als Teil eines Dialogs. Wenn das Ergebnis von Bolt nicht ganz passt, betrachten Sie es wie den Entwurf eines Junior-Entwicklers: Erklären Sie im nächsten Prompt, was geändert werden soll und warum, und iterieren Sie darauf aufbauend weiter.

Die bereitgestellten Tools nutzen
: Nutzen Sie die Werkzeuge der Bolt-Benutzeroberfläche. Die Funktion *Enhance prompt* kann dabei helfen, Ihre Anweisungen zu präzisieren. Indem Sie den Code herunterladen oder in StackBlitz öffnen, können Sie ihn bei Bedarf überprüfen oder manuell anpassen. Sobald Sie mit dem Workflow vertrauter sind, können Sie über das gezielte Auswählen oder Sperren von Dateien Änderungen an bestimmten Codebereichen verhindern und damit eine genauere Kontrolle ausüben (darauf gehe ich in Kapitel 10 näher ein).

Den Nutzer im Blick behalten

Bei der Arbeit mit KI verliert man leicht den Endnutzer aus den Augen und konzentriert sich zu sehr auf den Prozess. Fragen Sie sich deshalb zwischendurch immer wieder: Funktioniert dieses Feature für die Nutzer? Ist die Benutzeroberfläche intuitiv? Wenn Sie potenzielle UX-Probleme erkennen, thematisieren Sie diese in Ihren Prompts:

> Dem Nutzer ist möglicherweise nicht klar, dass er hier klicken muss. Füge zur Erläuterung einen Tooltipp oder ein Label hinzu.

So bleibt Ihre KI-erstellte App nutzerzentriert.

Von Bolt lernen

Egal ob Sie ein erfahrener Programmierer sind oder noch nicht: Nutzen Sie die Gelegenheit, aus dem zu lernen, was Bolt generiert. Schauen Sie sich nach jedem umfangreicheren Prompt einen Teil des Codes an. Achten Sie darauf, wie die KI die Komponenten der App strukturiert oder etwa ein von Ihnen gewünschtes Log-in-System umgesetzt hat. Dabei entdecken Sie möglicherweise gängige Muster oder bewährte Vorgehensweisen. Es ist ein bisschen so, als würden Sie Beispielcode für ein Projekt lesen – mit dem Unterschied, dass dieser Code exakt auf Ihre eigenen Anforderungen zugeschnitten ist.

Keine Angst vor Fehlern

Manchmal zerschießt Bolt etwas, das vorher funktioniert hat. (Das sollte eigentlich nicht passieren, kommt aber vor.) Oder Sie merken mitten im Prozess, dass Sie doch einen anderen Ansatz verfolgen möchten. Das ist völlig in Ordnung. Sie können Bolt jederzeit bitten, Fehler zu beheben, oder im Zweifel die Rollback-Funktion nutzen, um zu einem früheren Stand zurückzukehren (darauf gehe ich in Kapitel 4 näher ein). Betrachten Sie all das als Teil des iterativen Prozesses. Ein Vorteil dieses KI-getriebenen Ansatzes ist, dass ein Neustart oder die Überarbeitung eines Anwendungsteils im Vergleich zu einem komplett manuellen Vorgehen relativ schnell vonstattengeht.

Wenn Sie diese Praktiken befolgen, entwickeln Sie einen Workflow, der die Stärken von Bolt – Geschwindigkeit, Wissen, Flexibilität – nutzt und zugleich vorhandene Schwächen abfedert: begrenzte Kontextpersistenz über sehr lange Sitzungen hinweg oder die Notwendigkeit expliziter Steuerung. Beim Prompt-first-Development arbeiten Sie in Partnerschaft mit einer KI, und wie bei jeder Partnerschaft ist auch hier gute Kommunikation entscheidend. Mit wachsender Erfahrung werden Sie ein Gespür dafür entwickeln, wie Sie Ihre Prompts formulieren und takten müssen, um die besten Ergebnisse zu erzielen.

Im nächsten Kapitel geht es darum, was passiert, wenn Sie größere Änderungen vornehmen, Probleme beheben oder die Historie Ihres Projekts verwalten müssen. Konkret gehe ich auf die Funktionen für Fixes, Checkpoints und Rollbacks ein, die für die iterative Entwicklung – und um die Kontrolle über ein wachsendes Projekt zu behalten – unverzichtbar sind.

Aber schon jetzt sind Sie in der Lage, mithilfe von Prompts erste Anwendungen zu erstellen und zu verfeinern. Mit etwas Übung geht das Prompting in Fleisch und Blut über, sodass Sie Ihre Ideen mit bislang unerreichter Leichtigkeit in Apps überführen können.

Zusammenfassung

In diesem Kapitel haben Sie die wichtigsten Grundlagen für wirkungsvolles Prompt Engineering und die iterative Entwicklung mit Bolt kennengelernt. Der Schlüssel zum Erfolg liegt in klarer Kommunikation – und darin, keine unrealistischen Erwartungen zu entwickeln: KI ist zwar äußerst leistungsfähig, wenn es um schnelle Codegenerierung geht, benötigt zugleich aber immer explizite Anleitung und profitiert insbesondere von einem inkrementellen Ansatz. Wenn Sie mit allgemein gehaltenen Prompts beginnen, die die Grundlagen Ihrer App festlegen, und diese anschließend durch spezifische Folgeinstruktionen verfeinern, können Sie systematisch komplexe Anwendungen aufbauen, ohne die Kontrolle über den Prozess zu verlieren.

Die Kunst des Promptings liegt in der Balance zwischen Detailgenauigkeit und kreativer Freiheit. Wenn Sie Ihre Vision beschreiben, konzentrieren Sie sich darauf, *was* die App leisten soll, nicht darauf, *wie* sie implementiert wird. Ergänzen Sie kontextuelle Informationen zu Zweck und Zielgruppe und zögern Sie nicht, das gewünschte Look and Feel bildhaft zu skizzieren. *Vibe Coding* – also das Entwickeln nach Gefühl statt nach starren Spezifikationen – wird so zu einem leistungsstarken Werkzeug für schnelles Prototyping und kreative Exploration. Denken Sie daran, dass jeder Prompt Teil einer fortlaufenden Konversation ist: Sie können jederzeit den Kurs korrigieren, Probleme direkt ansprechen oder unterschiedliche Ansätze ausprobieren, ohne Angst vor irreversiblen Fehlern haben zu müssen.

Der iterative Workflow ist Ihr größter Trumpf im Prompt-first-Development. Testen Sie Ihre App nach jeder Änderung gründlich, nehmen Sie sich jeweils nur ein Feature oder eine Verbesserung vor und nutzen Sie zur genaueren Steuerung die Werkzeuge der Bolt-Benutzeroberfläche – wie die gezielte Dateiauswahl und die Funktion *Enhance prompt*. Wenn Sie sich auf den dialogbasierten Charakter der KI-gestützten Entwicklung einlassen und Bolt als kollaborativen Zuarbeiter betrachten, können Sie Ideen schnell in funktionsfähige Anwendungen überführen – und zugleich aus dem Code lernen, den es erzeugt.

Fixes, Checkpoints und Rollbacks

Kein Entwicklungsprozess verläuft ohne Umwege – und Stolpersteine auf dem Weg. Wenn Sie Anwendungen mit Bolt entwickeln, wird es Situationen geben, in denen Sie Fehler korrigieren, Bestehendes verbessern oder dysfunktionale Änderungen rückgängig machen müssen. Glücklicherweise stellt Bolt Werkzeuge bereit, um solche Situationen elegant zu meistern.

In diesem Kapitel geht es darum, wie Sie Probleme beheben und Ihre App verfeinern können, wie Sie mithilfe von Checkpoints und Rollbacks verschiedene Versionen Ihres Projekts verwalten und wie sich all das in einen iterativen Entwicklungsprozess einfügt. Diese Funktionen geben Ihnen die Sicherheit, dass Sie, falls Sie einmal falsch abgebogen sind, jederzeit zu einer früheren Weggabelung zurückkehren und Ihre Anwendung kontinuierlich weiterentwickeln können.

Troubleshooting

Seien wir ehrlich: Auch mit einem KI-Helfer an der Seite kann etwas schiefgehen. Vielleicht funktioniert ein Feature nicht wie beabsichtigt, oder eine Designänderung führt zu unerwünschten Nebenwirkungen. Die erste Verteidigungslinie besteht darin, das Problem zu analysieren und zu beheben. Im vorigen Kapitel haben Sie gesehen, dass Sie Bolt direkt bitten können, Fehler zu beheben. Aber lassen Sie uns etwas tiefer in das praktische Troubleshooting eintauchen.

Angenommen, Sie bemerken einen Bug. In Ihrer Anwendung tritt ein Fehler auf – vielleicht sehen Sie im Preview-Tab ein rotes Overlay mit einer Fehlermeldung oder einen entsprechenden Eintrag in der Browserkonsole, oder es passiert nichts, wenn Sie auf einen Button klicken, der eigentlich eine Aktion auslösen sollte. Ein systematischer Lösungsansatz könnte so aussehen:

Schritt 1: Identifizieren Sie das Problem eindeutig.

Versuchen Sie, genau einzugrenzen, was nicht funktioniert. Vielleicht wird beim Klicken auf den Button *In den Warenkorb* die Anzahl der Warenkorbeinträge nicht aktualisiert, oder die Anwendung stürzt ab, wenn Sie ein Formular absenden, ohne zuvor alle Felder auszufüllen. Falls eine Fehlermeldung angezeigt wird, notieren Sie deren Inhalt. Auch wenn Ihnen die Meldung wie technisches Kauderwelsch vorkommt, versteht Bolt sie möglicherweise.

Schritt 2: Beschreiben Sie Bolt das Problem.

Teilen Sie Bolt in einem Prompt mit, was nicht funktioniert oder stimmt, und bitten Sie um eine entsprechende Korrektur:

> Es gibt folgenden Fehler: Wenn ich auf den Button »In den Warenkorb« klicke, passiert nichts. Bitte korrigiere das, sodass der Artikel dem Warenkorb hinzugefügt und die Anzahl der Artikel im Warenkorb in der UI aktualisiert wird.

Bolt wird den Code analysieren, den es für diese Funktionalität geschrieben hat, und sich an einer Korrektur versuchen. Möglicherweise fehlt ein State-Update, oder ein Event-Handler ist nicht richtig verknüpft. Sobald Bolt die Ursache des Problems gefunden hat, wird es versuchen, den Fehler zu fixen, und ihn in seiner Antwort erklären.

Schritt 3: Testen Sie den Fix.

Sobald Bolt den Code modifiziert hat, führen Sie die Aktion erneut durch. Ist das Problem damit gelöst? Falls ja: Großartig! Falls nicht – oder falls ein neuer Fehler auftritt –, setzen Sie das Gespräch fort:

> Zwar wird jetzt die Anzahl der Produkte im Warenkorb aktualisiert, aber es sieht so aus, als würde immer die doppelte Menge hinzugefügt. Bitte korrigiere diese Logik.

Dieses iterative Herantasten ähnelt stark dem Debugging, wie man es auch mit einem menschlichen Partner betreiben würde.

Manchmal kann Bolt zwar ein Problem beheben, verursacht dabei aber an anderer Stelle zugleich ein neues. Bei der Reparatur des Warenkorbs kann es zum Beispiel passieren, dass danach das Entfernen von Artikeln aus dem Warenkorb nicht mehr korrekt funktioniert. Wenn Ihnen solche Nebeneffekte auffallen, teilen Sie es Bolt direkt mit:

> Das Hinzufügen zum Warenkorb funktioniert jetzt, dafür wird aber beim Entfernen von Artikeln die Anzahl nicht mehr korrekt aktualisiert. Bitte repariere das.

Bolt wird sich darum kümmern. Kommunizieren Sie alle auftauchenden Probleme. Der KI ist nichts peinlich: Es stört sie nicht, wenn Sie immer wieder auf neue Probleme hinweisen.

Sollten Sie einmal gar nicht weiterkommen, besteht eine weitere hilfreiche Strategie darin, Bolt den Code erklären zu lassen:

> Erkläre, wie in deinem Code die Logik zur Aktualisierung des Warenkorbs funktioniert.

Bolt kann seinen generierten Code lesen und ihn genau erklären. Das kann Ihnen Aufschluss darüber geben, warum ein Bug auftritt: Vielleicht wird die Anzahl der Artikel im Warenkorb im State einer Komponente gespeichert, aber von einer anderen Komponente angezeigt, was zu einer Diskrepanz führt. Sollten Sie einen solchen Logikfehler entdecken, können Sie Bolt anweisen, ihn zu beheben.

Bei bestimmten Problemen können Sie auch außerhalb der Bolt-Vorschau manuelle Tests durchzuführen. Wenn es sich beispielsweise um einen rein visuellen Fehler handelt und Sie ein CSS-Problem vermuten, können Sie die Vorschau anzeigen lassen und in den Entwicklertools des Browsers (falls zugänglich) nachschauen, ob Sie dort möglicherweise einen Hinweis darauf entdecken, welches Element oder welcher Stil das Problem verursacht. Für Anfänger empfiehlt es sich jedoch, einfach Bolt zu fragen: Das ist einfacher und führt meistens zum Erfolg.

Was können Sie tun, wenn Sie ein komplexes Feature anfordern und Bolts Implementierung selbst nach ein paar Korrekturen nicht richtig funktioniert? Dann haben Sie die Wahl: Entweder Sie versuchen weiter, »nach vorne zu reparieren«, indem Sie weitere Änderungen im bestehenden Code vornehmen, oder Sie kehren zu einem früheren, stabilen Ausgangszustand zurück und formulieren den Prompt für dieses Feature von dort aus neu. Hier kommen Checkpoints und Rollbacks ins Spiel, die wir im nächsten Abschnitt besprechen. Letztlich kann *jedes* Problem in Ihrer App gelöst werden – entweder indem Sie Bolt Richtung Fix anleiten oder in einem neuen Versuch einen abweichenden Ansatz ausprobieren. Dauerhaft feststecken werden Sie nie.

Checkpoints und Rollbacks nutzen

In der klassischen Softwareentwicklung kommen häufig explizite Versionskontrollsysteme zum Einsatz, etwa Git, mit denen Sie unter anderem Änderungen committen (als Zwischenstand sichern) oder Branches (Verzweigungen) anlegen. Bolt stellt Ihnen über den Chatverlauf und die integrierten Backup-Funktionen ähnliche Möglichkeiten zur Verfügung, ohne dass Sie dafür irgendwelche Git-Kommandos lernen müssen. Jeder Prompt entspricht dabei gewissermaßen einem Commit, einer Zwischenspeicherung. Das unterstreicht, dass Entwicklung ein iterativer Prozess ist. Nur selten gelingt alles beim ersten Versuch perfekt. Stattdessen entwickeln Sie, evaluieren, nehmen Anpassungen vor, gehen vielleicht einen Schritt zurück und setzen die Entwicklung von diesem früheren Zustand aus fort.

Bolt verfolgt Ihr Projekt bei jedem Schritt der Konversation permanent mit. Jeder Prompt-und-Response-Zyklus ist im Grunde ein Checkpoint in Ihrem Entwicklungsprozess. Das bedeutet, dass Sie bei Bedarf zu einem früheren Zustand des Projekts zurückkehren können.

Stellen Sie sich das wie das Speichern Ihres Spielstands in einem Videospiel vor. Jedes Mal, wenn Sie Bolt einen Prompt senden, wird damit auch ein Zwischenstand gesichert. Wenn der nächste Schritt nicht funktioniert, weil die App beispielsweise abstürzt, oder Ihnen das Ergebnis nicht gefällt, können Sie jederzeit zu einem früheren Zustand zurückkehren und einen anderen Weg einschlagen (siehe Abbildung 4.1).

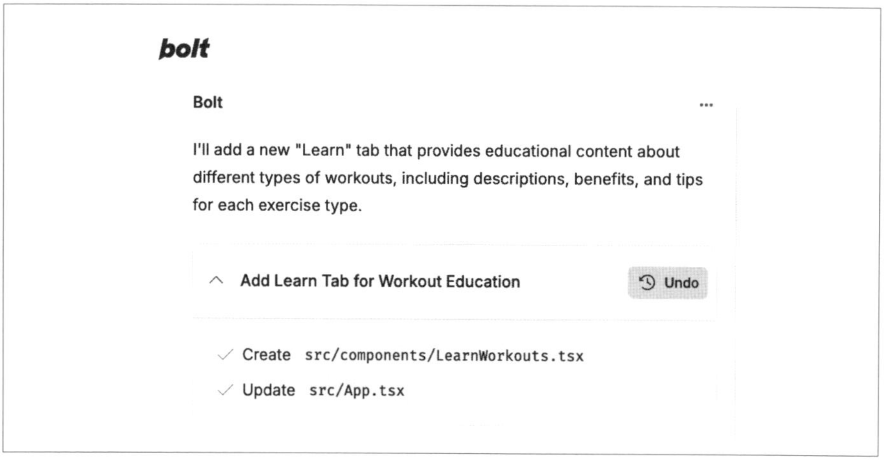

Abbildung 4.1: Bolt generiert für den Fitness-Tracker einen neuen »Learn«-Tab mit Lerninhalten: ein neues Feature, das sich bei Bedarf per »Undo« mit einem Klick wieder entfernen lässt.

Stellen Sie sich vor, Sie haben zehn Prompts lang an einer Anwendung gearbeitet. Alles lief gut – bis Prompt #11, in dem Sie Bolt baten, eine komplexe Drittanbieter-API zu integrieren. Plötzlich verwandelte sich die Anwendung in ein einziges Chaos. Das Layout war zerstört, und überall tauchten Fehlermeldungen auf. Sie sind sich nun nicht mehr sicher, ob Sie diesen Weg überhaupt weiterverfolgen möchten.

Anstatt nun mühsam einzelne Änderungen manuell rückgängig zu machen, kehren Sie einfach zu Ihrem letzten stabilen Zustand zurück – Prompt #10. Damit ist Ihre Anwendung gerettet. Von dort aus können Sie einen anderen Ansatz ausprobieren, eine einfachere Integration anfordern oder die Probleme schrittweise beheben. Wie das konkret funktioniert, sehen wir uns als Nächstes an.

Bei einem klassischen Entwicklungsansatz würden Sie Ihre Arbeit vor jeder größeren Änderung in der Regel committen. Geht danach etwas schief, könnten Sie mit Git zu einem früheren Zustand zurückzukehren. Das setzt allerdings eine gewisse Vertrautheit mit Versionskontrollsystemen voraus.

Bolt erleichtert diesen Prozess, indem es die Versionsverwaltung automatisch übernimmt. Jeder Prompt, den Sie eingeben, wird zu einem Checkpoint, zu dem Sie jederzeit zurückkehren können. Wenn etwas danebengeht, können Sie zu Ihrer letzten stabilen Version zurückscrollen – sagen wir Prompt #10 – und in der Chatoberfläche auf den *Revert*-Button klicken (siehe Abbildung 4.2). Nach der Bestätigung (siehe Abbildung 4.3) wird Ihr Projekt in genau den Zustand zurückversetzt, den es nach diesem Prompt hatte.

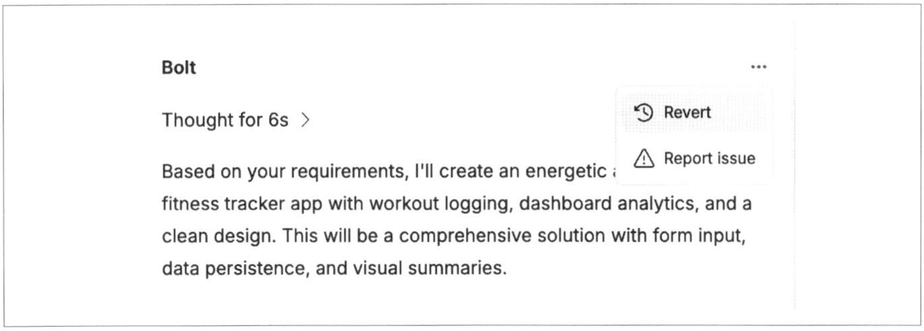

Abbildung 4.2: Mit dem »Revert«-Befehl, der in Bolt neben Prompts angezeigt wird, lassen sich alle anschließend von Bolt vorgenommenen Änderungen sicher rückgängig machen, und der vorherige Anwendungszustand wird wiederhergestellt.

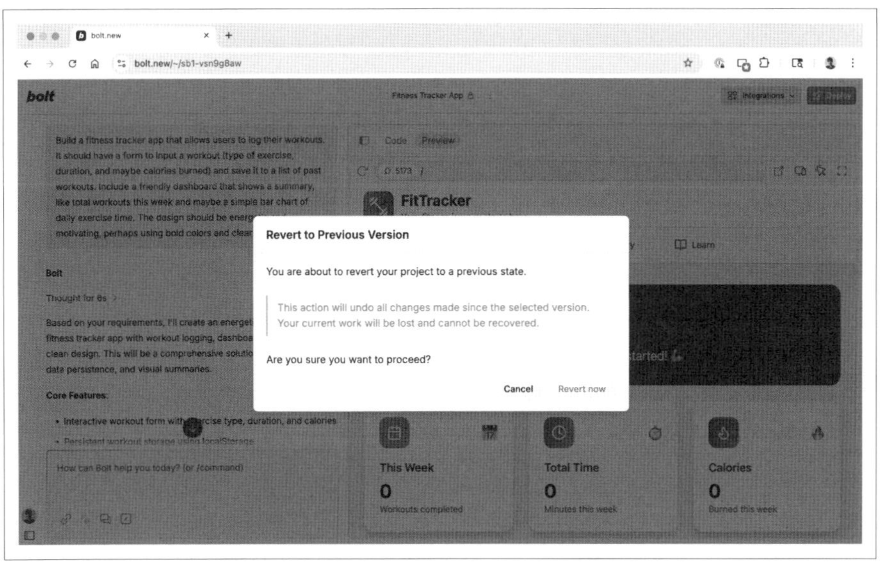

Abbildung 4.3: Bolt bittet Sie um Bestätigung, bevor eine frühere Projektversion wiederhergestellt wird, und weist auf möglichen Datenverlust hin.

Eine effektive Vorgehensweise bei der Arbeit mit Bolt besteht darin, wichtige Prompts als Meilensteine zu betrachten. Immer wenn Ihre Anwendung einen sinnvollen, funktionierenden Zustand erreicht hat – selbst wenn sie noch nicht vollständig ist –, sollten

Sie sich den entsprechenden Punkt als geeigneten Checkpoint merken oder die Nachricht im Chatverlauf markieren. Haben Sie zum Beispiel nach Prompt #8 eine stabile Kernanwendung und wollen Sie danach mit einem neuen Feature experimentieren, können Sie jederzeit zu diesem sicheren Zustand zurückkehren, falls es in den Prompts #9 bis #12 etwas chaotisch wird.

Für dieses Sicherheitsnetz der Bolt-internen Versionsverwaltung ist keinerlei Setup nötig.

Wenn Sie eine Änderung zurückrollen, erstellt Bolt.new in der Regel einen neuen Zweig im Chat und beginnt von diesem Punkt aus eine neue Zeitleiste, häufig mit einem Hinweis wie »Reverted to checkpoint from [time]«. Ihr ursprünglicher Prompt #11 und alle folgenden Prompts aus der ursprünglichen Zeitleiste sind aber nicht für immer verloren. Sie sind möglicherweise weiterhin oberhalb sichtbar, gehören aber nicht mehr zum aktiven Entwicklungsstrang. Diese Ansatz ist äußerst hilfreich (und stark an das Branching in Git angelehnt), da Sie von diesem Punkt aus einen anderen Weg einschlagen können, ohne die Möglichkeit zu verlieren, später wieder zum ursprünglichen Pfad zurückzukehren.

Rollbacks setzen den Code auf einen früheren Zustand zurück, aber für den Chatkontext ist es so, als hätten die späteren Prompts nie stattgefunden. Wenn Sie also ein Rollback durchführen und anschließend einen anderen Ansatz für dieses Feature ausprobieren möchten, müssen Sie dafür einen neuen Prompt eingeben. Nachdem Sie beispielsweise die fehlgeschlagene API-Integration rückgängig gemacht haben, könnten Sie einen einfacheren Ansatz wählen oder die API-Aufrufe vorerst ganz entfernen und sich auf etwas anderes konzentrieren.

Neben manuellen Rollbacks verfügt Bolt über ein Backup-System. Es speichert in regelmäßigen Abständen Snapshots Ihres Projekts. Zusätzlich können Sie Backups über die Einstellungen der Benutzeroberfläche manuell anstoßen. Wenn Sie zu *Settings → Backups* gehen, finden Sie eine Liste mit Zeitstempeln. Sobald Sie einen davon auswählen, wird ein neuer Chat geöffnet, der an diesem Sicherungspunkt beginnt. Das entspricht funktional dem Branching oder Forking eines Projekts in Git.

Wozu lässt sich das nutzen? Vielleicht möchten Sie testweise ein radikales Redesign vornehmen, sind sich aber nicht sicher, ob Sie es am Ende beibehalten wollen. Dann können Sie den aktuellen Stand der Anwendung sichern und anschließend im selben Chat mit den Prompts für das Redesign fortfahren. Wenn es gut läuft, umso besser. Falls nicht, haben Sie immer noch das Backup. Sie können es ohne negative Folgen separat öffnen und genau dorthin zurückkehren, wo Sie begonnen haben. Umgekehrt können Sie auch zuerst das Backup öffnen, um einen neuen Branch zu erzeugen, in dem Sie Ihre Experimente durchführen, während das ursprüngliche Projekt unangetastet bleibt.

> Bevor Sie größere Änderungen vornehmen, bei denen Sie sich unsicher fühlen, sollten Sie manuell ein Backup anlegen. Auch wenn Bolt ohnehin in Abständen automatische Backups anlegt, sorgt ein manuell erstelltes Backup für zusätzliche Sicherheit. So wissen Sie, dass Sie im Fall der Fälle einen verlässlichen Wiederherstellungspunkt haben, falls sich die größere Änderung als Fehlschlag erweist. Um zur Spielanalogie zurückzukehren: Bevor man in den großen Endkampf zieht, speichert man am besten noch einmal den Spielstand.

Checkpoints und Rollbacks unterstützen iteratives Entwickeln, weil man eher bereit ist, zu experimentieren und die beste Lösung zu finden, wenn man weiß, dass sich Änderungen jederzeit rückgängig machen lassen. Das fördert eine Mentalität des »Move fast and don't break things (permanently)« – denn durch ein Revert lässt sich alles wieder reparieren.

Iteration und Versionierung als Grundlage für schnelles Experimentieren

Die eigentliche Stärke des Prompt-first-Ansatzes von Bolt liegt darin, dass dadurch die Fehlerkosten deutlich sinken. In der Softwareentwicklung kann die Sorge, durch Änderungen Fehler oder Regressionen einzuführen oder zu hohen Aufwand betreiben zu müssen, um Code neu zu schreiben, den Projektfortschritt erheblich bremsen. Durch den Versionsverlauf und die Möglichkeit, Backups anzulegen und wiederherzustellen, sowie den einfachen Weg, Code per Prompt zu ändern, erlaubt Bolt ein deutlich mutigeres Vorgehen. Wagen Sie sich einfach an ein umfassendes Redesign. Experimentieren Sie mit der Integration einer komplexen, interaktiven Landkarte. Wenn das Experiment scheitert, können Sie die Änderung zurücknehmen oder so lange nachjustieren, bis alles funktioniert.

Dieses iterative Vorgehen, bei dem man etwas erstellt, testet, verfeinert und gelegentlich einen Schritt zurückgeht, entspricht genau der Arbeitsweise erfahrener Entwickler (meist unter Einsatz ihrer Versionskontrollsysteme und mit viel manuellem Coding). Sie tun im Grunde dasselbe, allerdings mit einem KI-Copiloten, der den Code auf Zuruf für Sie schreibt und überarbeitet.

Zögern Sie nicht, für unterschiedliche Ideen mehrere Chats oder Projekte einzusetzen. Mit Bolt können Sie jederzeit ein weiteres Projekt starten. Sie können einen völlig anderen Ansatz verwirklichen oder sogar parallel eine andere App entwickeln, ohne Ihre aktuelle Anwendung zu verlieren. Alle Chats und Projekte werden in Ihrem Bolt-Account gespeichert, solange Sie sie nicht explizit löschen. Sie könnten beispielsweise ein Projekt anlegen, in dem Sie frei experimentieren, und ein weiteres, in dem Sie gewissenhaft und sorgfältig an der »Hochglanzversion« der gleichen Anwendung arbeiten. Da sich Code zwischen Projekten kopieren und einfügen lässt (etwa per Download oder mithilfe des Editors), können Sie besonders gelungene Teile aus einem Experiment bei Bedarf problemlos in Ihre Hauptanwendung übernehmen.

Iteratives Entwickeln bedeutet auch, dass gelegentlich refaktoriert, also Code umstrukturiert wird, ohne seine Funktionalität zu verändern, um neuen Anforderungen gerecht zu werden. Wenn Sie mit einer eher einfachen Anwendung beginnen, die mit der Zeit wächst, werden Sie vermutlich irgendwann feststellen, dass der Code besser organisiert werden muss, damit er langfristig wartbar bleibt. Auch dabei können Sie Bolt um Unterstützung bitten:

> Refaktoriere das Projekt so, dass eine klarere Ordnerstruktur entsteht: Lege Komponenten in einem Verzeichnis namens components ab und verschiebe Styles in eine separate CSS-Datei.

Ein solcher Prompt weist Bolt an, den Code im Sinne der Wartbarkeit neu zu organisieren. Bolt kann neue Dateien erstellen, Code verschieben und Referenzen aktualisieren. Das sind Aufgaben, die Sie in einem klassischen Entwicklungsworkflow manuell erledigen würden, während Sie sie in Bolt mit KI-Unterstützung umsetzen. Nach einem Refactoring sollten Sie selbstverständlich immer testen, ob weiterhin alles wie erwartet funktioniert.

Weitere Aspekte, die Sie bei fortschreitender Iteration beachten sollten, sind Performance und Optimierung. In frühen Phasen der Entwicklung machen Sie sich – gemeinsam mit Bolt – möglicherweise noch keine Gedanken über die Performance Ihrer Anwendung, weil die Priorität zunächst darauf liegt, dass die App überhaupt funktioniert. Mit zunehmender Verfeinerung stellen Sie jedoch vielleicht fest, dass die Anwendung langsam lädt oder bestimmte Operationen träge reagieren. Auch hier können Sie Bolt einbeziehen:

> Die Bildergalerie lädt sehr langsam. Kannst du sie optimieren? Vielleicht durch Lazy Loading für Bilder oder durch optimierte Bildgrößen.

Vielleicht implementiert Bolt daraufhin tatsächlich Lazy Loading oder schlägt den Einsatz einer passenden Bibliothek vor. Durch iterative Prompts verwandeln Sie schrittweise einen groben Prototyp in eine ausgereiftere und effizientere Anwendung. Gleichzeitig wächst Ihr Vertrauen in den Prozess, denn Sie müssen keine Angst vor Fehlern haben, weil jederzeit die Möglichkeit besteht, Änderungen rückgängig zu machen.

Wann man eingreifen und wann man neu anfangen sollte

Zum Abschluss dieses Kapitels geht es um zwei wichtige Fragen, vor denen Sie bei der Arbeit mit Bolt häufiger stehen werden: wann Sie eingreifen müssen und wann Sie neu anfangen sollten.

Wann man eingreifen sollte

Bolt ist mächtig, aber nicht perfekt. Es wird Situationen geben, in denen es schneller oder einfacher ist, wenn Sie selbst das Ruder in die Hand nehmen – insbesondere wenn Sie bereits über grundlegende Programmierkenntnisse verfügen. Wenn Bolt bereits 90 % der Arbeit erledigt hat, das Ziel in Sicht ist und nur noch eine kleine Anpassung bei Logik, Styling oder Verhalten fehlt, müssen Sie sich nicht unbedingt mit einem weiteren Prompt aufhalten. Sie können auch direkt in den Codeeditor wechseln und die Änderung manuell vornehmen.

Bolt unterstützt diesen hybriden Workflow. Nach einer manuellen Änderung klicken Sie einfach auf *Update*, damit der Entwicklungsserver Ihre Anpassungen übernimmt. Anschließend können Sie wie gewohnt weiter prompten – Bolt arbeitet dann auf Basis des aktuellen Projektzustands einschließlich Ihrer Änderungen. Solche direkten Eingriffe helfen dabei, das Tempo hochzuhalten, weil Prompts manchmal weniger effizient sind als manuelle Anpassungen.

Wann man von vorne beginnen sollte

Aber was ist, wenn die Dinge wirklich aus dem Ruder laufen? Vielleicht hat Bolt Ihren Prompt missverstanden, oder eine Reihe von Änderungen hat die Anwendung in eine falsche Richtung geführt. In solchen Fällen kann ein Neustart die klügere Entscheidung sein.

Dabei gibt es verschiedene Abstufungen:

Kleinere Rückabwicklungen
: Bitten Sie Bolt, das letzte Feature rückgängig zu machen oder zu entfernen. Das genügt oft schon zur Wiederherstellung.

Rollback
: Nutzen Sie Bolts Rollback-Feature, um zu einem früheren funktionierenden Zustand zurückzuspringen – eine Art »Zurückspulen« zu einem bekannten, stabilen Checkpoint.

Vollständiger Neustart

Wenn sich das Projekt grundsätzlich verfahren oder chaotisch anfühlt, ist es völlig in Ordnung, ein Projekt von Grund auf neu zu starten. Da Sie aus dem ersten Versuch gelernt haben, wird die nächste Version in der Regel sauberer strukturiert und schneller umzusetzen sein.

Neu anzufangen, ist kein Scheitern. Es bedeutet, dass Sie Erkenntnisse gewonnen haben und nun bereit sind, diese gezielter anzuwenden.

Behalten Sie den Polarstern im Blick

Ob Sie manuell eingreifen oder einen Rollback bzw. Neustart in Betracht ziehen – entscheidend ist, das Endziel im Blick zu behalten. Wenn Sie merken, dass Sie sich in ein Detail verbissen haben oder beim Debugging feststecken, halten Sie kurz inne und fragen sich: Was sind die drei wichtigsten Dinge, die dieser Anwendung noch fehlen?

Noch besser ist es, Bolt direkt zu fragen:

> Fasse die bisher implementierten Features zusammen und identifiziere, was im Hinblick auf das ursprüngliche Ziel noch fehlt.

Bolt liefert Ihnen daraufhin ein Feature-Audit, das Ihnen hilft, sich neu zu sortieren und zu fokussieren. Dies ist eine großartige Möglichkeit, wieder Klarheit zu gewinnen und die nächsten Schritte zu planen.

Zusammenfassung

Mittlerweile haben Sie nicht nur Bolt kennengelernt, ein Projekt gestartet und die Kommunikation mit der KI gemeistert, sondern auch den gesamten Entwicklungszyklus mit all seinen Irrungen und Wirrungen bewältigt. Und Sie haben darauf basierend gelernt, wie man durch Konversation »programmiert«. Auch komplexe Aufgaben müssen Ihnen keine Angst mehr machen. Mit Bolt verfügen Sie über einen Copiloten, ein Sicherheitsnetz – und Sie wissen, dass Sie, wenn es darauf ankommt, selbst eingreifen oder neu ansetzen können.

KAPITEL 5

Entwicklung einer Movie-Explorer-App, Teil 1: Browsing und Details

In diesem und den folgenden Kapiteln widmen wir uns fünf praxisnahen Projekten, die zeigen, wie man Anwendungen mit minimalem manuellem Coding entwickeln und deployen (bereitstellen) kann. Am Ende werden Sie mehrere reale Apps – darunter einen Movie Explorer, einen Workout Tracker und eine designgetriebene Einkaufslisten-App – entwickelt und dabei Bolt mit Tools wie der TMDB-API (*The Movie Database*), Netlify, Supabase und Figma verbunden haben. Am besten arbeiten Sie während des Lesens direkt parallel in Ihrem Browser mit.

In diesem und dem nächsten Kapitel widmen wir uns einer Webanwendung namens Movie Explorer, mit der die Nutzerinnen und Nutzer Filme durchsuchen und sich zu einzelnen Filmen detaillierte Informationen anzeigen lassen können. Dabei verwenden wir eine API von The Movie Database (TMDB) (*https://oreil.ly/4hRZr*), um Daten wie Filmtitel, Filmplakat und Beschreibungen abzurufen und in der App anzuzeigen. Am Ende dieses Kapitels werden Sie über eine funktionsfähige App verfügen, in der Nutzer eine Übersicht populärer Filme finden, anhand von Titeln suchen und einzelne Filme anklicken können, um weitere Details einzusehen. In Kapitel 6 werden wir die App um Nutzerkonten und eine Favoriten-Verwaltung erweitern.

Das aktuelle Kapitel behandelt die folgenden Schritte:

- Einrichten eines neuen Projekts in Bolt
- Integration der TMDB-API durch Bereitstellen eines API-Keys inklusive Datenabruf
- Anzeigen einer Liste von Filmen (mit Titeln und Filmplakaten) auf einer Startseite
- Hinzufügen einer Suchfunktion, um Filme nach Titel zu durchsuchen
- Erstellen einer Detailseite, die bei Auswahl eines Films weitere Informationen anzeigt
- Umsetzung eines grundlegenden UI-Stylings zur Verbesserung der Nutzererfahrung
- Testen der App innerhalb der Bolt-Umgebung
- Umgang mit möglichen Problemen (wie fehlenden Daten oder anderen Fehlern)

Einrichten des API-Keys

Ihr Bolt-Konto ist zwar schon eingerichtet, aber es gibt noch eine Sache, die Sie benötigen, bevor Sie mit dem Entwickeln beginnen können: einen API-Key (eine lange Zeichenfolge aus Buchstaben und Zahlen, mit der Ihre Anfragen authentifiziert werden), um auf Filmdaten von TMDB zugreifen zu können.

Falls Sie noch kein Konto bei TMDB besitzen, erstellen Sie es jetzt auf *themoviedb.org* (*https://themoviedb.org*). Bestätigen Sie Ihre E-Mail-Adresse und melden Sie sich an. Navigieren Sie anschließend zu Ihren Kontoeinstellungen und darin zu den API-Einstellungen.

Folgen Sie den Anweisungen, um einen API-Schlüssel zu generieren (wählen Sie am besten *Developer* oder *Personal*). Sobald Sie den Nutzungsbedingungen zugestimmt haben, stellt Ihnen TMDB den API-Key zur Verfügung. Behandeln Sie ihn wie ein Passwort und geben Sie ihn nicht öffentlich weiter! Diesen Schlüssel verwenden Sie in Ihrer App, um Filmdaten abzurufen. (Für Lernzwecke ist es in Ordnung, ihn direkt im Code zu hinterlegen; bei einer realen App würden Sie ihn jedoch geheim halten.)

Einrichten eines neuen Bolt-Projekts

Jetzt beginnt der Spaß. Zuerst müssen Sie in Bolt ein neues Projekt für Ihre Movie-App erstellen. Der Ablauf ist der gleiche, den Sie bereits in Kapitel 2 durchlaufen haben. Schauen Sie also ruhig noch einmal in dieses Kapitel, falls Sie eine Auffrischung benötigen.

Sie beginnen damit, Bolt auf einer übergeordneten Ebene mitzuteilen, was Sie umsetzen möchten. Sie könnten beispielsweise einen Prompt wie diesen formulieren:

> Erstelle eine React-Webanwendung namens Movie Explorer, die die TMDB-API verwendet, um eine Liste von Filmen anzuzeigen. Die App soll eine Startseite haben, die beliebte Filme mit Titeln und Filmplakaten anzeigt, eine Suchleiste, um Filme anhand des Titels zu finden, sowie eine Seite, auf der Details zu einem ausgewählten Film angezeigt werden.

Schauen wir uns nun genauer an, was in diesem Prompt verlangt wird.

Zunächst wird React erwähnt, das Sie bereits in Kapitel 1 kennengelernt haben. Bolt unterstützt viele Web-Frameworks, und React ist eine gute Wahl für die Entwicklung einer dynamischen Benutzeroberfläche. Außerdem wird der App ein Name gegeben: Movie Explorer (Sie können natürlich auch einen anderen Namen wählen). Bolt wird angewiesen, die TMDB-API zu verwenden. Darüber hinaus werden einige Funktionen genannt, die enthalten sein sollen: eine Filmliste, eine Suchfunktion und eine Detailseite. Abschließend wird die UI grob beschrieben als Startseite mit Titeln und Filmplakaten.

Nachdem Sie diesen Prompt abgeschickt haben, denkt Bolt einen Moment nach und beginnt dann mit der Generierung des Projekts. Generative KI ist *nichtdeterministisch*. Das bedeutet, dass Sie bei mehrmaliger Eingabe desselben Prompts unterschiedliche Ergebnisse erhalten können. Dennoch lässt sich, bei aller möglichen Varianz in Details, mit hoher Sicherheit sagen, dass Bolt als Nächstes eine neue React-Projektstruktur einrichten wird. Dazu gehört das Anlegen von Dateien und die Verwendung eines Frameworks – vermutlich für eine Single-Page-React-App, da dies im Prompt so angegeben wurde. Bolt installiert im Hintergrund alle erforderlichen NPM-Pakete (z. B. React oder React Router), während im Ausgabe- bzw. Chatbereich angezeigt wird, was gerade geschieht. Nach kurzer Zeit sollte automatisch der Entwicklungsserver starten und eine Vorschau der App präsentieren.

Das Ergebnis eines Prompts für Anwendungen wie den Movie Explorer ist in der Regel eine lauffähige App, die bereits mit Movie-Cards für populäre Filme, mit gestalteten Komponenten, einer Navigation und einem cineastisch anmutenden Design-Theme ausgestattet ist. Die App zeigt oft erst einmal Mock-Daten (Platzhalterdaten), damit eine konkrete Vorschau möglich ist, die dem fertigen Produkt bereits sehr nahekommt. Das macht es leichter, Struktur und Ablauf der App unmittelbar zu erleben und auszuprobieren, anstatt zu raten und sich nur vage vorzustellen, wie die UI später wohl aussehen könnte. Abbildung 5.1 zeigt ein entsprechendes Beispiel.

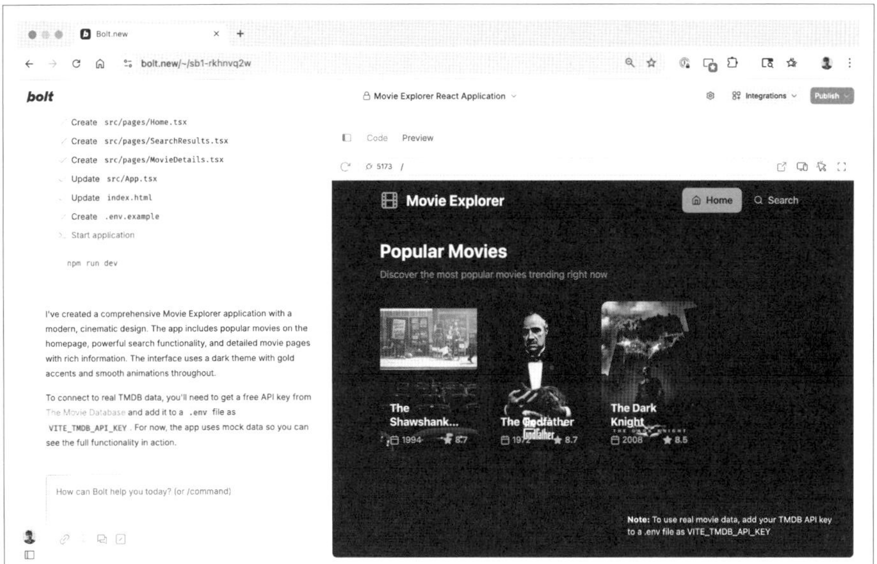

Abbildung 5.1: Bolt nach dem ersten Prompt: Es zeigt eine vollständig gestaltete Movie-Explorer-App mit Beispieldaten zu Filmen und einem Hinweis (unten rechts) auf die nötige Verwendung eines TMDB-API-Keys.

Außerdem wird Bolt Hinweise dazu geben, wie die App an reale Datenquellen angebunden wird. Eine frisch generierte Movie-App wird zuerst vermutlich Filmlisten mit Platzhalterdaten anzeigen, aber einen Hinweis enthalten, der Ihnen sagt, dass Sie Ihren eigenen TMDB-API-Schlüssel in einer *.env*-Datei hinterlegen müssen, um Live-Daten abrufen zu können. Der Datei-Explorer enthält bereits Seiten, Komponenten und Konfigurationsdateien, sodass Ihnen von Anfang an eine lauffähige, gestaltete Anwendung mit grundlegender Interaktivität zur Verfügung steht.

Konfiguration des TMDB-API-Keys

Bevor Sie Daten von TMDB abrufen können, müssen Sie Ihrer App mitteilen, welcher API-Schlüssel verwendet werden soll. Dafür gibt es mehrere Möglichkeiten. Eine Möglichkeit besteht darin, den Schlüssel direkt im Code zu hinterlegen. Das ist schnell und unkompliziert: Sie geben den Schlüssel direkt in einem Prompt an, und Bolt fügt ihn in den Code ein. Für reale Projekte ist das jedoch *keine* gute Lösung, da es ein Sicherheitsrisiko darstellt, wenn der Schlüssel im Code offen sichtbar ist.

Als zweite Möglichkeit können Sie Umgebungsvariablen verwenden, um den Schlüssel in einer separaten Datei oder Konfiguration zu speichern, die nicht öffentlich zugänglich ist. Das ist deutlich sicherer. Dazu erstellt Bolt beispielsweise eine *.env*-Datei und verweist im Code darauf. Allerdings werden Umgebungsvariablen in einer reinen Frontend-App beim Build dennoch offengelegt, sofern kein Backend-Proxy eingesetzt wird. Für unsere Lernzwecke wählen wir die erste Option, um es einfach zu halten.

> Der API-Schlüssel von TMDB ist vergleichsweise risikoarm, da er keinen Zugriff auf Ihr Konto gewährt, sondern nur das Lesen von Daten erlaubt. Daher ist seine offene Verwendung letztlich unproblematisch. Viele clientseitige Apps nutzen ihn offen (siehe den Getting Started Guide (*https://oreil.ly/Clw6J*) von TMDB). Dennoch ist es wichtig, sich bewusst zu machen, dass sensible Zugangsdaten, die in Frontend-Code eingebettet werden, von Nutzern eingesehen werden können.

Ich zeige Ihnen später, wie Sie den API-Key absichern, wenn Sie Ihre App deployen. Beginnen Sie den Einbau des Schlüssels mit einem Prompt:

> Nutze im Projekt den folgenden TMDB-API-Key und verwende ihn für API-Anfragen: `YOUR_KEY_HERE`.

(Ersetzen Sie `YOUR_KEY_HERE` durch die tatsächliche Zeichenfolge des Schlüssels.) Bolt wird den Code aktualisieren, den Schlüssel einbinden und dazu möglicherweise eine Variable in eine Konfigurationsdatei oder an den Anfang einer Datei setzen. Bolt könnte beispielsweise eine Zeile einer Konfigurations- oder Utility-Datei hinzufügen und diese Konstante anschließend in Fetch-Aufrufen verwenden:

```
const TMDB_API_KEY = "abc123...yourkey...";
```

Vielleicht integriert Bolt den Schlüssel auch etwas weniger offensichtlich. Falls Bolt nachfragt, wo der Schlüssel platziert werden soll, können Sie präzisieren:

> Füge ihn als Konstante in den Code ein (in einer Konfigurationsdatei oder am Anfang der Hauptdatei).

Abruf und Anzeige beliebter Filme

Nachdem der API-Schlüssel konfiguriert ist, können Sie endlich echte Filmdaten abrufen. Ein sinnvoller Einstieg besteht darin, auf der Startseite beim Laden der App eine Liste populärer Filme anzuzeigen. Die TMDB-API stellt dafür einen eigenen Endpunkt bereit: */movie/popular*. Formulieren Sie einen Prompt, der Bolt genau mitteilt, was benötigt wird:

> Rufe für die Startseite die Liste populärer Filme von TMDB ab und zeige die zugehörigen Filmplakate und Titel in einer Rasterdarstellung an.

Bolt passt daraufhin den Code der Startseitenkomponente an und wird vermutlich Funktionen wie `useEffect` und `useState` aus React importieren, um Datenabruf und State zu verwalten. Innerhalb der Homepage-Komponente wird Bolt eine State-Variable erstellen:

```
const [movies, setMovies] = useState([])
```

Wahrscheinlich verwendet Bolt `useEffect`, um die Daten abzurufen, sobald die Komponente gemountet wird. Der Fetch-Aufruf wird ungefähr so aussehen:

```
fetch(`https://api.themoviedb.org/3/movie/popular?api_key=${TMDB_API_
KEY}`)

  .then(response => response.json())

  .then(data => setMovies(data.results));
```

Sobald TMDB die entsprechende JSON-Antwort geliefert hat, wird das Film-Array im State aktualisiert (`data.results` ist ein Array von Filmobjekten). Beachten Sie, dass in der TMDB jeder Film eine eindeutige ID besitzt.

Als Nächstes wird Bolt das JSX aktualisieren, um die Filme in einem Raster anzuzeigen (vermutlich mithilfe von einfachem CSS oder eines CSS-Frameworks wie Bootstrap oder Tailwind). Die App gibt dann für jeden Film in `movies` ein eigenes Element aus, möglicherweise wie folgt codiert:

```
<div className="movie-card">
  <img src={/* movie poster URL */} alt={movie.title} />
  <h3>{movie.title}</h3>
</div>
```

Um die Filmplakate darzustellen, muss die App die korrekten Plakat-URLs zusammensetzen. TMDB liefert dazu einen Pfad. Üblicherweise wird diesem Pfad eine Basis-URL vorangestellt, etwa *https://image.tmdb.org/t/p/w200* für ein kleines oder *w500* für ein etwas größeres Bild. Bolt kennt diese Vorgehensweise möglicherweise bereits, da in vielen Beispielen im Internet so vorgegangen wird. Idealerweise setzt Bolt etwas in dieser Art um:

```
<img src={`https://image.tmdb.org/t/p/w200${movie.poster_path}`} ... />
```

Nachdem Bolt diesen Prompt ausgeführt hat, sollte auf der Startseite eine Liste der aktuell beliebtesten Filme inklusive Bild und Titel zu sehen sein.

Überprüfen Sie das in der App-Vorschau (vgl. Abbildung 5.2). Falls Bolt noch kein CSS hinzugefügt hat, werden die Movie-Cards möglicherweise zunächst in einer einfachen, einspaltigen Ansicht dargestellt. Da Sie nach einem Grid (Raster) gefragt haben, hat Bolt eventuell bereits eine CSS-Regel ergänzt oder einen Flexbox- oder Grid-Container verwendet. Sollte das Ergebnis noch unübersichtlich wirken, vielleicht mit zu großen Bildern oder unschönem Layout, ist das kein Problem. Das lässt sich im nächsten Schritt problemlos mit gezielten Styling-Prompts korrigieren.

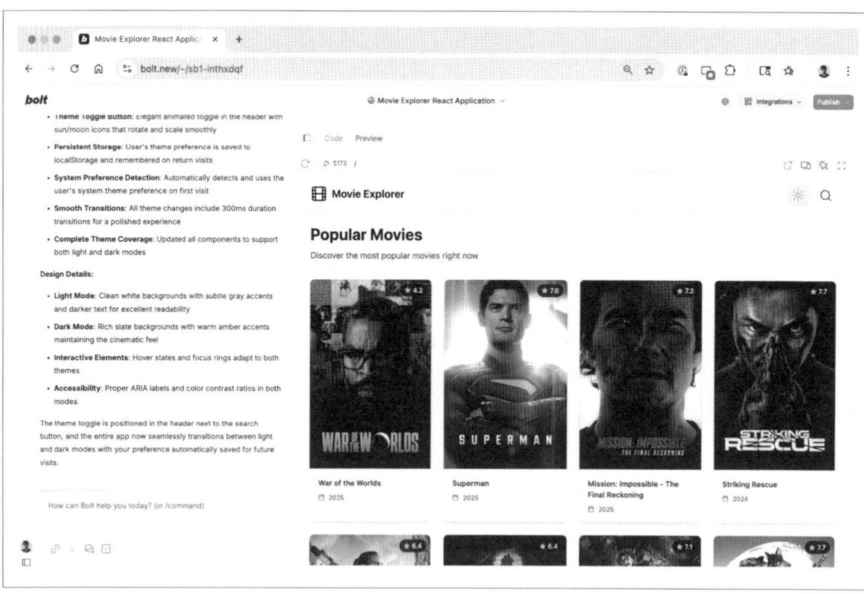

Abbildung 5.2: Vorschau der Startseite des Movie Explorer mit Filmplakaten, Erscheinungsjahren und Sternebewertung

Werfen Sie einen Blick in den Code, um zu überprüfen, ob die Fetch-URL Ihren API-Schlüssel enthält und korrekt aufgebaut ist. Falls Bolt irgendwelche Fehler gemacht (etwa einen Tippfehler im Endpunkt eingebaut oder den API-Schlüssel falsch verwendet) hat, ist jetzt ein guter Zeitpunkt gekommen, diese aufzuspüren. Das geht am schnellsten, indem Sie die Entwicklerkonsole des Browsers öffnen und nachsehen, ob dort Fehlermeldungen vorliegen. Vielleicht sehen Sie aufgrund eines fehlerhaften Schlüssels eine »401 Unauthorized«-Meldung oder einen 404-Fehler, weil die URL nicht stimmt. Wenn alles fehlerfrei funktioniert, sollten jetzt die Filme angezeigt werden.

Wenn Sie sich im Detail ansehen möchten, was Bolt generiert hat, können Sie die bearbeitete Datei öffnen und den Code direkt prüfen. Er könnte so aussehen:

```
import { useState, useEffect } from 'react';

const TMDB_API_KEY = "YOURKEY...";

function Home Page() {

  const [movies, setMovies] = useState([]);

  useEffect(() => {

    fetch(`https://api.themoviedb.org/3/movie/popular?api_key=
    ${TMDB_API_KEY}`)

      .then(res => res.json())

      .then(data => setMovies(data.results))

      .catch(console.error);

  }, []);

  return (

    <div className="movies-grid">

      {movies.map(movie => (

        <div key={movie.id} className="movie-card">

          <img src={`https://image.tmdb.org/t/p/w200${movie.poster_
          path}`}
          alt={movie.title} />

          <h3>{movie.title}</h3>

        </div>

      ))}
```

```
    </div>
  );
}
export default Home Page;
```

Auch wenn Sie diesen Code noch nicht vollständig verstehen, entspricht er im Prinzip genau dem zuvor beschriebenen Ablauf: Beim Laden der Seite werden Daten abgerufen, und anschließend werden für alle Filme Filmplakat und Titel gezeigt.

Hinzufügen einer Suchfunktion

Als Nächstes ermöglichen wir, per Titel nach Filmen zu suchen. Die Startseite erhält dafür eine Suchleiste mit einem Texteingabefeld, in das Nutzer einen Suchbegriff eingeben. Anschließend werden passende Filme über die Such-API von TMDB abgerufen.

Der Such-Endpunkt von TMDB lautet */search/movie?query=YOUR_QUERY*. Diesen Endpunkt müssen wir aufrufen, wenn eine Nutzerin ihre Suche absendet. Prompten Sie dazu:

> Ergänze oben auf der Startseite eine Suchleiste. Durchsuche, sobald ein Nutzer dort einen Filmtitel eingibt und den Text absendet, die TMDB nach diesem Titel und zeige in der Übersicht die Suchergebnisse anstelle der beliebten Filme an.

Damit bitten Sie Bolt um Folgendes:

- Ein Suchfeld zu erstellen (gegebenenfalls mit Button und/oder Auslösung durch die Enter-Taste).
- Den vom Nutzer eingegebenen Suchbegriff einzulesen.
- Die TMDB-Such-API zu verwenden, um Filme abzurufen, die zur Suchanfrage passen.
- Die bisher angezeigte Filmliste durch die Suchergebnisse zu ersetzen.

Bolt wird ein Eingabefeld (und vielleicht ein Formular oder einen Button) hinzufügen, wahrscheinlich in JSX. Das könnte ungefähr so aussehen:

```
<input
  type="text"
  placeholder="Search movies..."
  value={searchTerm}
```

```
  onChange={e => setSearchTerm(e.target.value)}
/>
<button onClick={handleSearch}>Search</button>
```

Das führt einen State für `searchTerm` (z.B. über `useState('')`) sowie einen Handler `handleSearch` ein. Die Funktion `handleSearch` verwendet `fetch`, um den Such-Endpunkt von TMDB aufzurufen:

```
fetch(`https://api.themoviedb.org/3/search/
movie?api_key=${TMDB_API_KEY}&query=${searchTerm}`)
```

Die von TMDB gesendete JSON-Antwort wird daraufhin verarbeitet, und der `movies`-State mit den Suchergebnissen wird aktualisiert, ähnlich wie zuvor. (Möglicherweise entscheidet sich Bolt dafür, die Suche beim Absenden eines Formulars auszulösen statt über einen Button. Beides ist in Ordnung. Entscheidend ist, dass der Fetch ausgelöst wird, wenn der Nutzer eine Suche starten möchte.)

Der Code sollte außerdem Randfälle berücksichtigen: Wenn `searchTerm` leer ist, könnte beispielsweise erneut die Liste populärer Filme abgerufen werden oder ganz auf eine Aktion verzichtet werden. Solche Randfälle abzudecken, ist jedoch optional. Falls Bolt sich nicht von sich aus darum kümmert, lässt sich das später leicht ergänzen.

Nach der Implementierung wird Bolt wahrscheinlich den von der Komponente gerenderten JSX-Code anpassen, sodass Eingabefeld und Button oberhalb des Film-Grids erscheinen, wie in Abbildung 5.3 zu sehen.

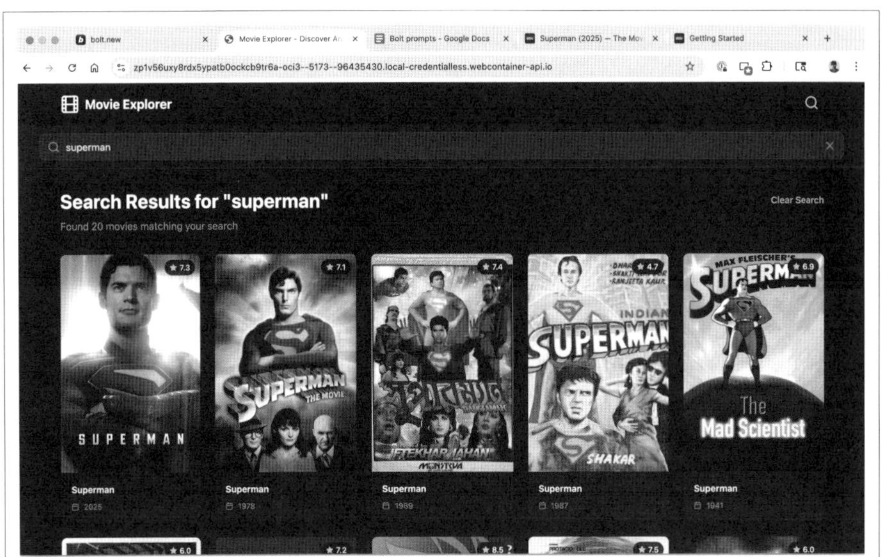

Abbildung 5.3: Bolt zeigt ein responsives Raster mit Filmen an, die zur Suchanfrage »Superman« passen.

Jetzt können wir die Suchfunktion testen. Sobald Bolt den Code aktualisiert hat, sollten Sie die Suche in der Vorschau prüfen. Geben Sie einen Filmtitel ein, etwa *Inception*, und klicken Sie auf den Such-Button. Die App sollte nun die API aufrufen und die Anzeige entsprechend aktualisieren. Bis die neuen Ergebnisse geladen sind, sehen Sie möglicherweise noch für einen Moment die alten Filme. Vielleicht hat Bolt der Einfachheit halber auf die Anzeige eines Ladeindikators verzichtet – bei schnell ausgeführten Anfragen ist das unproblematisch.

Sollte bei der Suche nichts passieren, gehen Sie wie folgt vor.

- Prüfen Sie, ob das Suchfeld oder der Button tatsächlich vorhanden ist.
- Drücken Sie testweise die Enter-Taste, falls Bolt ein Formular eingebaut hat, das auf diese klassische Weise abgeschickt wird.
- Ein Fehler in der Konsole könnte darauf hindeuten, dass Bolt vergessen hat, beim Absenden des Formulars `event.preventDefault()` aufzurufen. Standardmäßig führt das Absenden eines HTML-Formulars zu einem Neuladen der Seite. Der genannte Funktionsaufruf verhindert dieses Verhalten, sodass dieses Ereignis abgefangen und im React-Code verarbeitet werden kann. Gibt es dabei einen Fehler, können Sie Bolt per Prompt anweisen, das Formular korrekt zu behandeln.
- Falls der `searchTerm` nicht übernommen wird, achten Sie darauf, dass Sie nach dessen Eingabe den Button anklicken.

Normalerweise leistet Bolt beim Einbau einer Suchfunktion aber gute Arbeit. Sie könnten die UX noch etwas verbessern, etwa indem nach einer Suche eine Option wie »Zurück zu beliebten Filmen« angeboten wird oder automatisch wieder die beliebten Filme angezeigt werden, sobald `searchTerm` geleert wird. Halten wir es einfach und weisen wir Bolt nur an, die beliebten Filme anzuzeigen, wenn `searchTerm` leer ist:

> Wenn das Sucheingabefeld leer ist, zeige standardmäßig wieder die Liste beliebter Filme an.

Die App wird dadurch anwenderfreundlicher, weil Nutzern jetzt nicht mehr dauerhaft die Ergebnisse ihrer letzten Suche angezeigt werden. Bolt könnte dies implementieren, indem es entweder eine `useEffect`-Abhängigkeit von `searchTerm` oder eine Bedingung in `handleSearch` ergänzt, die bei einem leeren String erneut die Liste populärer Filme abruft.

Jetzt kann die Startseite sowohl die anfängliche Liste beliebter Filme als auch die Suchergebnisse anzeigen.

Implementierung der Filmdetailseite

Die Filme werden derzeit zwar in der Übersicht angezeigt, aber ein Klick darauf bewirkt noch nichts. Wir benötigen eine eigene Seite oder Ansicht, die bei Auswahl eines Films weitere Details anzeigt. Diese neue Komponente oder Seite soll detaillierte Informationen zur jeweiligen Film-ID abrufen (TMDB bietet dazu den Endpunkt */movie/{movie_id}* an) und anzeigen. Wenn ein Nutzer beispielsweise auf *The Dark Knight* klickt, sollte unsere App eine Seite mit einer vollständigen Übersicht, dem Veröffentlichungsdatum, der Qualitätsbewertung (auf einer Skala von 1 bis 10 oder alternativ von einem halben bis zu fünf Sternen) sowie einem größeren Filmplakat anzeigen.

Um dies umzusetzen, müssen wir Navigationsmöglichkeiten (*Routing*) in die App integrieren. Jeder Filmeintrag sollte anklickbar sein und eine Route aufrufen, die mit diesem Film über die eindeutige ID des Films in der URL verknüpft ist (z.B. */movies/12345*).

Wir haben Bolt nicht explizit vorgegeben, welches Framework oder welche Library für das Routing verwendet werden soll. Falls Bolt für das Projekt Next.js einsetzt, hat es möglicherweise ein dateibasiertes Routing eingerichtet. Wenn es sich stattdessen um eine Single-Page-App handelt, muss Bolt möglicherweise den React Router installieren, um clientseitige Routen zu verarbeiten. Schauen wir uns das an. Prüfen Sie dazu, ob in der *package.json* `next` oder `react-router-dom` angegeben ist. Steht dort `next`, verwendet Bolt Next.js und greift vermutlich auf die Seitenstruktur von Next.js zurück. Ist `react-router-dom` enthalten, handelt es sich um eine *Single-Page-Application* (SPA) mit React Router.

Unabhängig davon weisen wir Bolt nun an, die App interaktiver zu machen.

> Alle Movie-Cards sollen anklickbar sein. Wenn ein Film angeklickt wird, navigiere zu einer Detailseite für diesen Film und zeige die entsprechenden Details an (über die TMDB-API). Binde dazu auf der Detailseite das Filmplakat, den Titel, die Inhaltsbeschreibung, das Veröffentlichungsdatum und die Bewertung ein. Stelle einen Zurück-Link bereit, damit man zur Startseite zurückkehren kann.

Wir verlangen damit von Bolt eine ganze Menge. Es soll:

- jeden Filmeintrag mit einem anklickbaren Wrapper oder Link versehen,
- eine Route für die Detailansicht einrichten sowie
- beim Aufruf dieser Route die Filmdetails anhand der ID abrufen und anzeigen.

Sehen wir uns an, wie Bolt auf diesen Prompt reagiert.

Wenn Bolt React Router verwendet

Während der Vorbereitung dieses Kapitels hat sich Bolt in diesem Beispiel für React Router entschieden, daher folgt der Rest dieses Abschnitts diesem Pfad. Falls in Ihrer App Next.js verwendet wird, finden Sie dazu zusätzliche Informationen im nächsten Abschnitt.

Bolt installiert `react-router-dom`, falls das noch nicht geschehen ist. (Ob das an dieser Stelle erforderlich ist, können Sie in den Logs von Bolt überprüfen.) Anschließend richtet Bolt in *App.js* das Routing ein, beispielsweise wie folgt:

```
<BrowserRouter>

  <Routes>

    <Route path="/" element={<Home Page />} />

    <Route path="/movie/:id" element={<MovieDetailsPage />} />

  </Routes>

</BrowserRouter>
```

Für die klickbare Darstellung auf der Startseite umschließt Bolt die Filmeinträge mit Link-Komponenten aus `react-router-dom`, sodass sich beim Anklicken eines Films die URL ändert und die Detailansicht des Films angezeigt wird.

```
<Link to=
    {`/movie/${movie.id}`} key={movie.id} className="movie-card">
    ...
</Link>
```

Bolt hat eine neue Komponente `MovieDetailsPage` für die Detailansicht erstellt und implementiert. Darin werden die Details via `useEffect` abgerufen, und die ID wird mit `useParams` (von React Router) aus der URL ausgelesen:

```
fetch(https://api.themoviedb.org/3/movie/{id}?api_key=TMDB_API_KEY).
```

Als Reaktion auf den letzten Satz unseres Prompts hat Bolt außerdem oben auf der Seite einen einfachen Zurück-Link ergänzt:

```
<Link to="/">← Back to home</Link>
```

Sie könnten an dieser Stelle zusätzliche Logik für Ladezustände und die Fehlerbehandlung einbauen, sollten diese noch fehlen. Bolt fügt möglicherweise von sich aus keine dedizierte Ladeanzeige hinzu, sondern verzögert lediglich das Rendern der Inhalte, bis alle Daten eingetroffen sind. Um ein Flackern der UI oder Irritationen auf Nutzerseite zu vermeiden, sollten Sie proaktiv ein minimales Lade-Feedback sowie eine saubere Fehlerbehandlung vorsehen.

Wenn Sie während des Ladens der Movie-Details-Komponente und ihrer untergeordneten Komponenten eine Fallback-Anzeige oder eine Skeleton-UI mit Platzhaltern darstellen möchten, ist React Suspense (*https://oreil.ly/kNOQX*) das geeignete Mittel, um dies in einer React-App umzusetzen. Falls Bolt die Nutzererfahrung in dieser Hinsicht nicht optimiert hat und Sie spürbare Latenzen bemerken, können Sie Bolt per Prompt um Unterstützung bitten:

> Kannst du für das Laden meiner MovieDetailsPage-Komponente und ihrer untergeordneten Komponenten React-Suspense-Fallbacks hinzufügen, etwa graue Platzhalterboxen?

Falls Bolt Next.js verwendet

Wenn sich Bolt bei Ihrer Implementierung für Next.js entschieden hat, erstellt es zunächst eine Datei im Verzeichnis *pages*, die vermutlich nach der eindeutigen Film-ID benannt ist: *[id].js* oder ähnlich. Next.js ordnet die Route `/movie/[id]` automatisch dieser Datei zu.

Bolt verwendet anschließend möglicherweise `getServerSideProps`, `client fetch` oder eine Kombination aus beidem – oder der Einfachheit halber einen clientseitigen Fetch innerhalb einer React-Komponente.

Der Zurück-Link von der Detailseite zur Startseite wird mit der Next.js-eigenen Syntax umgesetzt:

```
<Link href={/movie/${id}} />
```

Alles Weitere – das Abrufen der Daten und die Anzeige der Filmdetails – entspricht im Wesentlichen dem Vorgehen, das im React-Abschnitt beschrieben wurde.

Testen der Detailseite

Jetzt ist die App in der Lage, zu den Filmen auch Details anzuzeigen. Um das zu testen, klicken Sie auf eines der Filmplakate auf der Startseite. Die URL in der Vorschau sollte sich nun ändern und die ID des angeklickten Films enthalten: *.../movie/12345*. Die Seite sollte die entsprechenden Details anzeigen, unter anderem den Titel, das Filmplakat und einige kurze beschreibende Absätze aus der TMDB. Möglicherweise sehen Sie zusätzliche Informationen wie »Veröffentlichungsdatum: 16.07.2020« oder »Rating: 8.3/10«.

Suchen Sie den Zurück-Link und klicken Sie auch darauf. Er sollte Sie zurück zur Startseite bringen, die entweder die Liste der beliebten Filme oder Ihre Suchergebnisse zeigt. Funktioniert das nicht, stimmt es irgendwo noch nicht. Gehen Sie zur Fehlersuche in diesem Fall wie folgt vor:

- Sollte ein Klick ohne Wirkung bleiben, sollten Sie prüfen, ob Bolt den Link tatsächlich implementiert hat. Versuchen Sie, die URL der Detailseite in der Vorschau manuell neu zu laden, um sicherzustellen, dass die Seite grundsätzlich funktioniert. Falls Bolt vergessen hat, das Element mit `<Link>` zu umschließen, können Sie es mit einem spezifischen Prompt erneut dazu auffordern: »Bette die Movie-Cards in korrekte Links ein.«
- Ist die Detailseite leer oder wird ein Fehler angezeigt, öffnen Sie die Konsole, um nach Hinweisen zu suchen. Möglicherweise ist der Fetch-Vorgang fehlgeschlagen. Prüfen Sie, ob Bolt in der URL die korrekte ID verwendet.
- Manchmal müssen Sie überprüfen, ob die App tatsächlich den React Router verwendet – also ob der Router am Einstiegspunkt der Anwendung (z. B. in der Index-Datei) eingebunden ist. Dieses Problem kann bei Next.js nicht auftreten.

An diesem Punkt verfügen Sie über eine weitgehend vollständige App mit einer Startseite, die populäre Filme sowie eine Suchleiste anzeigt, und der Möglichkeit, zu einer Detailseite eines Films zu navigieren, um weitere Informationen zu erhalten (siehe Abbildung 5.4).

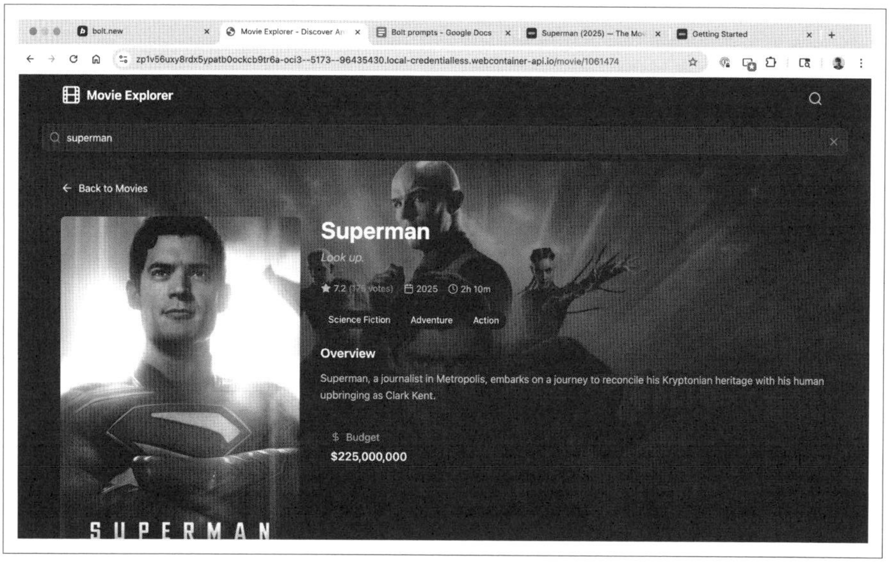

Abbildung 5.4: Eine von Bolt generierte Seite mit verschiedenen Daten zum Film, unter anderem den Produktionskosten

Feinschliff der UI

Bolt übernimmt standardmäßig bereits viele responsive und gestalterische Aspekte, einschließlich der Generierung einer ansprechenden Navigation und eines Headers. Sobald die grundlegende Funktionalität Ihrer Movie-Explorer-App steht, gibt es aber noch zahlreiche weitere Maßnahmen, mit denen sich die bisher eher »funktionale« Nutzererfahrung deutlich angenehmer gestalten lässt. Diese Verbesserungen konzentrieren sich auf die subtileren Details, die eine App professionell und ansprechend wirken lassen. In der folgenden Liste finden Sie einige Beispielprompts zur Verbesserung der UI.

Visueller Feinschliff und Mikrointeraktionen

Kleine Animationen und zusätzliches visuelles Feedback lassen Ihre App reaktiver und lebendiger wirken. Sie könnten Bolt darum bitten, subtile Übergänge und Hover-Effekte zu ergänzen:

> Füge den Movie-Cards sanfte Hover-Effekte hinzu – wenn Nutzer mit der Maus über ein Filmplakat fahren, soll es sich leicht um 5 % vergrößern und einen dezenten Schatten erhalten. Ergänze außerdem eine Fade-in-Animation beim Ladens des Filmrasters.

> Zeige während des Ladens der Filmdaten an den späteren Positionen der Filmplakate gräulich schimmernde Skeleton-Screens als Platzhalter an.

> Lass den Such-Button sanft pulsieren, solange im Suchfeld geschrieben wird, und zeige während einer laufenden Suche einen kleinen Lade-Spinner im Button an.

Verbesserte Suche

Über die grundlegende Suchfunktion hinaus könnten Sie eine anspruchsvollere Sucherfahrung anbieten:

> Zeige während der Texteingabe in einem Drop-down-Menü passende Suchvorschläge an, beispielsweise zuletzt gesuchte Begriffe und populäre Filmtitel.

> Ergänze Suchfilter: Nutzer sollen nach Genre, Erscheinungsjahr und Bewertung filtern können. Benutze dabei sanft gleitende Schieberegler (Toggles) und animierte Checkboxen.

> Wenn eine Suchanfrage keine Ergebnisse liefert, zeige eine freundliche Illustration an und schlage alternative Suchanfragen vor.

Verbesserte Navigation und Auffindbarkeit

Helfen Sie Nutzern, intuitiver zu navigieren und Inhalte zu entdecken:

> Ergänze eine Breadcrumb-Navigation, die »Startseite → Suchergebnisse → Filmtitel« anzeigt, mit klickbaren Trennzeichen zwischen den Hierarchieebenen.

> Erstelle auf der Startseite einen Bereich »Zuletzt angesehen«, der anhand kleiner Vorschaubilder die letzten fünf Filme zeigt, die der Nutzer betrachtet hat.

Ergänze einen schwebenden »Nach oben«-Button, der erscheint, wenn Nutzer in der Filmliste nach unten scrollen, und der, wenn angeklickt, sanft animiert zurück nach oben scrollt.

Inhaltliche Verbesserung

Gestalten Sie die Filminformationen ansprechender und informativer:

Zeige Filmbewertungen in der Form von interaktiven Sternkomponenten an (»gefüllte« oder »leere« Sterne) und füge beim Hovern ein dezentes Aufleuchten hinzu.

Ergänze unterhalb des Filmtitels Genre-Tags als farbige Pills (abgerundete Labels) in unterschiedlichen Farben je nach Genre (Actionfilme bekommen beispielsweise rote Tags, Komödien gelbe usw.).

Erstelle auf der Detailseite eine aufklappbare Inhaltsangabe – zeige standardmäßig nur die ersten zwei Zeilen an und erweitere die vollständige Beschreibung über einen »Weiterlesen«-Link mit sanfter Animation.

Barrierefreiheit und Nutzerkomfort

Bereiten Sie die App für die Anpassung an unterschiedliche Nutzerpräferenzen und -bedürfnisse vor:

Ergänze im Header einen Dark/Light Mode Toggle, der einen sanft animierten Übergang zwischen den Themes auslöst. Speichere die Präferenz des Nutzers und stelle sie beim nächsten Besuch wieder her.

Implementiere eine Tastaturnavigation: Nutzer sollen mit der Tab-Taste durch die Movie-Cards navigieren und mit der Enter-Taste die Detailansicht öffnen können, unterstützt durch klare Fokus-Indikatoren.

Lass Nutzer in einem Einstellungsmenü die für sie am besten geeignete Textgröße auswählen (klein, mittel, groß).

Erweiterte interaktive Funktionen

Schaffen Sie ansprechendere Möglichkeiten für Nutzer, mit Inhalten zu interagieren:

Füge jeder Movie-Card ein Herzsymbol hinzu, das als Kennzeichen für »Favoriten« dient. Beim Anklicken soll es sich rot füllen und der soll in einer Favoritenliste gespeichert werden, die über den Header erreichbar ist.

Erstelle eine Funktion zum Vergleich von Filmen: Nutzer sollen mehrere Filme auswählen und deren Bewertungen, Genres und Veröffentlichungsdaten nebeneinander in einer Vergleichstabelle betrachten können.

Implementiere auf der Detailseite mit einer Beschriftung »Ähnliche Filme« ein Empfehlungskarussell für Filme, in dem sich die entsprechenden Movie-Cards horizontal scrollen lassen.

Performance und weiterer Feinschliff

Optimieren Sie die Nutzererfahrung mit durchdachten Lade- und Feedback-Mechanismen:

> Wende beim Laden von Bildern einen progressiven Blur-to-Sharp-Effekt an: Zeige zunächst unscharfe Versionen der Filmplakate und ersetze sie dann durch scharfe Versionen.
>
> Baue in die Filmliste einen Infinity-Scroll-Effekt ein: Lade automatisch weitere Filme nach, wenn Nutzer sich dem unteren Ende der Liste nähern, und zeige dabei einen dezenten Ladeindikator an.
>
> Ergänze eine Fehlerbehandlung mit freundlichen Hinweisen: Wenn Filmdaten nicht geladen werden können, zeige einen Wiederholen-Button mit einer hilfreichen Meldung wie »Etwas ist schiefgelaufen. Versuchen wir es noch einmal.« an.

Dieser Feinschliff verwandelt eine rein funktionale App in eine professionell wirkende Anwendung, deren Nutzung Spaß macht. Analysieren Sie die einzelnen Nutzerinteraktionen daraufhin, inwiefern kleine Verbesserungen zu einer angenehmeren Gesamterfahrung beitragen können. Da Bolt solche detaillierten UI-Verbesserungen effektiv umsetzt, können Sie sich statt auf Implementierungsdetails ganz auf die User Experience konzentrieren (siehe Abbildung 5.5).

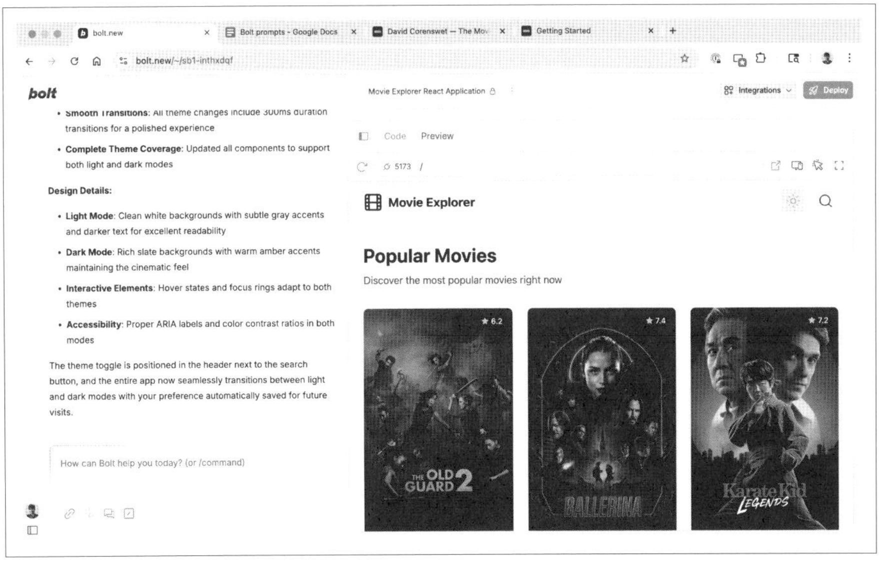

Abbildung 5.5: Light-Mode-Ansicht der Movie-Explorer-App mit populären Filmen und einer aufgeräumten UI, die zeigt, wie durchdachter UI-Feinschliff die Nutzererfahrung deutlich verbessert

Sie können das Styling schrittweise verfeinern, indem Sie die gewünschten Änderungen einzeln beschreiben. Bolt wird daraufhin jeweils das CSS entsprechend anpassen. Zum Beispiel:

> *Vergrößere die Schriftart der Titel.*
>
> *Stelle den Hintergrund auf Dark Mode um.*

Das Ganze ist ein iterativer Designprozess: Genau wie ein Künstler ein Gemälde erschafft, indem er Pinselstrich für Pinselstrich setzt, passen Sie das Erscheinungsbild Ihrer App Prompt für Prompt an.

Testen der Anwendung

Jetzt ist es an der Zeit, Ihre App zu testen und dadurch sicherzustellen, dass sie wie erwartet funktioniert. Wenn Sie die Anwendung erstmals laden (oder die Suche zurücksetzen), sollten Sie eine Liste mit aktuell beliebten Filmen sehen. Scrollen Sie durch die Liste und prüfen Sie, ob Bilder und Titel korrekt erscheinen, das Layout stimmig ist und die Filmplakate nicht abgeschnitten werden.

Testen Sie die Suchfunktion, indem Sie nach Filmen suchen, beispielsweise mit dem Suchbegriff »Spider-Man«, der auf jeden Fall eine Vielzahl von Treffern liefern sollte.

Suchen Sie bewusst nach einem nicht existenten Film oder bauen Sie bewusst Schreibfehler ein, um zu prüfen, was passiert, wenn TMDB eine leere Ergebnisliste zurückgibt. Im aktuellen Zustand würde die App in diesem Fall einfach ein leeres Filmraster anzeigen. Wir könnten die UX weiter verbessern, indem bei einer leeren Ergebnisliste eine entsprechende Meldung angezeigt wird. Sie können Bolt dazu mit folgendem Prompt auffordern:

> Wenn die Suche keine Filme zurückgibt, zeige die Nachricht »Keine Filme gefunden« an.

Bolt fügt daraufhin eine entsprechende Bedingung ein, um diese Meldung immer dann anzuzeigen, wenn `movies.length === 0` ist, das Array mit den Ergebnissen also keine Elemente enthält.

Leeren Sie das Suchfeld wieder und prüfen Sie, ob erneut die Liste der populären Filme angezeigt wird (sofern Sie diese Logik implementiert haben).

Um die Filmdetails zu testen, klicken Sie auf einige unterschiedliche Filme aus der Liste populärer Filme oder aus Ihren Suchergebnissen. Vergewissern Sie sich, dass die jeweiligen Detailseiten geladen und die korrekten Informationen zum ausgewählten Film angezeigt werden, und vergleichen Sie diese miteinander.

Verwenden Sie den Zurück-Link oder den Link im Header, um zur Übersichtsseite zurückzukehren, und testen Sie anschließend einen weiteren Film. Versuchen Sie auch, direkt zu navigieren. Wenn Sie die URL in der Vorschau von Bolt manuell bearbeiten können, ersetzen Sie in einer geöffneten Detailseite in der URL die ID durch die ID eines beliebigen anderen existierenden Films und laden Sie diese URL direkt. Die App sollte daraufhin die entsprechende Filmseite abrufen und anzeigen.

Das Gesamterlebnis sollte sich wie eine abgespeckte Version der IMDb (*https://imdb.com*) (*Internet Movie Database*) oder eines anderen Filmverzeichnisses anfühlen.

Funktioniert alles? Hervorragend! Wenn noch irgendwelche Probleme auftreten, ist jetzt der geeignete Zeitpunkt gekommen, sie durch entsprechende Prompts oder durch kleinere Codeänderungen zu beheben. Sieht etwa das mobile Layout noch nicht ganz überzeugend aus, könnten Sie Bolt bitten, bestimmte Änderungen an der responsiven Darstellung vorzunehmen. Oder fehlen bei manchen Filmen die Plakate? Dann weisen Sie Bolt zur Fehlerbeseitigung an:

> Zeige ein Platzhalterbild an, falls `movie.poster_path` null ist.

Häufige Probleme und Troubleshooting

Im Folgenden finden Sie eine kurze Übersicht typischer Probleme, die beim Erstellen dieser App auftreten können, sowie Hinweise zu deren Behebung:

Falscher API-Key oder »Unauthorized (401)«-Fehler
: Wenn keine Filme angezeigt werden und in der Konsole ein Fehler wie »Unauthorized« oder »Invalid API key« erscheint, prüfen Sie, ob Sie Ihren API-Schlüssel korrekt in den Code eingefügt haben. Fehlt der Schlüssel oder liegt ein Tippfehler vor, fordern Sie Bolt erneut per Prompt auf, den Schlüssel korrekt einzubinden, oder öffnen Sie den Codeeditor und korrigieren Sie ihn dort manuell. Beachten Sie dabei, dass der Schlüssel exakt mit dem von der TMDB genannten übereinstimmen muss und keine zusätzlichen Leerzeichen enthalten darf.

CORS-Fehler beim Abrufen der API
: Gelegentlich beschränken APIs den Zugriff durch CORS-Regeln (*Cross-Origin Resource Sharing*). Die TMDB-API ist in der Regel für clientseitige Anfragen freigegeben, sodass bei Verwendung der korrekten Endpunkte normalerweise keine CORS-Probleme auftreten sollten. Falls doch, könnte es sich um ein Netzwerk- oder URL-Problem handeln: Bitten Sie in diesem Fall im Discussion-Mode von Bolt, dem dialogbasierten Hilfemodus, um Unterstützung (siehe folgenden Kasten).

Routing zu Detailseiten funktioniert nicht
: Führt ein Klick auf einen Film nicht zur Detailseite, stellen Sie sicher, dass der Link korrekt gebildet wird. Wenn Sie React Router verwenden, muss die App genau einmal durch ein `<BrowserRouter>`-Tag umschlossen werden (sind mehrere

Router-Tags vorhanden, könnte das die Navigation beeinträchtigen). Diesen Wrapper finden Sie üblicherweise in *App.jsx* oder *index.js*. Falls Bolt dieses Detail übersehen hat, fordern Sie es per Prompt zur Nachbesserung auf:

> Umschließe die App mit einem Router, sodass die Links funktionieren.

Aktualisieren der Detailseite führt zu einem 404-Fehler (in einer deployten Umgebung)
: In der Entwicklung übernimmt der Dev-Server von Bolt das Routing. Bei einem Deployment (wie wir es in Kapitel 7 umsetzen werden) kann der direkte Aufruf einer clientseitigen Route wie */movie/123* jedoch eine zusätzliche Konfiguration erfordern. Bei Next.js kann dieses Problem nicht auftreten, da dort die Routen bekannt sind. Setzen Sie jedoch React Router auf einem statischen Host ein, benötigen Sie unter Umständen eine Redirect-Regel. Wie das geht, zeige ich Ihnen in Kapitel 7. In der Bolt-Umgebung sollte es fürs Erste funktionieren, da der Dev-Server das Routing übernimmt.

Styling-Probleme
: Ist das Grid- oder das Detailseitenlayout nicht stimmig, bessern Sie per Prompt nach: Wenn die Filmplakate zu groß dargestellt werden, geben Sie eine geringere Breite an. Wenn Text zu weit an die Ränder reicht, bitten Sie um zusätzliches Padding. Scheuen Sie sich nicht, pingelig zu sein. Betrachten Sie Bolt als einen Junior-Webdesigner, der Ihre pixelgenauen Anweisungen sehr entgegenkommend umsetzt.

Überschreiten des Token-Limits von Bolt
: In seltenen Fällen – bei sehr umfangreichen Prompts oder bereits sehr großer Codebasis – könnten Sie bei der Nutzung von Bolt am KI-Token-Limit kratzen. Bolt stellt im Rahmen seines kostenlosen Plans täglich eine bestimmte Menge kostenloser Tokens (*https://bolt.new/pricing*) zur Verfügung. Falls Bolt nicht mehr reagiert, haben Sie dieses Limit möglicherweise erreicht. Sie können dann bis zum nächsten Tag warten oder ein Upgrade auf einen kostenpflichtigen Tarif in Betracht ziehen, der deutlich großzügigere Token-Kontingente bietet.

Discussion-Mode

Ein großartiges Feature von Bolt ist der Discussion-Mode (*https://oreil.ly/g_G1J*), in dem Sie Bolt Fragen zum generierten Code stellen können, beispielsweise:

> Gibt es einen Fehler in der Suchfunktion? Ich sehe keine Ergebnisse.

Der Diskussionsmodus zeichnet sich besonders dadurch aus, dass er kontextsensitiv und internetfähig ist: Die KI kann nach aktuellen Anleitungen oder Dokumentationen suchen und mit Quellenangaben antworten. Bolt verwendet für diesen Modus das Gemini-Modell von Google, das für die Beantwortung von Fragen optimiert ist und Quellen zitieren kann.

Nach der Antwort werden häufig Quick-Action-Buttons wie *Implement this plan* oder *Show an example* eingeblendet. Wenn Sie auf *Implement this plan* klicken, wechselt Bolt zurück in den regulären Build-Modus und wendet die vorgeschlagenen Codeänderungen an – der Ratschlag wird also direkt in die Tat umgesetzt. Dieses Feature ist besonders für Einsteiger ausgesprochen nützlich: Sie können den Diskussionsmodus nutzen, um zu verstehen, *warum* etwas auf eine bestimmte Weise umgesetzt wurde, oder um sich eine eigene Vorgehensweise bestätigen und die dazu nötigen Änderungen anschließend sofort in Ihre App übernehmen zu lassen. Dieser Modus bietet damit einen sicheren Raum, um das eigene Verständnis zu vertiefen, ohne durch langwieriges Ausprobieren Prompt-Tokens zu verbrauchen. Da externe Informationen einbezogen werden können, sind die Antworten stets aktuell.

In diesem Modus kann Bolt sogar seinen eigenen Code analysieren und bei der Fehlersuche helfen, ähnlich wie ein Kollege. Zögern Sie nicht, dieses Feature zu nutzen, wenn Sie nicht weiterkommen.

Die meisten Probleme lassen sich durch präzisierte Anweisungen an Bolt oder kleine manuelle Anpassungen beheben.

Tipps und Best Practices

Während der Entwicklung des Movie Explorer sind wir einigen Best Practices begegnet, die Ihnen auch künftig nützlich sein können:

Prompts präzise und iterativ formulieren
: Bolt funktioniert am besten, wenn Sie ihm spezifische Ziele vorgeben und die Ergebnisse schrittweise verfeinern. Wir haben mit einem breit gefassten Prompt begonnen, um das Projekt grundlegend aufzusetzen, und es anschließend Funktion um Funktion ergänzt. Dieser schrittweise Ansatz hilft Bolt, den Projektkontext nach und nach zu »verstehen«, und reduziert Fehler. Wenn Sie zu viele Anforderungen auf einmal formulieren, kann es passieren, dass Bolt Details übersieht oder überfordert ist – genau wie ein Mensch.

Echte APIs und Daten für mehr Realismus nutzen
: Durch die Verwendung der TMDB-API ist unsere App erst wirklich funktional und interessant geworden. Wenn Sie Apps mit Bolt entwickeln, ist die Anbindung an bekannte Dienste wie Wetter- oder Nachrichten-APIs ein hervorragen-

der Weg zur Einbeziehung echter Inhalte. Zugleich lernen Sie dabei, wie externe Datenquellen eingebunden und genutzt werden.

Generierten Code überprüfen und verstehen
: Auch wenn Sie nicht manuell programmieren, sollten Sie sich kurz Zeit nehmen, den von Bolt erzeugten Code zu lesen. Das hilft Ihnen, zu verstehen, wie Dinge strukturiert sind, etwa der Fetch-Aufruf oder die Aktualisierung des States. Mit der Zeit werden Sie wiederkehrende Muster erkennen, zum Beispiel den Einsatz von `useEffect` für Aktionen beim Laden. Dieses Verständnis versetzt Sie in die Lage, Bolt gezielter anzuleiten und bei Bedarf Code selbst anzupassen oder zu korrigieren.

Häufig testen
: Nach jeder größeren Änderung haben wir die Funktionen der App getestet, etwa die Suchfunktion oder die Links. Das ist wichtig, denn so bemerken Sie frühzeitig, wenn etwas schiefläuft, und können im nächsten Prompt sofort reagieren. Betrachten Sie das Testen als Teil des dialogbasierten Arbeitsflusses mit Bolt: Sie beobachten das Verhalten und geben anschließend entsprechende Anweisungen.

Das Kontextfenster von Bolt zum eigenen Vorteil nutzen
: Bolt erinnert sich bis zu einem gewissen Punkt an den zuvor geschriebenen Code. Sie können auf Dinge verweisen, die Sie in früheren Prompts erwähnt haben, wie »den Movies-State« oder »diesen Grid-Style«, und Bolt versteht normalerweise, welchen Teil des aktuellen Projekts Sie meinen. Das ist sehr praktisch, da Sie nicht jedes Detail erneut spezifizieren müssen.

Grenzen im Blick behalten
: Bolt ist zwar sehr leistungsfähig, aber nicht unfehlbar. Manchmal erzeugt es Code, der nicht auf Anhieb läuft, oder missachtet performancerelevante Best Practices, indem es beispielsweise wiederholt die gleichen Daten abruft. Um solche Fehler zu entdecken und zu korrigieren, braucht es menschliche Aufsicht und Kontrolle. Es lohnt sich beispielsweise, Bedingungen hinzuzufügen, um unnötige Anfragen zu vermeiden (wenn etwa eine Suchanfrage keine Ergebnisse liefert). Bolt denkt nicht an alles: Es ist Ihre Aufgabe, das Steuer in der Hand zu behalten.

API-Schlüssel absichern
: Committen Sie keine API-Schlüssel in ein öffentliches Repository und geben Sie sie nicht in einer deployten App offen preis (siehe Kapitel 7). Normalerweise werden Schlüssel serverseitig über eine Umgebungs-konfiguration gesetzt. Zu Lernzwecken können Sie von dieser Best Practice abweichen, in realen Projekten sollten Sie jedoch vorsichtig sein.

Dokumentation und Communitys nutzen
Sollten Sie unsicher sein, wie etwas umzusetzen ist, können Sie jederzeit Bolt fragen. Zögern Sie aber nicht, auch einen Blick in die offizielle Dokumentation zu werfen. Wenn Sie beispielsweise Informationen über die Besetzung eines Films hinzufügen möchten, werden Sie möglicherweise die TMDB-Dokumentation bezüglich des benötigten API-Endpoints konsultieren müssen. Onlinecommunitys sind ebenfalls eine großartige Ressource: Andere Entwicklerinnen und Entwickler haben wahrscheinlich schon die gleichen Fragen gestellt, die Sie beschäftigen.

Zusammenfassung

Herzlichen Glückwunsch! Sie haben mit Bolt den ersten Teil der Movie-Explorer-App entwickelt, ohne Code von Hand zu schreiben. Fassen wir zusammen, was Sie in diesem Kapitel erreicht haben:

- Sie haben Bolt verwendet, um das Grundgerüst einer React-basierten Web-App zu erstellen, indem Sie Ihre gewünschte Anwendung in einem Prompt beschrieben haben.
- Sie haben Ihre App durch Bereitstellung eines API-Schlüssels mit einer externen Datenquelle (TMDB) verbunden und Bolt anschließend die Umsetzung der Fetch-Aufrufe sowie das Rendern der Daten überlassen.
- Sie haben zentrale Funktionen durch Anweisungen in natürlicher Sprache implementiert, die Bolt in funktionierende Features übersetzt hat: die Anzeige beliebter Filme in einem Raster, die Suche nach Filmen anhand ihres Titels und die Anzeige detaillierter Informationen auf einer separaten Seite.
- Sie haben grundlegendes Styling und Layout hinzugefügt, um die App ansprechend zu gestalten.
- Sie haben die App getestet und Probleme in einem iterativen Prozess behoben, und zwar sowohl mit Unterstützung von Bolt als auch anhand eigener Beobachtungen, was einem realistischen Entwicklungsworkflow entspricht.
- Abschließend haben Sie einige Best Practices für das Prompten und Anleiten eines KI-gestützten Entwicklungstools kennengelernt, unter anderem die Empfehlungen, Aufgaben in Einzelschritte zu zerlegen, präzise zu formulieren und den generierten Code zu überprüfen.

Alles in allem eine beachtliche Leistung. Gut gemacht!

Bereits der aktuellen Stand des Movie Explorer ermöglicht den Zugriff auf Informationen zu Tausenden von Filmen. In Kapitel 6 werden wir die App um Nutzerkonten (Authentifizierung) und eine Favoritenfunktion erweitern, mit der Nutzerinnen und

Nutzer eine Liste ihrer Lieblingsfilme speichern können. Wir werden Bolt mit einem Backend-Service (*Supabase*) zur Datenspeicherung verbinden und erfahren, wie sich nutzerspezifische Inhalte verwalten lassen. Dadurch verwandelt sich der Movie Explorer aus einem reinen Nachschlagewerkzeug in eine personalisierbare Anwendung.

Experimentieren Sie ruhig ein wenig mit der soeben erstellten App, bevor wir weitermachen. Versuchen Sie beispielsweise, der Detailseite weitere Felder hinzuzufügen, etwa Genres oder Angaben zur Laufzeit. Sie können auch das Styling ändern, vielleicht durch ein Dark Theme? Nutzen Sie den Movie Explorer als Sandbox, in der Sie vollkommen gefahrlos prompten können. Je mehr Sie mit Bolt experimentieren, desto vertrauter werden Sie mit seinen Möglichkeiten.

Halten Sie jetzt Ihren TMDB-API-Schlüssel und Ihre Bolt-Instanz parat: Wir setzen unsere Entwicklungsreise mit Bolt fort.

KAPITEL 6

Entwicklung einer Movie-Explorer-App, Teil 2: Favoriten und Authentifizierung

In diesem Kapitel erweitern wir die Movie-Explorer-App aus Kapitel 5 um zwei zentrale Funktionen: Favoriten und Authentifizierung. Die Nutzerinnen und Nutzer können dann ein Konto erstellen und – sofern sie eingeloggt sind – Filme als Favoriten markieren. Die App speichert diese favorisierten Filme, sodass eingeloggte Nutzer ihre persönliche Favoritenliste jederzeit und von jedem Gerät aus aufrufen können. Idealerweise haben Sie Ihr Projekt aus Kapitel 5 aktuell in Bolt geöffnet. Wir bauen auf diesem Stand auf. Falls Sie aus irgendeinem Grund unser Beispielprojekt aus Kapitel 5 noch nicht erstellt haben, kann Bolt, entsprechend gepromptet, einen Ausgangspunkt generieren. Der Konsistenz halber gehe ich jedoch davon aus, dass die Movie-Explorer-App inklusive Suche und Detailansichten bei Ihnen bereits funktionsfähig vorliegt.

Die zusätzlichen Features sind wichtig, weil die Authentifizierung eine personalisierte Nutzererfahrung ermöglicht. Die App kann dadurch einzelne Anwender voneinander unterscheiden, sodass individuelle Daten (wie Favoriten) verwaltet werden können – ähnlich wie bei Netflix, wo Sie nach der Anmeldung Zugriff auf eine personalisierte Watchlist haben. Eine Nutzerauthentifizierung ist eine grundlegende Voraussetzung für jede Multiuser-Anwendung. Für die Favoritenfunktion führen wir außerdem eine einfache Datenbanknutzung ein, denn damit jemand einen Film dauerhaft als Favoriten markieren kann, muss diese Information ebenfalls dauerhaft gespeichert werden, da sie ansonsten beim Neuladen der App nicht mehr zur Verfügung steht. Wir werden dafür *Supabase* verwenden, ein beliebtes Backend-as-a-Service, das Datenbank, Authentifizierung und Speicher bereitstellt. Bolt lässt sich out-of-the-Box mit Supabase verbinden (*https://oreil.ly/BNRMW*). Supabase stellt im Wesentlichen eine Cloud-Datenbank (auf Basis von PostgreSQL) sowie ein System zur Benutzerauthentifizierung mit sehr geringem Einrichtungsaufwand bereit.

Im Verlauf dieses Kapitels wird sich der Movie Explorer von einer reinen Browsing-App in eine interaktivere, personalisierte Web-App verwandeln. Nutzerinnen und Nutzer können dann:

- ein Konto anlegen (oder ein Dummy-Testkonto verwenden),
- sich in der App an- und abmelden,

- im angemeldeten Zustand Filme als Favoriten markieren,
- eine Liste ihrer Lieblingsfilme (mit Details wie Filmplakat und Titel) auf einer separaten Seite oder in einem eigenen Bereich anzeigen lassen sowie
- einen Film bei Bedarf wieder aus der Favoritenliste entfernen.

Am Ende dieses Kapitels werden Sie außerdem wissen, wie Bolt mit minimalem Coding-Aufwand eine Datenbank und einen Authentifizierungsdienst integriert.

Das Kapitel ist zugleich für Leserinnen und Leser ohne Entwicklungshintergrund eine erste Einführung in Backend-Konzepte. Wir besprechen, wie Daten in Tabellen gespeichert werden (vergleichbar mit Tabellenkalkulationen in der Cloud), wie die Daten einzelner Nutzer mithilfe von User-IDs und Authentifizierung getrennt und sicher verwaltet werden, wie Daten vom Frontend in das Backend fließen (beim Markieren eines Films als Favorit) und wieder zurück in die App gelangen (beim Abrufen der Favoriten).

Das mag zunächst kompliziert klingen, aber Bolt vereinfacht diese Aufgabe deutlich, da es einen Großteil der aufwendigen Arbeit übernimmt, etwa die Anbindung an Supabase und das Schreiben des Codes für die Interaktion mit der Datenbank. Sie werden Bolt weiterhin mit klaren Anweisungen steuern und dabei gleichzeitig mehr darüber erfahren, was »unter der Haube« passiert.

Supabase-Setup

Bevor Sie Favoriten und Authentifizierung implementieren, müssen Sie ein Supabase-Konto anlegen, Bolt mit Supabase verbinden, ein Supabase-Projekt einrichten und einen Supabase-API-Key abrufen.

Ein Supabase-Konto erstellen

Supabase bietet einen kostenlosen Tarif. Registrieren Sie sich (*https://supabase.com*) mit GitHub oder einer E-Mail-Adresse. Die Integration in Bolt erlaubt zwar auch eine direkte Anmeldung, der Zugriff auf die Konsole ist für die Einrichtung jedoch hilfreich.

Supabase mit Bolt verbinden

Bolt kann direkt mit Supabase verbunden werden. Gehen Sie auf der Bolt-Startseite oder der Projektseite zu *Settings* → *Applications* → *Supabase* und klicken Sie auf *Connect*. Bolt wird Sie auffordern, sich bei Supabase anzumelden. Verwenden Sie dafür die gerade von Ihnen angelegten Zugangsdaten. Damit autorisieren Sie Bolt, Ihre

Supabase-Projekte zu verwalten. Aber keine Sorge: Bolt führt nur Aktionen aus, zu denen Sie es explizit auffordern.

Nach erfolgreicher Verbindung sollten Sie in der Bolt-Projektoberfläche eine Option *Connect to Supabase* sehen, typischerweise als Button oder Link oben rechts.

Supabase-Projekt mit einer Favoriten-Tabelle einrichten

Um mit Supabase loszulegen (*https://oreil.ly/U7yLn*), müssen Sie zunächst eine Organisation anlegen, in der sie anschließend Projekte erstellen können. Diese Struktur hilft dabei, Ihre Arbeit zu organisieren und unterschiedliche Aspekte Ihrer Anwendungen zu verwalten.

Wenn Sie ein Projekt erstellen, generiert Supabase eine Projekt-URL der Form *https://xyzcompany.supabase.co*. Zusätzlich wird ein anonymer öffentlicher API-Schlüssel generiert, der sogenannte *Anon-Key*: eine lange Zeichenfolge, die typischerweise mit `ey` beginnt. Diese beiden Werte müssen Sie in Bolt hinterlegen, damit die App mit Supabase kommunizieren kann.

Es ist unkritisch, den Anon-Key in Ihrem Frontend-Code zu verwenden, da er in Kombination mit den *Row-Level-Security-(RLS-)Richtlinien* (*https://oreil.ly/0yf6y*) sicher (*https://oreil.ly/Uu8zv*) ist. RLS sorgt dafür, dass Nutzer ausschließlich auf Daten zugreifen können, für die sie eine Berechtigung haben. Man kann sich RLS wie einen Pförtner vorstellen, der jede einzelne Abfrage prüft. Daneben gibt es noch den mächtigeren Service-Role-Key (*https://oreil.ly/aHWfP*), der RLS jedoch vollständig umgeht und deshalb ausschließlich in einem sicheren Backend verwendet werden sollte – jedoch niemals im Frontend-Code von Bolt.

Sie müssen entscheiden, wie Sie die Favoritendaten strukturieren wollen. Für dieses Beispielprojekt wählen wir einen einfachen Ansatz: Wir erstellen eine Tabelle (oder *Collection*) namens `Favorites`, in der gespeichert wird, welcher Nutzer welche Filme als Favoriten markiert hat. Jeder Eintrag in `Favorites` wird Folgendes enthalten:

- eine `id` (als Primärschlüssel),
- eine `user_id` (zur Identifizierung des Nutzers, der den Eintrag gespeichert hat) und
- einige Filminformationen (mindestens eine `movie_id` von TMDB, optional zusätzlich Titel oder Filmplakat zur Vereinfachung).

Standardmäßig stellt Supabase eine Tabelle `auth.users` bereit, um Benutzerkonten zu speichern, und weist jedem Nutzer eine eindeutige `id` zu. Diese `user_id` verwenden wir, um die Tabelle `Favorites` mit dem jeweiligen Nutzer zu verknüpfen.

So richten Sie die Favorites-Tabelle über die Weboberfläche von Supabase ein:

1. Erstellen Sie die Tabelle. Öffnen Sie im Supabase-Projekt-Dashboard den *Table Editor* und erstellen Sie eine neue Tabelle namens `favorites`.
2. Fügen Sie eine Spalte `user_id` hinzu. Setzen Sie den Typ auf `UUID`. Wenn die UI es erlaubt, aktivieren Sie die Option, diese Spalte als Fremdschlüssel (*Foreign Key*) mit `auth.users.id` zu verknüpfen. Falls nicht, speichern Sie die UUID einfach manuell.
3. Fügen Sie eine Spalte `movie_id` hinzu. TMDB-IDs sind Ganzzahlen (*Integers*), verwenden Sie daher für die Spalte `movie_id` den Typ `integer`.
4. Optional: Fügen Sie `movie_title` und `poster_path` (Text) hinzu. Das dupliziert zwar Daten, beschleunigt und vereinfacht die App aber, da beim Anzeigen der Favoriten keine zusätzlichen TMDB-API-Anfragen mehr erforderlich sind.
5. Fügen Sie eine Zeitstempelspalte namens `created_at` hinzu. Setzen Sie deren Standardwert auf `now()`, um zu erfassen, wann ein Favorit hinzugefügt wurde.
6. Legen Sie den Primärschlüssel fest. Supabase fügt standardmäßig eine eindeutige `id`-Spalte hinzu (als Integer oder UUID). Diese Voreinstellung können Sie beibehalten; sie eignet sich gut zur eindeutigen Identifikation einer Zeile.
7. Aktivieren Sie RLS. Das ist zwingend erforderlich, damit der Anon-Key in Kombination mit dem nutzerspezifischen Datenzugriff sicher verwendet werden kann. Sobald RLS aktiv ist, kann zunächst niemand mehr auf die Tabelle zugreifen, bis explizite Richtlinien definiert sind.
8. Erstellen Sie benutzerspezifische Richtlinien (*Policies*). Supabase stellt dafür Vorlagen bereit, wie z.B. »Users can select/insert their own rows«. Verwenden Sie eine Policy wie `CREATE POLICY ... USING (user_id = auth.uid());` sowohl für `SELECT` als auch für `INSERT`. Dadurch wird sichergestellt, dass jeder angemeldete Nutzer nur solche Zeilen sehen bzw. hinzufügen kann, bei denen die `user_id` seiner eigenen UID entspricht.

Nutzertrennung: UID versus UUID

Ein *Universally Unique Identifier* (UUID) ist ein 128-Bit-Identifier, der in der Regel als zufallsbasierte, nicht sprechende Zeichenfolge dargestellt wird und zur systemübergreifend eindeutigen Identifikation dient. UUIDs eignen sich besonders gut für die Speicherung von Nutzerkennungen wie der `user_id`.

In Supabase bezeichnet die *User ID* (UID) die Kennung des authentifizierten Nutzers, die über `auth.uid()` bereitgestellt wird. Auch diese UID ist technisch gesehen eine UUID. In der Praxis vergleicht Supabase daher den Wert in der

Spalte `user_id` (UUID) mit dem von `auth.uid()` gelieferten Wert (UID), um festzustellen, wem ein Datensatz gehört.

Durch den Einsatz von RLS mit Policies wie `user_id = auth.uid()` wird sichergestellt, dass jeder Nutzer ausschließlich auf seine eigenen Zeilen zugreifen kann. Dadurch wird verhindert, dass andere Nutzer diese Daten einsehen oder verändern. Dieses Prinzip bezeichnet man als *Nutzertrennung*. Man kann sich das wie einen digitalen Zaun vorstellen, der Nutzerdaten automatisch voneinander trennt, ohne dass im Frontend zusätzliche Prüfungen erforderlich sind.

Wenn Sie diese Schritte befolgen und RLS unter Verwendung geeigneter Policies aktivieren, ist die Favoriten-Tabelle geschützt:

- Nutzer können ausschließlich ihre eigene Favoritenliste einsehen oder verändern.
- Der Frontend-taugliche Anon-Key wird verwendet.
- Es wird vermieden, dass Daten an andere Nutzer weitergegeben oder versehentlich offengelegt werden.

Die Dokumentation und die Benutzeroberfläche von Supabase unterstützen Sie bei diesen Schritten. RLS ist für die Sicherheit entscheidend, aber falls Ihnen der Umgang damit zu kompliziert ist, können Sie RLS während der Entwicklung auch deaktivieren. Das hat allerdings zur Folge, dass jeder Nutzer die Favoriten aller anderen sehen kann. Für den Produktivbetrieb ist das ungeeignet, zum Testen jedoch akzeptabel. Ich werde Ihnen jedoch den korrekten Weg zeigen, der als Best Practice gilt.

Sobald alles korrekt eingerichtet ist, kann der Supabase-Anon-Key (den Bolt im Frontend verwendet) ausschließlich über die erlaubten Policies auf die Favoriten-Tabelle zugreifen.

Authentifizierung mit Supabase integrieren

Beginnen wir nun mit der Integration von Supabase für die Authentifizierung. Diese Funktionserweiterung ist etwas aufwendiger als die bisherigen; planen Sie also etwas Zeit ein und bringen Sie ein klein wenig Geduld mit. Im Prinzip handelt es sich dabei um Full-Stack-Entwicklung – also um das Zusammenspiel von Frontend und Backend. Glücklicherweise kümmert sich auch hier Bolt um einen Großteil der damit verbundenen Komplexität.

Öffnen Sie Ihr Movie-Explorer-Projekt aus Kapitel 5. Falls es nicht (oder nicht mehr) vorhanden ist, können Sie es wiederherstellen, indem Sie die Schritte aus Kapitel 5 erneut ausführen oder diese für Bolt zusammenfassen, um das Projekt zügig neu erstellen zu lassen. Idealerweise arbeiten Sie im bisherigen Projekt weiter und behalten den bestehenden Code bei.

Der erste Schritt besteht darin, unserer App Nutzerkonten hinzuzufügen, damit sich Personen mit E-Mail und Passwort registrieren und anschließend anmelden können. Die Authentifizierung mithilfe von Supabase ähnelt dabei anderen bekannten Systemen: Supabase verwaltet Nutzerdaten in einer Datenbank und stellt einfache APIs für Registrierung, Anmeldung und Abmeldung bereit. Sie benötigen keinerlei Vorerfahrung mit Firebase oder anderen Plattformen, um loszulegen. Der Einstieg ist unkompliziert und leicht verständlich.

In Ihrer App können Sie den Log-in- und den Registrierungsablauf nach Belieben gestalten, entweder über eine separate */login*-Seite oder ein modales Pop-up. Um dieses Tutorial möglichst einfach zu halten, verwenden wir eine dedizierte */login*-Seite.

Bolt-Projekt mit Supabase verbinden

Bevor Sie mit Prompts zur Codegenerierung beginnen, müssen Sie sicherstellen, dass Bolt die Details Ihres Supabase-Projekts kennt. Wenn Sie *Settings → Applications → Supabase → Connect* gewählt haben, ist Bolt bereits autorisiert.

Klicken Sie nun innerhalb Ihres Bolt-Projekts auf *Connect to Supabase*. Diese Option wird in der Bolt-UI in der Regel angezeigt, sobald Supabase global verbunden ist. Bolt wird Sie daraufhin auffordern, entweder ein bestehendes Projekt zu verwenden oder ein neues anzulegen. Wählen Sie das Projekt aus, das Sie zuvor in Supabase erstellt haben. Es wird normalerweise mit Projektnamen angezeigt.

Sobald die Verbindung hergestellt ist, wird Bolt vermutlich Ihre Supabase-Zugangsdaten automatisch in die Umgebung oder in das Projekt einfügen und gegebenenfalls die Bibliothek *@supabase/supabase-js* installieren, den offiziellen JavaScript-Client für Supabase. Prüfen Sie, ob Bolt im Hintergrund beispielsweise einen Ordner *supabase* oder eine Konfigurationsdatei mit der URL und dem Anon-Key hinzugefügt hat.

Ab jetzt kann Bolt auf Supabase zugreifen.

Bolt per Prompt um eine Authentifizierungs-UI erweitern

Beginnen wir nun mit dem Prompting. Weisen Sie Bolt an, ein Registrierungs- und Log-in-System zu erstellen:

> Ergänze die App um eine Benutzerauthentifizierung mit Supabase. Erstelle eine Seite oder ein Modal, damit sich Nutzer mit E-Mail-Adresse und Passwort registrieren oder anmelden können. Füge Felder für E-Mail-Adresse und Passwort sowie Buttons für »Registrieren« und »Anmelden« hinzu. Nach erfolgreicher Anmeldung soll die App anstelle des Log-in-Formulars die E-

Mail-Adresse des Nutzers (oder eine Willkommensnachricht) sowie eine Log-out-Option anzeigen.

Das ist ein längerer Prompt, weil sich Bolt »in einem Rutsch« gleich um mehrere Aspekte kümmern soll, darunter:

- Die UI für Registrierung und Anmeldung. Der Einfachheit halber platzieren wir beide Varianten auf einer gemeinsamen Seite, entweder mit einem entsprechenden Umschalter oder einfach als zwei getrennte Formulare.
- Aufrufe von `supabase.auth.signUp({...})` und `supabase.auth.signIn({...})`, den Authentifizierungsfunktionen von Supabase.
- Die Verwaltung des Auth-States (also zu wissen, welcher Nutzer angemeldet ist und ob überhaupt eine Anmeldung besteht).
- Die Anpassung der UI nach dem Log-in (Ausblenden des Auth-Formulars und Anzeigen von »Hallo, user@example.com (*mailto:user@example.com*)« sowie eines Log-out-Buttons).

Bolt sollte als Antwort auf diesen Prompt eine neue Komponente oder Seite mit einem Namen wie *AuthPage.jsx* erstellen oder die entsprechende Logik direkt in die App integrieren. Falls der Supabase-JavaScript-Client noch nicht installiert ist, wird Bolt das nachholen und ihn anschließend mit unserer Projekt-URL und dem Anon-Key initialisieren. Das könnte in einer Konfigurationsdatei oder direkt im Code erfolgen, etwa so:

```
import { createClient } from '@supabase/supabase-js';

const supabaseUrl = "https://YOURID.supabase.co";

const supabaseKey = "YOUR_ANON_KEY";

const supabase = createClient(supabaseUrl, supabaseKey);
```

Wenn Bolt die Umgebung bereits beim Verbinden mit Supabase vorbereitet hat, greift es möglicherweise auf diese Konfiguration – typischerweise über Umgebungsvariablen oder ein bereitgestelltes Konfigurationsobjekt – zurück, anstatt Werte fest zu codieren.

Um die UI zu erstellen, wird Bolt wahrscheinlich ein Formular mit Eingabefeldern für E-Mail-Adresse und Passwort sowie zwei Buttons – oder einen Button mit Moduswechsel – erstellen, wie in Abbildung 6.1 dargestellt. Wenn sie angeklickt werden, rufen diese Buttons Supabase auf – zur Registrierung typischerweise mit `supabase.auth.signUp({ email, password })` und für die Anmeldung mit `supabase.auth.signInWith Password({ email, password })`. Die genauen API-Calls können je nach verwendeter Version des Supabase-Clients variieren. Wenn die Registrierung eine E-Mail-Bestätigung erfordert, versendet Supabase standardmäßig eine entsprechende E-Mail.

Sobald sich ein Nutzer einloggt, speichert Bolt den Anmeldestatus. Dazu kann beispielsweise `useState` verwendet werden, um den Nutzer zu speichern, oder `supabase.auth.onAuthStateChange`, um zu verfolgen, ob ein Nutzer angemeldet ist. Zusätzlich passt Bolt die Haupt-App oder den Header an, um den Authentifizierungsstatus widerzuspiegeln. Wenn es einen angemeldeten Nutzer gibt, zeigt es eine Begrüßung und einen Log-out-Button an. Falls nicht, zeigt es einen Log-in-Link oder -Button an, um das Auth-Formular zu öffnen (siehe Abbildung 6.1). Abschließend implementiert Bolt die Logik, um beim Klick auf den Log-out-Button `supabase.auth.signOut()` aufzurufen.

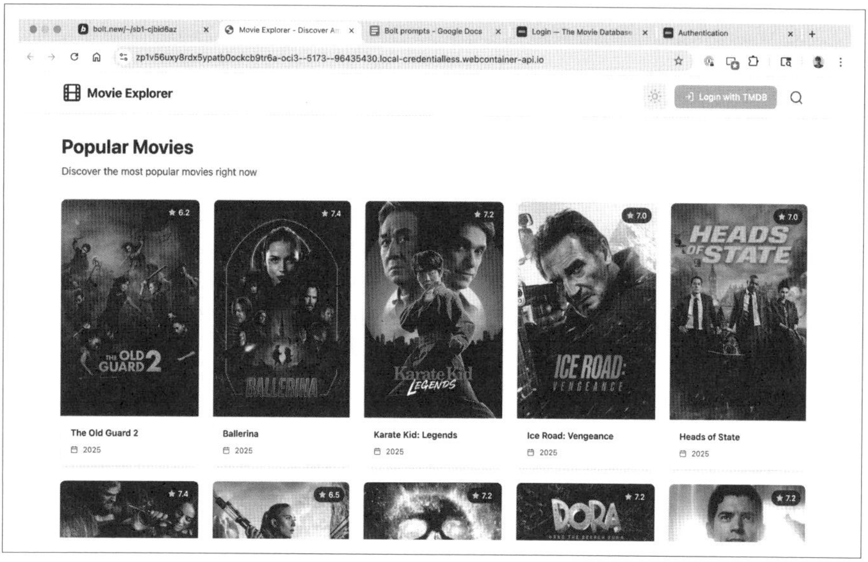

Abbildung 6.1: Die Movie-Explorer-App fordert den Nutzer zur Anmeldung mit TMDB-Zugangsdaten auf (siehe Button oben rechts).

Bolt muss also eine ganze Menge auf einmal erledigen. Vermutlich setzt es auch einen Großteil der Anforderungen um, allerdings müssen wir eventuell einige Ergebnisse nachträglich verfeinern, zum Beispiel:

- Falls Bolt eine separate */login*-Seite bereitstellt, sollten wir dies möglicherweise durch eine einfachere Lösung ersetzen, beispielsweise eine einzige Seite mit einem Formular, über das sowohl die Registrierung als auch die Anmeldung abgewickelt werden können. Wir könnten den Code so anpassen lassen, dass nach dem Log-in zur Startseite zurückgekehrt oder das Formular einfach ausgeblendet wird.
- Falls Bolt dies nicht von selbst umsetzt, müssen wir gegebenenfalls eine *Anmelden*-Option im Header ergänzen, die erscheint, wenn kein Nutzer angemeldet ist.

Nach diesen eventuell notwendigen Anpassungen des Bolt-Vorschlags testen wir das Ergebnis. Die App sollte nun ein Log-in-Formular anzeigen (siehe Abbildung 6.2).

Versuchen Sie, einen neuen Nutzer zu registrieren (verwenden Sie eine Testadresse wie test@ example.com (*mailto:test@example.com*) und ein einfaches Passwort), und beobachten Sie dabei die Bolt-Konsole. Falls Fehler auftreten, können Sie zusätzlich ein `console.log` einbauen, um mehr Details zu sehen. Supabase gibt normalerweise entweder ein `user`-Objekt oder einen Fehler zurück.

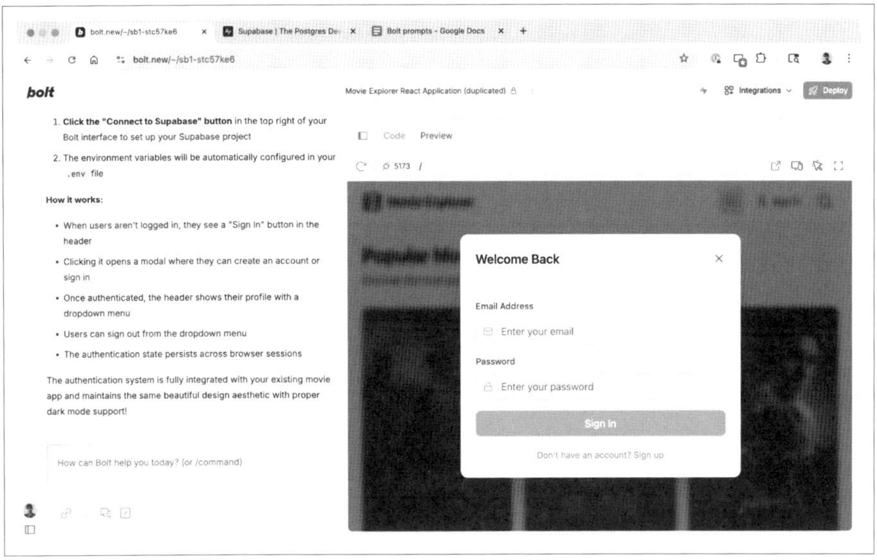

Abbildung 6.2: Das Anmelde-Modal mit E-Mail- und Passwortfeldern als Teil des Authentifizierungs-Flows

Ist die E-Mail-Bestätigung in den Supabase-Auth-Einstellungen (Option *Confirm email*) deaktiviert, wird der Nutzer nach der Registrierung sofort eingeloggt. Ist sie aktiviert, enthält das `user`-Feld möglicherweise den Wert null, und Sie erhalten eine Meldung wie »Verification email sent«. Für Lernzwecke können Sie die E-Mail-Bestätigung problemlos ausschalten.

Melden Sie sich anschließend ab und melden Sie sich mit denselben Zugangsdaten erneut an. Nach dem Log-in sollte die UI darauf reagieren, etwa mit einer Meldung wie »Willkommen, test@example.com (*mailto:test@example.com*)!« (siehe Abbildung 6.3). Stellen Sie sicher, dass das Log-in-Formular nicht mehr sichtbar ist.

Falls etwas nicht funktioniert, prüfen Sie, ob der Supabase-Client mit der korrekten URL und dem richtigen API-Schlüssel initialisiert wurde. Da wir die Connect-Funktionalität von Bolt verwendet haben, sind die Schlüssel möglicherweise nicht direkt im Code sichtbar, sondern in einer von Bolt verwalteten Umgebung hinterlegt. Wenn es dennoch nicht funktioniert, können Sie Bolt explizit per Prompt anweisen, den Schlüssel zu verwenden, etwa so:

Verwende als Supabase-URL und Key zur Initialisierung des Clients die folgenden Angaben: [url] [key].

Prüfen Sie außerdem, ob die in Supabase Auth konfigurierte Site-URL `localhost` enthält (oder eine andere Domain, die für die Bolt-interne Vorschau verwendet wird), da Supabase Weiterleitungen standardmäßig einschränken könnte. Bolt nutzt für den WebContainer in der Regel eine `localhost`-Variante. Fügen Sie in Supabase unter *Settings → Auth → URL Configuration* die Adresse *http://localhost:3000* als erlaubte URL hinzu (ersetzen Sie das gegebenenfalls durch die entsprechende Domain). Andernfalls könnte es bei OAuth- oder Magic-Link-Flows zu Fehlern kommen (bei E-Mail/Passwort funktioniert es aber normalerweise).

Überprüfen Sie eingeloggt auch, ob Supabase die Session beim Aktualisieren der Seite beibehält. (Supabase speichert das Auth-Token im Local Storage.) Der Entwicklungsserver von Bolt wird möglicherweise neu gestartet, wenn der zugrunde liegende Container neu geladen wird. Bleibt die Verbindung jedoch bestehen, kann der Supabase-Client die Sitzung des Nutzers wiederherstellen, zum Beispiel über `auth.getUser()`. Bolt kann eine entsprechende Logik implementieren.

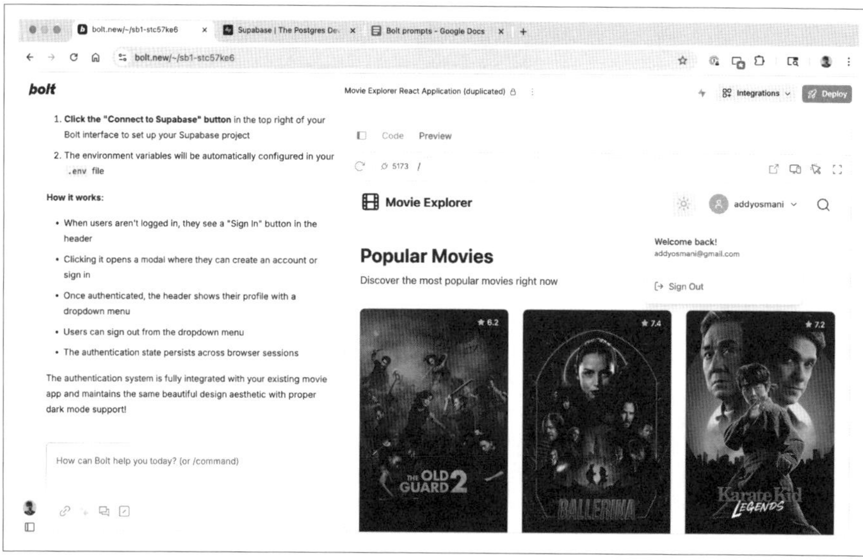

Abbildung 6.3: Nach dem Log-in zeigt der Header der Anwendung oben rechts ein Profil des Nutzers mit E-Mail-Adresse und einem Abmeldemenü.

Die Integration der Authentifizierung ist ein entscheidender Schritt. Sobald sie funktioniert, wird die Arbeit mit Favoriten einfacher, weil wir sie über eine `user_id` eindeutig einem bestimmten Nutzer zuordnen können. Nachdem diese Voraussetzung geschaffen ist, können wir uns nun den Favoriten widmen.

Favoritenfunktion implementieren

Da die Authentifizierung jetzt steht, können wir es eingeloggten Nutzerinnen und Nutzern ermöglichen, ihre Lieblingsfilme in einer Favoritenliste zu speichern. Folgendes werden wir Bolt auftragen:

- Ergänze in den Filmlisten und auf den Detailseiten einen *Favorit*-Button (als Herz- oder Sternsymbol).
- Stelle sicher, dass nur eingeloggte Nutzerinnen und Nutzer Filme als Favoriten markieren können: Klickt ein Nutzer auf den *Favorit*-Button, ohne angemeldet zu sein, soll die App ihn zum Log-in auffordern.
- Wenn ein eingeloggter Nutzer auf *Favorit* klickt, soll die App diesen Favoriten in Supabase speichern.
- Stelle dem Nutzer eine Möglichkeit bereit, seine Favoritenliste einzusehen. Das könnte eine separate Seite namens *Meine Favoriten* sein mit einem Raster, das alle favorisierten Filme mit Filmplakaten, Titeln usw. auflistet – analog zum Raster auf der Startseite.
- Ermögliche es Nutzern, Filme wieder zu entfernen, entweder durch erneutes Klicken auf das Herz oder über einen *Entfernen*-Button auf der Favoritenseite.

Setzen wir das schrittweise um.

Favorit-Button hinzufügen

Wo und wie sollen Nutzer Filme als Favoriten markieren können? Am besten auf den Filmdetailseiten über einen *Zu Favoriten hinzufügen*-Button. Zusätzlich könnten wir auf jeder Movie-Card der Startseite ein kleines Herzsymbol im Filmplakat anzeigen (siehe Abbildung 6.4).

Vorerst fügen wir den Button nur den Detailseiten hinzu:

> Ergänze auf der Filmdetailseite einen »Zu Favoriten hinzufügen«-Button. Wenn ein Nutzer nicht eingeloggt ist, soll ein Klick darauf zum Einloggen auffordern (z.B. Weiterleitung zur Log-in-Seite oder Anzeigen einer Meldung). Ist er oder sie eingeloggt ist, soll ein Klick den Film in Supabase als Favorit speichern (in der Tabelle favorites mit Nutzer-ID und Film-ID). Ändere nach dem Klick den Zustand oder den Text des Buttons, damit deutlich wird, dass der Film als Favorit markiert wurde.

Dieser Prompt weist Bolt an, auf der `MovieDetailsPage` einen Button mit der Beschriftung *Zu Favoriten hinzufügen* zu integrieren.

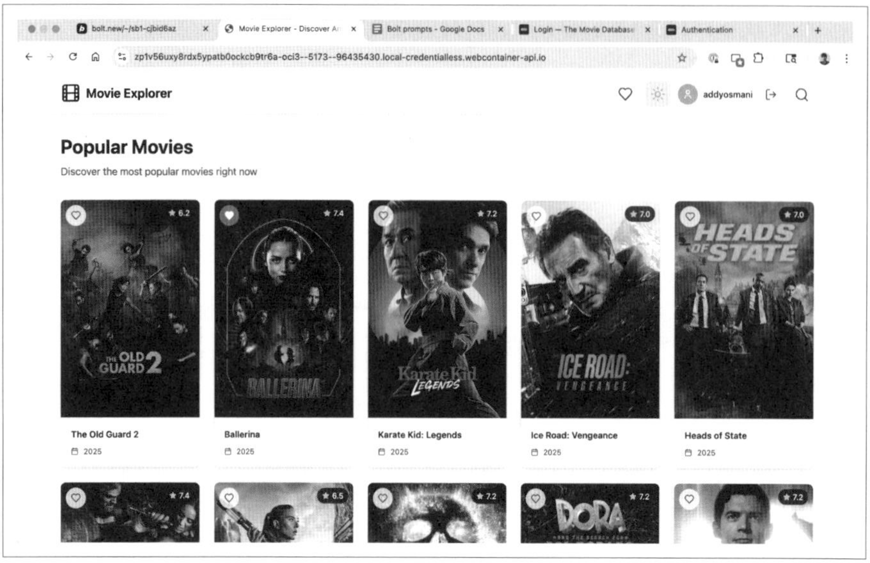

Abbildung 6.4: Die Ansicht der Startseite nach dem Einloggen – mit einigen Filmen, die als Favoriten markiert wurden

Um zu prüfen, ob der Nutzer eingeloggt ist, fügt Bolt einen `onClick`-Handler hinzu, der den Authentifizierungsstatus überprüft. Ist kein Nutzer eingeloggt, navigiert die App entweder zur Log-in-Seite oder zeigt eine Meldung an, etwa: »Bitte melde dich an, um Filme zu favorisieren.«

Die entsprechende Komponente (in diesem Fall `MovieDetailsPage`) benötigt Zugriff auf den aktuell angemeldeten Nutzer. Dafür gibt es drei Möglichkeiten. Sie können:

- das User-Objekt als Prop übergeben,
- einen globalen State verwenden oder
- Nutzerinformationen mit React Context teilen.

Der von Bolt generierte Code sollte prüfen, ob der Wert von `user` truthy ist, bevor entschieden wird, wie der Klick behandelt wird. *Truthy* bezeichnet einen Wert, der in einem booleschen Kontext als wahr (*true*) angesehen wird, auch wenn es sich dabei nicht explizit um den booleschen Wert `true` handelt.

Für den Fall, dass der Nutzer angemeldet ist, ergänzt Bolt eine Logik, die die App anweist, über Supabase einen Eintrag in der Favoriten-Tabelle vorzunehmen:

```
supabase.from('favorites').insert({

  user_id: user.id,

  movie_id: currentMovie.id,
```

```
    movie_title: currentMovie.title,
    poster_path: currentMovie.poster_path
  });
```

Die Daten des aktuellen Films (`currentMovie`) sollten weiterhin verfügbar sein, da sie beim Laden der Detailansicht bereits abgefragt wurden und sich in der Regel im State der Detailseite befinden. Sobald der Favorit in der Datenbank gespeichert ist, sollte die App den Button *Zu Favoriten hinzufügen* deaktivieren oder dessen Text in *Favorit* umwandeln.

Bolt wird möglicherweise auch Fehlerfälle berücksichtigen. So kann es etwa passieren, dass ein Nutzer denselben Film mehrfach favorisiert. Je nach Konfiguration fügt Supabase dann entweder ein Duplikat ein oder gibt – wenn in der Datenbank eine Eindeutigkeitsbeschränkung definiert wurde – einen Fehler zurück. Wir könnten Duplikate also verhindern, indem wir `user_id` und `movie_id` in der DB als zwingend eindeutig definieren. Für dieses Tutorial ist das jedoch nicht unbedingt erforderlich – wir können das Problem auf UI-Ebene lösen, indem der Favoriten-Button nach dem ersten Klick deaktiviert wird.

Jetzt ist es an der Zeit, das neue Feature zu testen! Prüfen Sie dazu zunächst den Favoriten-Button im ausgeloggten Zustand. Sie sollten entweder eine Meldung erhalten, die Sie zur Anmeldung auffordert, oder direkt zur Log-in-Seite weitergeleitet werden. Falls es noch keine automatische Weiterleitung zur Log-in-Seite gibt, können Sie Bolt gegebenenfalls mit einem weiteren Prompt dazu veranlassen:

> Wenn ein Nutzer versucht, einen Favoriten hinzuzufügen, ohne angemeldet zu sein, leite ihn auf die Seite `/login` weiter und leite ihn nach dem Log-in zurück zur zuvor geöffneten Filmdetailseite.

Melden Sie sich anschließend an, navigieren Sie zu einer Filmdetailseite und klicken Sie auf *Zu Favoriten hinzufügen*. Überprüfen Sie die Logs von Bolt oder die Daten in der Tabelle `favorites` in der Supabase-Web-UI, um zu schauen, ob der Eintrag hinzugefügt wurde. Sie sollten dort eine Zeile mit der UUID des Nutzers und der Film-ID finden.

Hat sich der Text des Buttons in *Favorit* geändert bzw. wurde er deaktiviert? Laden Sie nun die Detailseite neu. Möglicherweise merkt sich die App den Favoritenstatus noch nicht, solange dieser nicht in der Datenbank abgefragt wird (das ist bis jetzt noch nicht implementiert). In diesem Fall kann es sein, dass der Button wieder *Zu Favoriten hinzufügen* anzeigt, weil die Komponente nicht weiß, dass der Film bereits als Favorit markiert wurde. Wir werden eine Favoritenseite implementieren, auf der dieser Zustand dauerhaft sichtbar ist.

Seite »Meine Favoriten« hinzufügen

Jetzt erstellen wir eine Seite, mit der Nutzer sich ihre favorisierten Filme anzeigen lassen können. Diese Seite liest die Favoritenliste aus der Datenbank aus und stellt die Filme in einem Grid dar, ähnlich wie auf der Startseite:

> Erstelle eine »Meine Favoriten«-Seite, auf der alle Filme aufgelistet werden, die der eingeloggte Nutzer als Favoriten gespeichert hat. Jeder Favorit soll das Filmplakat und den Titel anzeigen, genau wie bei den Movie-Cards. Der Nutzer soll einen Favoriten anklicken können, um zur Detailseite des entsprechenden Films zu gelangen. Zusätzlich soll bei jedem Eintrag ein Entfernen-Button (oder ein Symbol zur »Entfavorisierung«) vorhanden sein, mit dem der Nutzer den Film aus den Favoriten entfernen kann. Auf diese Seite dürfen nur eingeloggte Nutzer zugreifen; ist kein Nutzer eingeloggt, fordere zum Log-in auf.

Bolt sollte als Reaktion auf diesen Prompt eine neue Komponente namens `FavoritesPage` erstellen. Beim Laden ruft diese Seite ein Array von Favoriteneinträgen für den aktuellen Nutzer aus Supabase ab:

```
const { data: favorites } = await supabase.from('favorites')
.select('*').eq('user_id', user.id);
```

Wir haben `movie_title` und `poster_path` an früherer Stelle bewusst mitgespeichert, sodass wir diese Informationen nun direkt anzeigen können. Wenn wir stattdessen stets aktuelle Daten verwenden möchten und zusätzliche API-Aufrufe in Kauf nehmen, könnten wir Bolt auch alternativ anweisen, für jeden Favoriten die vollständigen Filmdetails erneut über TMDB abzurufen. Die App wird die neue Favoritenliste ähnlich rendern wie die aktuell populären Filme auf der Startseite:

```
favorites.map(fav => (

  <div key={fav.id} className="movie-card">

    <img src={`https://image.tmdb.org/t/p/w200${fav.poster_path}`}
    alt={fav.movie_title} />

    <h3>{fav.movie_title}</h3>

    <button onClick={() => removeFavorite(fav.id)}>Remove</button>

  </div>

))
```

Die neue Funktion `removeFavorite` ruft Supabase auf und aktualisiert anschließend den State, um den Film aus der Liste zu entfernen (siehe Abbildung 6.5):

```
supabase.from('favorites').delete().eq('id', favId)
```

Zusätzlich sollte Bolt jeden Eintrag mit einem Link zur jeweiligen Filmdetailseite (`/movie/{movie_id}`) umschließen, sodass der Nutzer durch einen Klick auf eine Card zu den Detailinformationen des Films navigieren kann.

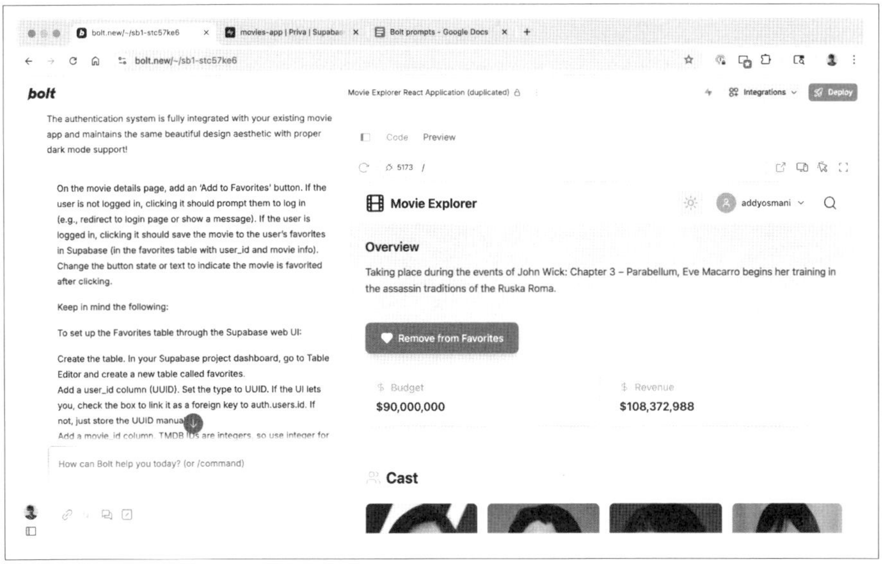

Abbildung 6.5: Die Filmdetailseite mit einer Option, um den Film aus den Favoriten zu entfernen

Wie schon beim Button gilt auch hier: Klickt der Nutzer auf *Meine Favoriten*, ohne angemeldet zu sein, soll die App ihn entweder zur Log-in-Seite weiterleiten oder eine Meldung anzeigen, etwa »Bitte melden Sie sich an, um Ihre Favoriten zu sehen«.

Bolt wird auch einen Link zur Favoritenseite hinzufügen, wahrscheinlich im Header oder in der Navigationsleiste. Wenn Sie React Router verwenden, definieren Sie eine Route */favorites*, die auf `FavoritesPage` zeigt. Wenn Sie Next.js verwenden, erstellen Sie *pages/favorites.js*.

Sobald diese Ergänzungen implementiert sind, ist es wieder an der Zeit für einen Test. Melden Sie sich an und markieren Sie über die Detailseite wie zuvor einige Filme als Favoriten. Navigieren Sie anschließend über den von Bolt hinzugefügten Link – oder manuell, falls der Link fehlt – zur Seite *Meine Favoriten*. Dort sollten Sie eine Liste der von Ihnen favorisierten Filme inklusive ihrer Filmplakate sehen (siehe Abbildung 6.6).

Wird die Favoritenliste auch nach dem Hinzufügen von Filmen nicht angezeigt, wurde die Abfrage möglicherweise nicht ausgeführt, oder die Daten wurden nicht korrekt gespeichert. Prüfen Sie, ob die `user.id` in der `favorites`-Tabelle exakt mit der ID des Supabase-Benutzers übereinstimmt (wenn wir alles korrekt eingefügt haben, sollte das der Fall sein).

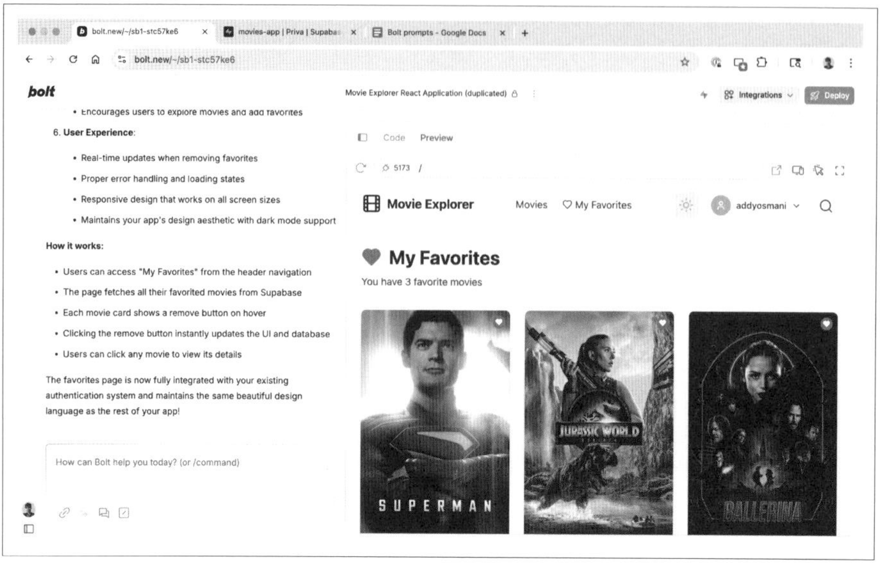

Abbildung 6.6: Auf der Seite »Meine Favoriten« werden – als Ergebnis einer Supabase-Abfrage – alle Filme gezeigt, die vom Nutzer entsprechend markiert wurden.

Klicken Sie bei einem favorisierten Eintrag auf *Entfernen*. Der Film sollte daraufhin aus der Liste verschwinden. Prüfen Sie in der Supabase-Tabelle, ob der entsprechende Eintrag tatsächlich gelöscht wurde. Klicken Sie anschließend auch auf das Bild oder den Titel eines favorisierten Films: Sie sollten dadurch zur Detailseite dieses Films gelangen.

Melden Sie sich nun ab und versuchen Sie anschließend, die Favoritenseite direkt über die URL aufzurufen. Die App sollte den Zugriff verhindern oder einen leeren Zustand mit einer Aufforderung zur Anmeldung anzeigen.

Stellen Sie nach dem Abmelden sicher, dass die Favoritenseite und alle anderen nutzerspezifischen Daten aus dem State entfernt wurden. Bolt leert den State der Favoritenliste beim Log-out möglicherweise nicht automatisch. Da wir festgelegt haben, dass die Favoritenseite bei abgemeldeten Nutzern gar nicht gerendert werden soll, wird die App beim erneuten Log-in eine frische Abfrage ausführen.

Wird RLS mit der korrekten Policy verwendet, liefern die Supabase-Abfragen wie gewünscht ausschließlich die Daten des aktuell angemeldeten Nutzers zurück. Ist RLS hingegen nicht aktiviert, könnte der Client eines beliebigen Nutzers durch eine manipulierte Abfrage theoretisch die Favoriten *aller* Nutzer abrufen, was natürlich ein Sicherheitsproblem darstellt. Stellen Sie daher sicher, dass RLS aktiviert ist, insbesondere im Produktivbetrieb.

Zeigt RLS beim Testen Berechtigungsfehler (401) an, wenn Favoriten ausgewählt oder hinzugefügt werden, bedeutet dies, dass die Policy diese Aktionen aktuell nicht erlaubt. Möglicherweise hat Bolt beim Einfügen vergessen, die `user_id` zu setzen. Ist die `user_id` beim Insert null oder falsch, verweigert die Policy sowohl das Einfügen als auch das Auslesen von Favoriten. Zwar setzt unser Code diese Policy explizit, solange aber die Registrierung eines neuen Nutzers noch nicht per E-Mail bestätigt wurde, stimmt `auth.uid()` unter Umständen nicht mit der erwarteten Nutzer-ID überein. In diesem Fall würden wir zur Fehlersuche die durch die Supabase-Aufrufe ausgelösten Fehlermeldungen prüfen.

Häufige Probleme und Troubleshooting

Im Folgenden finden Sie einige typische Probleme, auf die Sie stoßen könnten, sowie Hinweise zu deren Behebung.

Autorisierungsprobleme

Die Authentifizierung ist bisweilen etwas knifflig. Zu den häufiger auftretenden Problemen bei Registrierung, Anmeldung und Kontoverwaltung gehören:

Die E-Mail-Adresse wird nicht akzeptiert.
: Wenn Sie bei der Registrierung einen Fehler wie »Email already registered« (von Supabase) sehen, verwenden Sie eine andere E-Mail-Adresse, oder Sie loggen sich stattdessen mit dieser Adresse ein. Lautet die Fehlermeldung »Invalid login credentials«, überprüfen Sie, ob Sie Ihre E-Mail-Adresse korrekt eingegeben haben. Wir haben in diesem Tutorial keine Funktion zum Zurücksetzen des Passworts implementiert. Sollten Sie das Testpasswort vergessen haben, registrieren Sie sich einfach erneut mit einer anderen E-Mail-Adresse.

Beim Versuch, sich zu registrieren oder anzumelden, passiert nichts.
: Öffnen Sie die Browserkonsole (DevTools), um zu prüfen, ob ein Fehler ausgelöst wurde: Möglicherweise wurde die Supabase-Bibliothek nicht geladen. Überprüfen Sie außerdem, ob Bolt das Supabase-Skript eingebunden hat. Da wir die Supabase-Integration verwendet haben, sollte das eigentlich automatisch passieren. Falls nicht, müssen Sie eventuell `npm install @supabase/supabase-js` manuell im Terminal von Bolt ausführen oder Bolt per Prompt dazu auffordern.

Beim Log-in aktualisiert sich die UI nicht.
: Wenn die Anmeldung scheinbar funktioniert, sich die Benutzeroberfläche jedoch nicht aktualisiert, hat Bolt möglicherweise keinen State oder Kontext verwendet, um die Komponente neu zu rendern. Das lässt sich beheben, indem Sie entweder `supabase.auth.getSession()` manuell aufrufen oder den `onAuthStateChange`-Callback nutzen, um den User-State bei jeder Änderung der Session zu aktualisieren.

Probleme beim Hinzufügen von Favoriten

Mitunter reagiert die UI nicht, etwa weil Bibliotheken fehlen oder nicht gemeldete Fehler auftreten.

Wenn ein Klick auf *Zu Favoriten hinzufügen* zu einem Fehler führt oder die Änderung in der UI nicht angezeigt wird, prüfen Sie die Netzwerk- und Konsolenausgaben. Gibt Supabase einen Berechtigungsfehler zurück, wird vermutlich RLS ohne geeignete Policy verwendet. Stellen Sie in diesem Fall sicher, dass die Policy das Einfügen neuer Datensätze erlaubt.

Wird beim Insert keine `user_id` übermittelt, kann der Vorgang ebenfalls fehlschlagen, insbesondere wenn dieses Feld nicht null sein darf. Hat Bolt vergessen, die `user_id` einzufügen, passen Sie den Prompt oder den Code entsprechend an und stellen sicher, dass sie explizit gesetzt wird.

Probleme beim Abruf der Favoriten

Wenn Ihre Favoritenliste leer ist, obwohl sie Einträge enthalten sollte, liegt das möglicherweise daran, wie die User-ID abgefragt oder wie die Daten abgerufen werden:

Die Seite »Meine Favoriten« ist leer.

Wenn die Favoritenseite leer bleibt, obwohl die Tabelle Daten enthält, könnte es sein, dass in der Tabelle nicht der exakte UUID-String der `user_id` gespeichert wurde und dadurch die Abfrage ohne Treffer bleibt. Prüfen Sie im JavaScript-Client, ob die Werte von `favorites.user_id` und `user.id` exakt übereinstimmen.

Es könnte auch sein, dass Bolt vergessen hat, `.select()` korrekt aufzurufen, oder nicht auf das Ergebnis der asynchronen Abfrage gewartet hat. Wenn Sie vermuten, dass der Fetch-Code fehlerhaft sein könnte, weisen Sie Bolt per Prompt an, ihn noch einmal zu überprüfen, oder lassen Sie sich die geladenen Daten mit `console.log` in der Browserkonsole ausgeben.

Favoriten lassen sich nicht entfernen.

Wenn ein Favorit trotz eines Versuchs, ihn zu entfernen, weiterhin in der UI angezeigt wird, wurde der State nach dem Löschen möglicherweise nicht aktualisiert. In diesem Fall hat Bolt den Eintrag zwar aus Supabase entfernt, den lokalen State jedoch nicht entsprechend angepasst. Stellen Sie sicher, dass der Code die Favoritenliste nach dem Löschen aktualisiert, zum Beispiel:

```
setFavorites(favorites.filter(f => f.id !== deletedId))).
```

Alternativ können Sie die Liste nach dem Löschen auch erneut aus der Datenbank abrufen – das ist einfacher, allerdings auch weniger effizient.

Navigations- und State-Probleme

Wenn die App den Nutzer nach dem Einloggen nicht zur Startseite (oder zur zuvor aufgerufenen Seite) weiterleitet, stellen Sie sicher, dass die App erkennt, dass der Nutzer erfolgreich angemeldet ist. Bolt hat möglicherweise keine automatische Weiterleitung vorgesehen. Prompten Sie in diesem Fall:

> Gehe nach erfolgreicher Anmeldung zurück zur Startseite.

Beim Umgang mit Favoriten und der dazu nötigen Benutzerverwaltung müssen viele Teile ineinandergreifen. Wenn Sie aber die eventuell auftretenden Fehler beseitigt haben, verfügt die App jetzt über ein funktionierendes Favoritensystem.

Tipps und Best Practices

Die Arbeit mit Authentifizierung und Datenbanken bringt neue Anforderungen mit sich. Hier einige Tipps und Best Practices:

Schützen Sie Ihre Daten durch geeignete Regeln.
: Wir haben das RLS (*Row-Level Security*) von Supabase verwendet, um sicherzustellen, dass die Nutzerinnen und Nutzer ausschließlich auf ihre eigenen Favoriten zugreifen können. Das ist für Mehrbenutzeranwendungen essenziell. Wenn Sie ein anderes Backend als Supabase verwenden, sollten Sie vergleichbare Berechtigungsüberprüfungen implementieren. Obwohl Bolt die Integration sehr einfach macht, sollten Sie stets sicherstellen, dass Ihr Backend nicht unbeabsichtigt Nutzerdaten offenlegt.

Geben Sie im Frontend keine sensiblen Informationen preis.
: Unsere App verwendet einen Anon-Key, der ausdrücklich öffentlich sein darf (und der durch RLS beschränkt ist), sodass wir keine geheimen Schlüssel offengelegt haben. Falls Sie Schlüssel auf Admin-Ebene (oder andere privilegierte Keys) verwenden, dürfen diese niemals im Frontend-Code oder in der Versionsverwaltung abgelegt werden.

Optimieren Sie den Log-in- und Registrierungsprozess.
: Melden Sie Nutzer nach der Registrierung idealerweise direkt an oder weisen Sie sie zumindest darauf hin, ihre E-Mails zu prüfen, falls eine Verifizierung erforderlich ist. Sollte Bolt nicht vorgesehen haben, bei einem fehlgeschlagenen Log-in im Formular Fehlermeldungen anzuzeigen, können Sie einfach einen eigenen State für Fehlermeldungen einführen und diese anzeigen lassen. Eine benutzerfreundliche UX macht einen großen Unterschied.

Behalten Sie den Nutzer-State im Blick.
: Wenn Sie ein Authentifizierungssystem verwenden, sollten Sie den Anmeldestatus eines Nutzers in einer einzigen Quelle der Wahrheit (*Single Source of Truth*)

verzeichnen. Der Supabase-Client kann dies über `onAuthStateChange` erledigen. Dazu lässt sich einmalig ein Listener registrieren, der einen globalen State aktualisiert. Auf diese Weise kann jeder Teil der App auf Log-in- und Log-out-Ereignisse reagieren. Bolt könnte dies beispielsweise so umsetzen:

```
supabase.auth.onAuthStateChange((event, session) => {
  setUser(session?.user || null);
});
```

Auf diese Weise wird sichergestellt, dass die Benutzeroberfläche auch dann korrekt aktualisiert wird, wenn eine Session abläuft oder sich der Nutzer in einem anderen Tab abmeldet.

Planen Sie Ansichten für abgemeldete und angemeldete Nutzer.
Wir haben den Header so angepasst, dass er je nach Status entweder *Login* oder *Meine Favoriten/Logout* anzeigt. Überlegen Sie immer, welche Teile einer App zugriffsbeschränkt sein sollen. In unserem Fall sind die Favoriten geschützt, während Browsen und Suchen hier sinnvollerweise auch ohne Anmeldung möglich sind.

Achten Sie auf die Performance.
Wir führen beim Laden der Seite einen zusätzlichen Fetch aus, um die Favoriten abzurufen. Wenn diese Daten häufig benötigt würden, um etwa in einer Übersichtsliste neben jedem Film ein Sternsymbol anzuzeigen, wäre es sinnvoll, die Favoriten einmal global zu laden und wiederzuverwenden, um unnötige Datenbankabfragen zu vermeiden. Angesichts des voraussichtlich geringen Datenvolumens ist unser einfacherer Ansatz aber durchaus vertretbar.

Geben Sie Ressourcen korrekt frei.
In langlebigen Anwendungen wie einer mehrseitigen React-App gehört es zu den Best Practices, Event-Listener zu entfernen, wenn die entsprechenden UI-Komponenten aus der UI entfernt werden. Andernfalls kann es zu Memory-Leaks oder unerwartetem Verhalten kommen. Wenn Sie sich nicht von Event-Listenern abmelden (*unsubscribe*), kann der Supabase-Auth-Listener auch nach dem Unmounten einer Komponente weiterhin aktiv bleiben, also noch nachdem der Nutzer die Seite verlassen hat. Versucht dieser Listener dann, den State zu aktualisieren, etwa durch einen Aufruf von `setUser(null)` auf einer nicht mehr existierenden Komponente, gibt React eine Warnung aus, die besagt, dass der State nur bei gemounteten oder gerade mountenden Komponenten aktualisiert werden kann.

Wenn Sie `supabase.auth.onAuthStateChange(...)` innerhalb eines `useEffect` verwenden, gibt die Funktion ein Objekt zurück, das eine Methode `subscription.unsubscribe()` enthält. Diese Bereinigung sollten Sie im Rückgabewert des Effects aufrufen:

```
useEffect(() => { const { data: authListener }
    = supabase.auth.onAuthStateChange((event, session) => {
```

```
        // Session-Änderung verarbeiten
    });
        // Cleanup beim Unmounten der Komponente
        return () => {
            authListener.unsubscribe();
          };
    }, []);
```

Dadurch wird verhindert, dass der Listener weiterhin ausgelöst wird, nachdem Sie die Seite verlassen haben. Gleichzeitig werden Memory-Leaks vermieden und Warnungen in der Konsole unterbunden. Bei von Bolt generiertem Code in einem Single-Page-Setup ist dies möglicherweise nicht zwingend erforderlich – in einer React-App mit mehreren Seiten oder Komponenten, die ausgetauscht werden, sollte diese Bereinigung jedoch immer vorgenommen werden.

Zusammenfassung

Mit dem Abschluss von Teil 2 ist unsere Movie-Explorer-App jetzt robust aufgestellt. Nutzer können Konten erstellen, nach Filmen suchen, Detailangaben einsehen und eine Favoritenliste pflegen, die sitzungsübergreifend erhalten bleibt. Das ist ein deutlicher Sprung in der Komplexität, den wir dennoch mit vergleichsweise wenigen Prompts erreicht haben und ohne dass wir selbst Low-Level-Code schreiben mussten. Das zeigt eindrucksvoll, wie viele der eher mühsamen Aufgaben ein Tool wie Bolt übernehmen kann, insbesondere bei der nahtlosen Verbindung von Frontend und Backend.

Sie verfügen nun über eine deutlich vollständigere Anwendung, die reale App-Funktionalitäten wie Kontoverwaltung und persistente nutzerspezifische Daten nachbildet. Damit ist ein wichtiger Meilenstein erreicht: Sie haben im Grunde eine Mini-Version einer Watchlist-Funktion entwickelt, wie man sie von Film-Websites kennt.

Außerdem haben Sie einen Einblick darin erhalten, wie Frontend und Backend miteinander kommunizieren, indem das Frontend (React via Bolt) Aufrufe an Supabase (Backend-as-a-Service) sendet, um Daten zu speichern und abzurufen. Dabei haben Sie mit asynchronen Operationen gearbeitet (bei denen Netzwerkanfragen gesendet werden, auf deren Beantwortung gewartet werden muss) und haben – wie in den meisten Anwendungen üblich – einen externen Dienst für die Authentifizierung genutzt (statt einen eigenen zu entwickeln).

Insgesamt haben Sie mit Bolt eine komplette, funktionsfähige Full-Stack-Anwendung vollständig im Browser und ausschließlich über natürliche Sprachbefehle entwickelt. Ziemlich beeindruckend, oder? Auf diese Leistung können Sie wirklich stolz sein. In Kapitel 7 wird es darum gehen, Ihre App im Internet zu veröffentlichen und weltweit zugänglich zu machen.

KAPITEL 7

Bereitstellung Ihrer App mit Netlify

Bislang haben wir unsere Movie-Explorer-App in der Entwicklungsumgebung von Bolt ausgeführt, im Wesentlichen also auf Ihrem lokalen Rechner über den Browser. Nun ist es an der Zeit, die App zu deployen, also im Internet unter einer eigenen URL bereitzustellen und zugänglich zu machen. Bei Redaktionsschluss dieses Buchs erfolgt das Deployment standardmäßig über Netlify, eine beliebte Hosting-Plattform für moderne Webprojekte, insbesondere für Jamstack-Apps. (Jamstack ist eine Architektur, bei der vorab erzeugte statische Inhalte ausgeliefert und dynamische Funktionen über APIs und clientseitiges JavaScript umgesetzt werden.) Die Plattform automatisiert den Build, das Deployment und die Auslieferung von Websites und Webanwendungen.

In der traditionellen Entwicklung ist das Deployment oft ein kniffliger Schritt, da Server, Konfigurationen, CI/CD-Pipelines und Weiteres involviert sind, aber die Integration von Bolt mit Netlify (*https://oreil.ly/dZ-Xh*) reduziert diesen Prozess auf wenige Klicks. Durch die Integration können wir das Deployment direkt über die Benutzeroberfläche von Bolt anstoßen. Bolt übernimmt den Build der App und übergibt sie an Netlify. Netlify hostet die App anschließend unter einer öffentlichen URL, meist in der Form *your-app-name.netlify.app*, unterstützt jedoch auch benutzerdefinierte Domains.

Dieses Kapitel führt Sie durch folgende Schritte:

- Verbinden Ihres Bolt-Projekts mit Netlify
- Deployment der App, einschließlich eines Blicks darauf, was während des Deployments tatsächlich im Hintergrund passiert
- Überprüfung der Live-Site und Testen aller Funktionen in der Produktionsumgebung
- Verwaltung der für den Produktivbetrieb erforderlichen Konfigurationen, etwa von Umgebungsvariablen für API-Schlüssel
- Etablieren eines wiederholbaren Deployment-Prozesses, sodass Sie die Website bei Weiterentwicklungen der App problemlos aktualisieren können

Am Ende dieses Kapitels wird Ihre Movie-Explorer-App live im Internet verfügbar sein: ein weiterer bedeutender Meilenstein! Ab diesem Moment können Sie sie mit Freunden teilen oder als Teil Ihres Portfolios präsentieren.

Deployment-Schritte

Optional können Sie Ihren Code zur Versionsverwaltung in ein GitHub-Repository oder zu einem anderen Git-Host pushen. Bolt bietet dafür eine Export- bzw. Download-Option. Export/Download bzw. Pushen in ein Git-Repo ist jedoch nicht zwingend erforderlich, da wir in diesem Kapitel direkt aus Bolt deployen werden.

Legen wir los!

Netlify in Bolt verbinden und konfigurieren

Sie sollten zuerst sicherstellen, dass Ihre Codebasis für ein Deployment bereit ist. Dazu gehört, dass alle erforderlichen Schlüssel – also Ihr TMDB-API-Key sowie die Supabase-URL und der entsprechende Schlüssel – entweder im Code oder über Umgebungsvariablen korrekt gesetzt sind. Die App sollte in der Preview von Bolt fehlerfrei laufen.

Falls Sie noch kein Netlify-Konto haben, registrieren Sie sich (*https://netlify.com*) zunächst: Sie können dafür Ihre E-Mail-Adresse nutzen oder sich via GitHub anmelden. Der kostenlose Tarif ist für unsere Zwecke vollkommen ausreichend.

Als Nächstes müssen wir Bolt mit Netlify verbinden, ähnlich wie zuvor bei Supabase. Gehen Sie in Bolt auf *Settings → Applications*, suchen Sie *Netlify* und klicken Sie auf *Connect*. Sie werden nach Ihren Netlify-Anmeldedaten und der Zugriffserlaubnis gefragt. Autorisieren Sie den Zugriff.

Falls Sie Build-Konfigurationen eingeführt haben (wie in Next.js) oder Umgebungsvariablen verwenden, müssen Sie diese möglicherweise auch bei Netlify konfigurieren. Unsere App nutzt einen TMDB-API-Schlüssel und einen Supabase-Anon-Key, die wir beide direkt in den Code eingebettet haben (sicherheitstechnisch nicht ideal, wie in Kapitel 5 besprochen, für den Moment jedoch ausreichend).

Da Sie Netlify jetzt in den Einstellungen mit Bolt verbunden haben, können Sie nun innerhalb des Bolt-Projekts oben rechts auf den *Deploy*-Button zum Deployment und damit zur Veröffentlichung klicken. Bolt generiert automatisch einen Site-Namen für Sie, beispielsweise etwas wie *effulgent-prosciutto-123456.netlify.app*. Sie können diesen Standardnamen beibehalten oder ihn später über Ihr Netlify-Dashboard unter *Domain Management* anpassen.

Überwachung des Deployment-Prozesses

Sobald Sie den Prozess starten, sollten in der Benutzeroberfläche von Bolt Informationen zur Build-Ausgabe angezeigt werden (siehe Abbildung 7.1). Achten Sie darauf, ob der Build als erfolgreich gemeldet wird oder ob Fehler angezeigt werden. Tritt ein Fehler auf, beheben Sie ihn, bevor Sie fortfahren.

Innerhalb von Bolt werden keine detaillierten Deployment-Logs angezeigt. Um den Deployment-Prozess zu überwachen und Protokolle einzusehen, müssen Sie stattdessen das Netlify-Dashboard aufrufen. Wählen Sie dort Ihre neu erstellte Site aus und klicken Sie auf *Deploys*, um die Deployment-Historie anzuzeigen. Klicken Sie auf den neuesten Eintrag, um das vollständige Deployment-Log anzuzeigen.

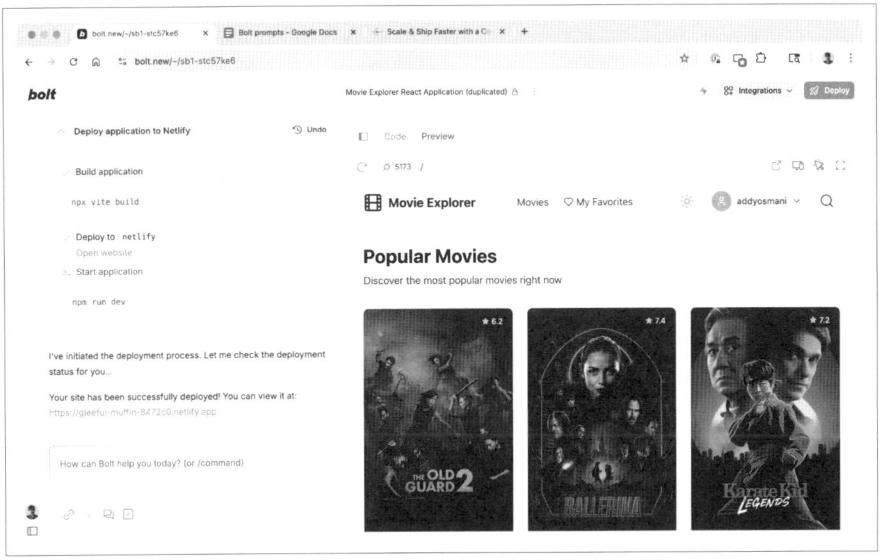

Abbildung 7.1: Bolt schließt ein Netlify-Deployment ab und stellt links im Chatbereich einen Link zur Live-App bereit.

Im Hintergrund bündelt Bolt alle Dateien und überträgt sie direkt über die Netlify-API an Netlify. Netlify verarbeitet anschließend das Deployment und stellt detaillierte Logs bereit, die unter anderem die Installation von Abhängigkeiten und den Build-Prozess zeigen (bei React-Apps in der Regel `npm run build`, bei Next.js den Build der App und das Vorbereiten der Funktionen). Netlify hostet das finale Ergebnis und stellt eine entsprechende URL bereit.

Sie müssen im Netlify-Dashboard keine Site manuell anlegen, da Bolt diesen Schritt für Sie übernimmt. Sobald das Deployment abgeschlossen ist, teilt Bolt Ihnen die URL im Chatbereich mit.

Testen der Live-Site

Rufen Sie nach dem Deployment die automatisch generierte URL auf, die in etwa so aussehen wird wie *movie-explorer-1234.netlify.app*.

Jetzt können Sie alle Funktionen Ihrer App wie ein realer Nutzer testen. Überprüfen Sie zunächst, ob die Startseite korrekt lädt und die Liste der beliebten Filme anzeigt. Führen Sie anschließend eine Suche durch, um sicherzustellen, dass auch diese Funktion wie erwartet arbeitet.

Klicken Sie auf eine Movie-Card, um zur Detailseite dieses Films zu navigieren. Versuchen Sie anschließend, die Detailseite direkt aufzurufen, indem Sie die entsprechende URL manuell in die Adresszeile eines neuen Inkognito-Fensters des Browsers oder eines neuen Tabs eingeben, und prüfen Sie, ob sie korrekt lädt. Ist das nicht der Fall und wird stattdessen ein Netlify-404-Fehler angezeigt, hilft Ihnen sicher der Abschnitt »Häufige Probleme und Troubleshooting« weiter.

Testen Sie als Nächstes die Log-in- und Registrierungsfunktionen auf der Live-Site. Das ist ein wichtiger Punkt, da wir jetzt die Produktions-URL verwenden. Für die Authentifizierung auf Ihrer Live-Site sollten Sie Folgendes beachten:

- Bei einfachen Anmeldungen per E-Mail und Passwort sollte es normalerweise sofort funktionieren, da Supabase Ihre neue Netlify-Adresse dabei nicht blockiert.
- Sollten Sie sich später entscheiden, Funktionen wie *Mit Google anmelden* oder Magic Links, also einmalige Log-in-Links per E-Mail, hinzuzufügen, müssen Sie Supabase mitteilen, zu welchen Website-Adressen Nutzer nach der Anmeldung weitergeleitet werden dürfen. Dazu müssten Sie Ihre Netlify-URL in den Projekteinstellungen in Supabase unter *Authentication* im Bereich *Redirect URLs* hinzufügen.

Testen Sie nach der Anmeldung die Favoriten-Funktion. Öffnen Sie das Supabase-Dashboard und fügen Sie dort einen Favoriten hinzu: Er sollte unmittelbar im Dashboard erscheinen.

Gehen Sie zur Seite *Meine Favoriten* und überprüfen Sie, ob sie korrekt geladen wird. Melden Sie sich anschließend ab und vergewissern Sie sich, dass geschützte Routen wie die Seite *Meine Favoriten* erwartungsgemäß blockiert sind.

Öffnen Sie den Netlify-Link nach Möglichkeit auf Ihrem Smartphone, um die Darstellung auf mobilen Geräten zu testen. Das Design ist unter Umständen nicht vollständig responsiv, da wir hierfür keine gezielte Gestaltung vorgenommen haben. Falls Ihnen Unstimmigkeiten auffallen, notieren Sie diese für spätere Nachbesserungen.

Die App sollte sich insgesamt genauso verhalten wie in der Preview-Umgebung von Bolt. Mit anderen Worten: Die Live-Site sollte exakt so funktionieren wie die Entwicklungsversion, die Sie erstellt haben – mit denselben Funktionen, denselben Daten sowie denselben User Flows und ohne überraschende Abweichungen oder fehlende Funktionalität.

Netlify-Deployment anpassen (optional)

Wenn Sie möchten, können Sie der Seite eine lesbarere Bezeichnung geben, beispielsweise »Mein Movie Explorer«. Gerade wenn Sie die App mit anderen teilen oder in einem Lebenslauf oder einem Portfolio präsentieren möchten, wirkt ein eigener Name oder eine eigene Domain professioneller. Melden Sie sich dazu bei Netlify.com an, wechseln Sie zu *Sites* und suchen Sie Ihre von Bolt dort bereitgestellte Site. In den *Site settings* finden Sie die Option, mit der Sie den Namen der Site ändern können. Dadurch ändert sich auch die URL, etwa in *mein-movie-explorer.netlify.app*. Sie können natürlich eine eigene Domain hinzufügen, falls Sie eine besitzen (Netlify stellt dafür eine entsprechende Anleitung bereit (*https://oreil.ly/kSRl-*)).

Es ist ebenfalls möglich, über Netlify Continuous Deployment durchzuführen. Wenn Sie ein Git-Repository verknüpfen und Code pushen, kann Netlify automatisch Builds ausführen. In unserem Fall können wir, solange wir weiterhin Änderungen in Bolt vornehmen, die App auch jeweils über Bolt erneut deployen. Alternativ könnten Sie den Code außerdem aus Bolt herunterladen, manuell in ein GitHub-Repository pushen und Netlify anschließend für CI/CD mit diesem Repository verbinden. Das findet dann allerdings außerhalb des direkten Bolt-Workflows statt.

Bei weiteren Änderungen neu deployen

Denken Sie daran: Deployment ist kein einmaliger Vorgang, sondern ein iterativer Prozess. Vielleicht entscheiden Sie sich, den Movie Explorer weiter zu verbessern, insbesondere jetzt, da Sie Änderungen schnell live sehen können.

Wann immer Sie die App in Bolt (oder direkt im Code) aktualisieren, müssen Sie erneut deployen, damit diese Änderungen auf der Live-Site sichtbar werden. Bolt ermöglicht es, unkompliziert erneut auf dieselbe Site zu deployen. Durch das erste Deployment wurde die Site eingerichtet – alle weiteren Deployments aktualisieren sie. Behalten Sie Versionsstände und Änderungen im Blick, da dies später bei der Fehlersuche hilft.

Wenn Sie nach dem Deployment einen Bug entdecken (vielleicht ist die Suchleiste auf mobilen Geräten nicht sauber ausgerichtet), können Sie zu Bolt zurückkehren und das CSS per Prompt anpassen. Testen Sie den Fix in Bolts Preview und klicken Sie dann erneut auf *Deploy*. Netlify aktualisiert die Site innerhalb weniger Sekunden.

Dieser Iterationskreislauf ist äußerst mächtig: Ihnen kommt eine Idee, Sie setzen sie mit Bolt unmittelbar um, und innerhalb von Minuten ist sie weltweit live verfügbar.

Häufige Probleme und Troubleshooting

So sehr Bolt das Deployment auch vereinfacht – es gibt dennoch einige typische Dinge, die schiefgehen können:

Sie erhalten einen 404-Fehler.

Wenn Sie React Router verwenden, kann ein direkter Aufruf einer Route wie */movie/123* auf Netlify zu einem 404-Fehler führen, da Netlify versucht, eine Datei namens *movie/123* zu finden. Um dieses Problem zu beheben, benötigt Netlify eine Redirect-Regel, um alle Anfragen an *index.html* weiterzuleiten (die unsere App dann über clientseitiges Routing verarbeitet). Dies geschieht üblicherweise über eine Datei namens *_redirects- oder netlify.toml*. Bolt hat eine solche Regel möglicherweise bereits hinzugefügt, sofern es eine Single-Page-App erkannt hat. Falls nicht, legen Sie eine *_redirects*-Datei mit folgendem Inhalt an:

```
/* /index.html 200
```

Anschließend können Sie die App erneut testen und deployen.

Wenn Sie eine eigene Domain hinzugefügt haben, mussten Sie die DNS-Einstellungen gemäß den Anweisungen von Netlify konfigurieren. Wurden diese Einstellungen nicht korrekt vorgenommen, kann es passieren, dass Ihre Site nicht aufgelöst wird, was ebenfalls zu einem 404-Fehler führt. Folgen Sie in diesem Fall den Domain-Anleitungen von Netlify oder bleiben Sie der Einfachheit halber bei der *net lify.app*-Domain.

Die Seite »Meine Favoriten« funktioniert nicht.

Wenn beim Laden der Seite *Meine Favoriten* ein »not allowed«-Fehler angezeigt wird oder keine Daten erscheinen, prüfen Sie, ob `auth.uid()` korrekt funktioniert. Wenn Sie während der Entwicklung die E-Mail-Bestätigung ausgeschaltet hatten, diese aber für die Produktionsumgebung aktiviert haben, kann es sein, dass neue Registrierungen über die Live-Site eine Bestätigung per E-Mail erfordern. Passen Sie die entsprechenden Einstellungen in Supabase an: Um das Testen zu vereinfachen, kann es sinnvoll sein, die Bestätigung vorübergehend zu deaktivieren.

Der Build schlägt fehl.

Wenn das Deployment-Log in Bolt einen Fehler anzeigt, lesen Sie die Fehlermeldung genau: Wurde womöglich ein Modul nicht gefunden? Liegt vielleicht ein Syntaxfehler oder ein Fehler bei der Groß- und Kleinschreibung im Code vor, der während der Entwicklung nicht aufgefallen ist? Beheben Sie den Fehler entsprechend in Bolt (meist wird Ihnen dafür ein *Fix*-Button angeboten) und versuchen Sie es anschließend erneut.

Etwas funktioniert in der Entwicklungs-, aber nicht in der Produktionsumgebung.
: Überprüfen Sie Ihre API-Keys: Sind sie in der Produktionsumgebung vorhanden und korrekt gesetzt? (In unserem Fall haben wir sie direkt im Code hinterlegt, daher sollten sie verfügbar sein.) Öffnen Sie die DevTools auf der Live-Site und untersuchen Sie die Netzwerkanfragen: Prüfen Sie, ob die URL für Supabase-Anfragen korrekt ist und ob Fehler auftreten.

Sobald Sie alle Unstimmigkeiten beseitigt haben, verfügen Sie über eine stabile Deployment-Pipeline: Entwickeln in Bolt → Deployen auf Netlify → Nutzen und Teilen der Live-Site. Gut gemacht!

Tipps und Best Practices

Wenn Ihre App beliebter und häufiger genutzt wird, sollten Sie die API-Nutzung im Blick behalten.

- Die TMDB-API hat ein Rate-Limit: Bei Redaktionsschluss dieses Buchs lag es bei etwa 40 Anfragen alle 10 Sekunden. Dass unsere App bei jeder Suche oder der Anzeige einer Detailansicht eine Anfrage stellt, ist unproblematisch, solange niemand missbräuchlich exzessiv in der App herumklickt. Steigt die Nutzung, könnte TMDB ein Upgrade des Tarifs oder ein Caching von Anfragen verlangen.
- Der kostenlose Tarif von Supabase setzt Grenzen bei der Anzahl der Datenbankzeilen und bei der Bandbreite, was für eine Demo mit wenigen Nutzerinnen und Nutzern in der Regel ausreicht. Wenn Sie viele Menschen eingeladen haben, sollten Sie diese Limits überwachen oder in einen höheren Tarif wechseln.
- Auch Netlify bietet im kostenlosen Tarif großzügige Kontingente für Bandbreite und Build-Minuten bei kleineren Apps. Bei starken Nutzungsspitzen könnte Netlify Sie benachrichtigen und zu einem Upgrade auf einen höheren Tarif auffordern.

Es kommt zwar selten vor, dass ein Bolt-Projekt verloren geht, aber da es in einer Cloud-Umgebung liegt, kann es sinnvoll sein, den Projektcode zu exportieren und herunterzuladen. Auf diese Weise verfügen Sie über eine lokale Kopie. Unabhängig davon ist es gute Praxis, den Code nach Möglichkeit in ein Git-Repository einzuchecken.

Falls ein neues Deployment einen Bug einführt, ermöglicht Netlify mit einem Klick ein Rollback auf ein früheres Deployment. Sollte also etwas schieflaufen und Sie keine Zeit für eine sofortige Korrektur haben, können Sie vorübergehend die letzte stabile Version wiederherstellen. Denken Sie daran, die App nach jedem Deployment zu testen, um Probleme frühzeitig zu erkennen.

Sobald Ihre App live ist, können Sie zusätzliche Dienste wie Google Analytics oder Sentry zur Fehlerüberwachung integrieren, etwa durch das Einbinden entsprechender Skripte oder Pakete. Auch bei solchen Integrationen kann Bolt Sie unterstützen. Darauf tiefer einzugehen, würde den Rahmen dieses Buchs sprengen, es wäre jedoch für professionelle Apps ein nächster möglicher Entwicklungsschritt.

Ich habe bereits erwähnt, dass Netlify sowohl statische als auch dynamische Inhalte gut handhabt. Was bedeutet diese Unterscheidung praktisch?

Statische Inhalte
: Statische Inhalte bestehen aus Dateien, die während des Deployments vorab erstellt werden – also Ihre HTML-, CSS- und JavaScript-Dateien. Netlify liefert diese direkt an die Browser der Nutzer aus, was sehr kurze Ladezeiten ermöglicht. Wenn jemand Ihren Movie Explorer aufruft, erhält er sofort die grundlegende Seitenstruktur, das Styling und den interaktiven Code.

Dynamische Inhalte
: Dabei handelt es sich um Informationen, die sich je nach Nutzer ändern oder in Echtzeit abgerufen werden, etwa die Filmdaten von TMDB oder die bei Supabase gespeicherten persönlichen Favoriten eines Nutzers. Diese Inhalte werden nicht im Voraus erstellt. Stattdessen fordert Ihr JavaScript-Code sie erst über APIs an, sobald die Seite im Browser des Nutzers geladen wird.

Dieser Ansatz, der als *Jamstack* (*https://jamstack.org*) bezeichnet wird, vereint das Beste aus beiden Welten: schnelle initiale Ladezeiten durch statische Dateien und zugleich personalisierte, stets aktuelle Inhalte über API-Aufrufe. So profitieren Sie von den Geschwindigkeits- und Sicherheitsvorteilen des statischen Hostings, ohne auf Nutzerkonten, Echtzeitdaten oder interaktive Funktionen verzichten zu müssen.

Historisch gesehen, mussten für das Deployment einer Full-Stack-App mit Backend und Frontend zuerst unter anderem ein Server und eine Datenbank eingerichtet werden. Mit Bolt und Netlify – und Supabase für das Backend – geschieht das alles serverlos und vollständig gemanagt, sodass selbst Nichtentwickler eine App in kurzer Zeit online stellen können.

Zusammenfassung

In diesem Kapitel haben wir unseren Movie Explorer von einer Entwicklungsumgebung in eine produktive Bereitstellung überführt. Dabei haben Sie die Hosting-Funktionen von Netlify kennengelernt, einschließlich Umgebungsvariablen und Site-Einstellungen. Wir haben auch einen Workflow für zukünftige Updates etabliert: lokale Entwicklung mit Bolt und Deployment zu Netlify, sobald die App bereit ist. Das bedeutet, dass Sie Verbesserungen kontinuierlich ausrollen können.

Damit verfügen Sie über eine voll funktionsfähige, weltweit erreichbare Webanwendung. Herzlichen Glückwunsch! Das ist ein großer Schritt: Sie können den Netlify-Link mit anderen teilen, und jeder kann Ihre App nutzen. Beachtenswert: In sehr kurzer Zeit haben Sie eine Idee in ein live verfügbares Produkt verwandelt – allein durch Anweisungen in natürlicher Sprache und etwas Unterstützung durch ein intelligentes Tool.

Und Sie können den Movie Explorer natürlich noch erweitern. Hier sind einige Ideen dazu:

- Fügen Sie eine Paginierung oder ein Infinite Scrolling hinzu, damit die Nutzerinnen und Nutzer mehr als nur die erste Seite der beliebten Filme durchsuchen können.
- Erweitern Sie die Detailseiten um zusätzliche Informationen zur Besetzung oder Trailern – die TMDB-API stellt solche Daten bereit.
- Integrieren Sie eine Sternebewertung, mit der Nutzer Filme selbst bewerten und diese Bewertungen speichern können.
- Ergänzen Sie beispielsweise eine Kommentarfunktion (das erfordert allerdings etwas Aufwand im Backend, ließe sich aber mit Supabase oder einem anderen Drittanbieter wie Disqus realisieren).
- Verfeinern Sie die Benutzeroberfläche durch Animationen oder ein responsiveres Layout, zum Beispiel durch ein internes CSS-Framework.
- Implementieren Sie OAuth-Log-in über Supabase, damit sich Nutzer via Google oder GitHub anmelden können und keine Passwörter verwaltet werden müssen. Supabase und Bolt unterstützen dies (mit etwas zusätzlicher Konfiguration).

Jeder dieser Punkte eignet sich auch als weitere Übung im Umgang mit Bolt.

Sie verfügen nun über die Grundlagen (und das Selbstvertrauen), um Full-Stack-Apps mit Bolt und einigen weiteren nützlichen Services zu entwickeln und bereitzustellen, ohne manuell programmieren zu müssen. In den folgenden Kapiteln werden Sie weitere Arten von Apps mit weiteren Integrationen und für weitere Anwendungsfälle kennenlernen, die Sie mit Bolt entwickeln können.

In Kapitel 8 erstellen wir einen Supabase-basierten Workout Tracker und steigen dabei tiefer in die Datenbanknutzung ein, möglicherweise sogar unter Einsatz von Serverless Functions für individuelle Logik. In Kapitel 9 nutzen wir die Figma-Integration, um eine Einkaufslisten-App zu entwickeln und zu zeigen, wie Bolt Designs automatisch in Code überführen kann. Diese Kapitel werden Ihre Fähigkeiten weiter festigen und die Bandbreite dessen aufzeigen, was mit Bolt möglich ist. Bis dahin können Sie stolz auf die von Ihnen generierte und bereitgestellte App sein – und sich auf weitere Bolt-Magie freuen.

KAPITEL 8

Entwicklung eines Supabase-gestützten Workout Tracker

Nachdem Sie gesehen haben, was Bolt bei einer Movie-App leisten kann, gehen wir nun ein weiteres praxisnahes Projekt an: einen Workout Tracker. Mit dieser Anwendung sollen Nutzer ihre Workouts (Übungen, Wiederholungen, Sätze usw.) protokollieren, Fortschritte verfolgen und ihre Fitnessdaten verwalten können. Dabei werden wir Supabase intensiv nutzen – nicht nur für die Authentifizierung wie in der Movie-App, sondern als primären Speicher für die Workout-Daten. Dazu werden wir ein relationales Datenbankdesign verwenden.

In diesem Kapitel erfahren Sie, wie Sie mit Bolt von Grund auf eine stärker datengetriebene Anwendung entwickeln können mit einem klaren Schwerpunkt auf der Datenbanknutzung (Supabase) zum Speichern und Abrufen strukturierter Informationen. Im Gegensatz zur Movie-App, bei der die Daten überwiegend von einer externen API bezogen wurden, stehen hier eigene Anwendungsdaten – in Form von Workout-Logs – im Mittelpunkt.

Erste Schritte

Am Ende dieses Kapitels werden Sie über einen funktionstüchtigen Workout Tracker verfügen, mit dem Nutzerinnen und Nutzer folgende Aufgaben erledigen können:

- Workout-Sessions mit mehreren Übungen erstellen und verwalten
- Übungen mit Sätzen, Wiederholungen und Gewichten protokollieren
- vergangene Workouts nach Datum geordnet anzeigen
- Workout-Sessions löschen
- eine Zusammenfassung ihrer Workout-Aktivitäten einsehen
- (optional) Fortschritte mithilfe von Diagrammen visualisieren
- (optional) geräteübergreifende Echtzeit-Updates vornehmen
- (optional) mit Edge Functions serverseitige Berechnungen durchführen

Setup

Wenn Sie die Kapitel zum Movie Explorer durchgearbeitet haben, ist der Großteil des Setups bereits erledigt: Sie verfügen über Konten für Bolt, Supabase und Netlify und haben alles miteinander verbunden. Falls nicht, finden Sie in den Kapiteln 5 bis 7 detaillierte Anleitungen.

Erstellen Sie für dieses Projekt ein neues Supabase-Projekt mit dem Namen *Workout Tracker* (der kostenlose Tarif erlaubt zwei aktive Projekte). Starten Sie anschließend für diese App eine neue Bolt-Session und verbinden Sie die App in den Einstellungen mit dem soeben erzeugten Supabase-Projekt.

Planung des Datenbankschemas

Bevor wir mit dem Coding beginnen, müssen wir genau festlegen, wie wir Workouts in Supabase speichern wollen. Ein gut durchdachtes Datenbankdesign erleichtert die Abfrage und die Verwaltung der Daten erheblich, insbesondere wenn eine App wächst.

Wir verwenden einen relationalen Ansatz mit zwei Tabellen: `workout_sessions` (Tabelle 8.1) und `workout_exercises` (Tabelle 8.2). Das definiert eine Eins-zu-viele-Beziehung, bei der jede Workout-Session mehrere Übungen enthalten kann. Dieses Design bietet mehrere Vorteile:

- saubere Datenorganisation
- einfache Aggregation von Übungsdaten
- Flexibilität für spätere Funktionserweiterungen
- korrekte Normalisierung zur Vermeidung von Datenredundanz

Tabelle 8.1: Felder in der Tabelle workout_sessions

Feld	Datentyp	Beschreibung
`id`	UUID (Primärschlüssel)	Eindeutiger Identifier, der mit `uuid_generate_v4()` erzeugt wird, einer PostgreSQL-Funktion, die zufällige 128-Bit-UUIDs erzeugt.
`user_id`	UUID (Fremdschlüssel)	Verweist auf `auth.users.id`, um die Session mit einem Benutzer zu verknüpfen.
`session_date`	Date	Das Datum des Workouts.
`title`	Text	Optionaler Name der Session, etwa »Beintag« oder »Oberkörper«.
`created_at`	Timestamp mit Zeitzone	Wird automatisch auf die aktuelle Zeit gesetzt, nützlich für die Sortierung.

Tabelle 8.2: Felder in der Tabelle workout_exercises

Feld	Datentyp	Beschreibung
`id`	UUID (Primärschlüssel)	Eindeutiger Identifier für Übungseinträge.
`session_id`	UUID (Fremdschlüssel)	Verweist auf `workout_sessions.id` und stellt die Parent-Child-Beziehung her.
`exercise_name`	Text	Freies Textfeld zur Beschreibung von Übungen (z. B. »Bankdrücken«, »Kniebeugen«).
`sets`	Integer	Anzahl der durchgeführten Sätze.
`reps`	Integer	Wiederholungen pro Satz.
`weight`	Numeric	Verwendetes Gewicht (standardisiert auf kg oder lbs).
`notes`	Text (nullable)	Optionales Feld für Kommentare wie »fühlte sich leicht an« oder »neue Bestleistung«.

Einige der zentralen Designentscheidungen:

- Das Feld `session_id` in `workout_exercises` verweist auf die `id` in `workout_sessions` und stellt so die referenzielle Integrität sicher.
- Wir speichern die `user_id` ausschließlich in `workout_sessions` und nicht in `workout_exercises`, um Redundanz zu vermeiden.
- Die Übungsnamen werden vorerst als Freitext gespeichert. Später kann bei Bedarf eine separate Tabelle `exercises`mit standardisierten Bezeichnungen angelegt werden.

Tabellen in Supabase einrichten

1. Navigieren Sie im Supabase-Dashboard zum *Table Editor*.
2. Erstellen Sie die Tabelle `workout_sessions` mit den Feldern aus Tabelle 8.1.
3. Erstellen Sie die Tabelle `workout_exercises` mit den Feldern aus Tabelle 8.2.
4. Richten Sie den Fremdschlüssel-Constraint von `workout_exercises.session_id` auf `workout_sessions.id` mit CASCADE on delete ein, damit beim Löschen einer Workout-Session automatisch alle zugehörigen Übungseinträge ebenfalls entfernt werden und keine verwaisten Datensätze übrig bleiben.

Row-Level Security (RLS) implementieren

RLS ist entscheidend dafür, dass Nutzer ausschließlich auf ihre eigenen Daten zugreifen können. Dieser Abschnitt zeigt, wie Sie es einrichten.

RLS für die Tabelle workout_sessions

Aktivieren Sie in den Tabelleneinstellungen RLS. Erstellen Sie anschließend eine Policy für alle Operationen:

```
CREATE POLICY "Users can manage their own sessions"

ON workout_sessions

FOR ALL

USING (user_id = auth.uid())

WITH CHECK (user_id = auth.uid());
```

Die `USING`-Klausel stellt sicher, dass Nutzer nur Zeilen lesen können, deren Eigentümer sie sind. Die `WITH CHECK`-Klausel erlaubt den Nutzern lediglich das Einfügen oder Aktualisieren von Zeilen mit ihrer eigenen `user_id`.

RLS für die Tabelle workout_exercises

Erstellen Sie eine Policy, die die Eigentümerschaft einer Zeile über die übergeordnete Session prüft:

```
CREATE POLICY "Users can manage exercises in their sessions"

ON workout_exercises

FOR ALL

USING (

  session_id IN (

    SELECT id FROM workout_sessions

    WHERE user_id = auth.uid()

  )

);
```

Supabase bietet Schnellstart-Templates für diese gängigen Muster. Suchen Sie in den Policy-Templates nach »Enable insert access for users based on `user_id`«.

Entwicklung des Workout Tracker

Nachdem wir das Datenbankschema und die Sicherheitsregeln definiert haben, beginnen wir die App-Entwicklung mit Bolt.

Das Projektgerüst erstellen

Steigen Sie mit einem umfassenden Prompt an Bolt ein:

> Erstelle eine neue React-Webanwendung namens Workout Tracker. Verwende Supabase für die Authentifizierung und die Datenspeicherung. Die App soll zwei verknüpfte Tabellen verwenden: `workout_sessions` (`id`, `user_id`, `session_date`, `title`) und `workout_exercises` (`id`, `session_id`, `exercise_name`, `sets`, `reps`, `weight`, `notes`). Nutzer sollen Workout-Sessions erstellen, Übungen hinzufügen, ihre vergangenen Workouts ansehen und Sessions löschen können. Integriere eine Nutzerauthentifizierung mit E-Mail-Adresse und Passwort.

Dieser Prompt informiert Bolt von Anfang an über die Zwei-Tabellen-Struktur und stellt sicher, dass der generierte Code das relationale Datenbankdesign berücksichtigt.

Authentifizierung einrichten

Weisen Sie Bolt an, zuerst die Authentifizierung einzurichten:

> Implementiere die Nutzerregistrierung und das Log-in mit Supabase Auth. Die App soll eine Anmeldung voraussetzen. Stelle ein Formular für Registrierung und Log-in per E-Mail-Adresse und Passwort bereit und zeige einen Log-out-Button an, wenn der Benutzer eingeloggt ist. Leite nach dem Log-in zum Workout-Dashboard weiter.

Testen Sie den Authentifizierungsablauf in der Vorschau von Bolt (siehe Abbildung 8.1).

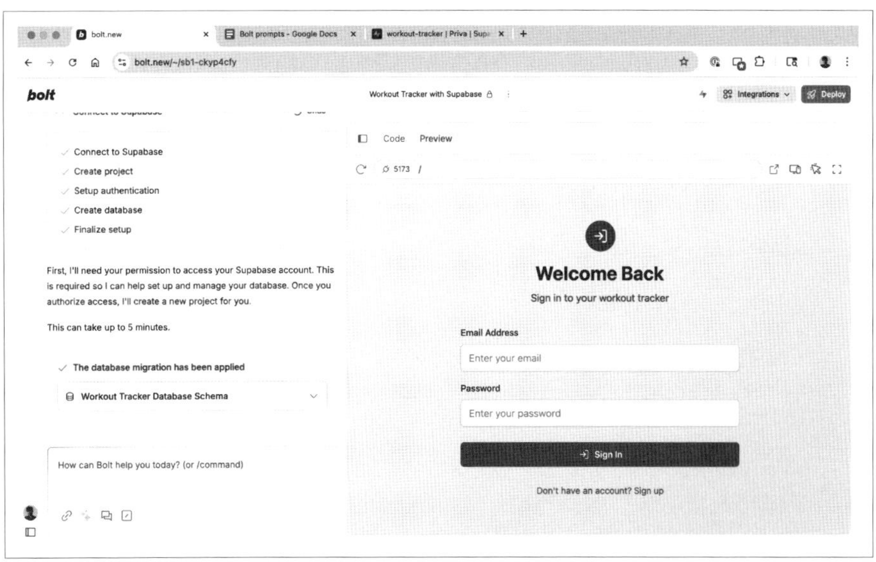

Abbildung 8.1: Bolt zeigt links das abgeschlossene Supabase-Setup und rechts den Log-in-Screen für den Workout Tracker.

Falls die erforderliche E-Mail-Bestätigung Ihre Tests blockiert, deaktivieren Sie sie vorübergehend in den Auth-Einstellungen von Supabase.

Workout-Sessions erstellen

Um einen Workout anzulegen, sind zwei Schritte nötig: Zuerst muss eine Session erstellt und anschließend müssen Übungen hinzugefügt werden. Der Prompt für das Session-Formular:

> Ergänze ein Formular, um eine neue Workout-Session anzulegen. Integriere Felder für das Datum (Standardwert: heute) und einen optionalen Titel. Füge beim Absenden einen Eintrag in der Tabelle `workout_sessions` mit der ID des aktuellen Nutzers hinzu. Speichere die ID der neu erstellten Session im State, um sie beim Hinzufügen von Übungen verwenden zu können.

Übungen zu einer Session hinzufügen

Sobald eine Session erstellt ist, müssen Nutzer Übungen hinzufügen können:

> Zeige nach dem Anlegen einer Session ein Formular an, um Übungen hinzuzufügen. Integriere Felder für Übungsname, Sätze, Wiederholungen, Gewicht sowie optionale Notizen. Beim Absenden wird ein Eintrag mit der aktuellen `session_id` in `workout_exercises` gespeichert. Zeige unterhalb des Formulars eine Liste der hinzugefügten Übungen an. Stelle einen Button »Workout beenden« bereit, um die Session abzuschließen.

Der resultierende Code übernimmt das Einfügen der relational verknüpften Datensätze:

```
// Session erstellen

const { data: session } = await supabase

  .from('workout_sessions')

  .insert({

    user_id: user.id,

    session_date: selectedDate,

    title: workoutTitle

  })

  .select()
```

```
      .single();

    // Übung hinzufügen
    await supabase
      .from('workout_exercises')
      .insert({
        session_id: session.id,
        exercise_name,
        sets,
        reps,
        weight,
        notes
      });
```

Abbildung 8.2 zeigt das Ergebnis der Vorschau.

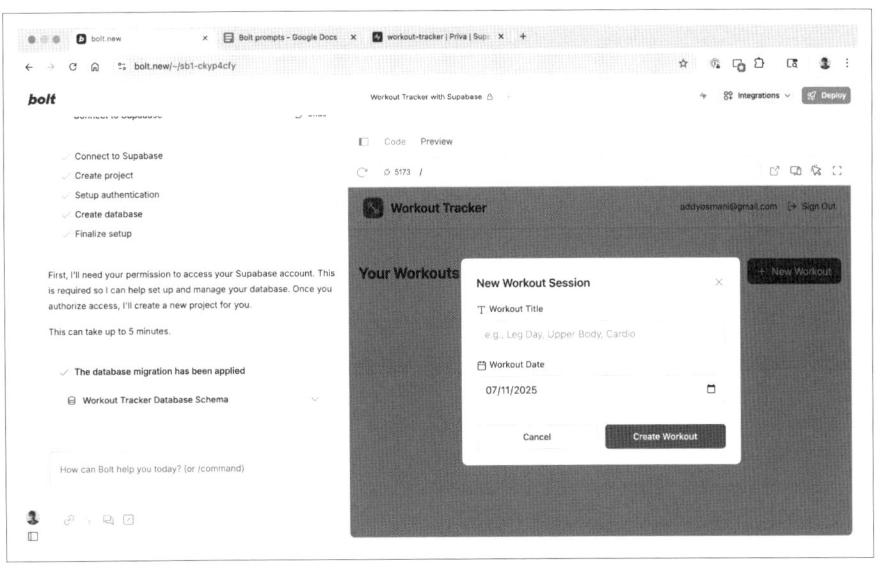

Abbildung 8.2: Ein Modal zum Anlegen einer neuen Workout-Session mit Datums- und Titeleingabe

Workout-Verlauf anzeigen

Formulieren Sie als Nächstes einen Prompt, um vergangene Workouts samt Übungen anzuzeigen:

> Zeige unterhalb des Formulars eine Liste der Workout-Sessions des Nutzers an. Zeige für jede Session das Datum, den Titel sowie alle zugehörigen Übungen mit Sätzen × Wiederholungen @ Gewicht an. Sortiere die Sessions nach Datum (neueste zuerst). Verwende eine Supabase-Query, die beide Tabellen verknüpft.

Bolt erzeugt daraufhin eine Supabase-Abfrage, die dessen leistungsfähige Select-Syntax nutzt:

```
const { data } = await supabase
  .from('workout_sessions')
  .select(`
    id,
    session_date,
    title,
    workout_exercises (
      id,
      exercise_name,
      sets,
      reps,
      weight,
      notes
    )
  `)
  .eq('user_id', user.id)
  .order('session_date', { ascending: false })
  .order('created_at', { ascending: false });
```

Die Vorschau sehen Sie in Abbildung 8.3.

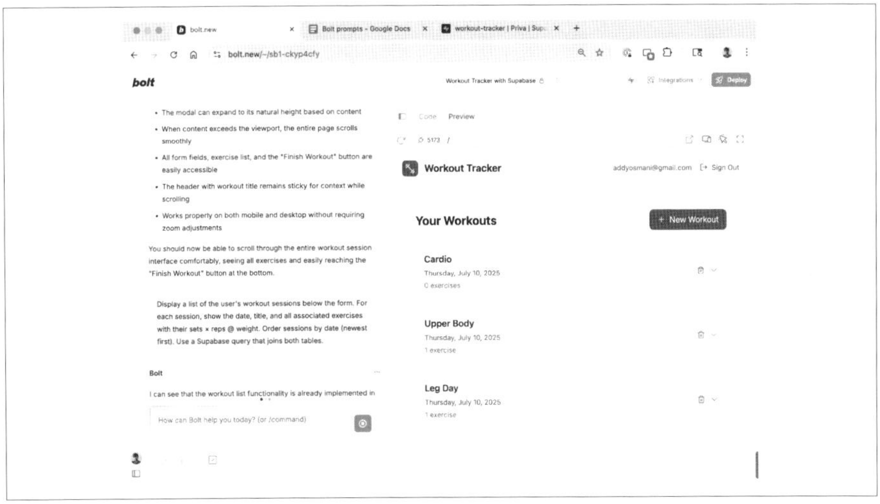

Abbildung 8.3: Workout-Tracker-App mit einer Liste zuvor protokollierter Workout-Sessions

Workouts löschen

Formulieren Sie als Nächstes einen Prompt für die Löschfunktion:

> Zeige neben jeder Workout-Session einen Button »Entfernen« an. Wird er angeklickt, soll der Nutzer um Bestätigung gebeten und anschließend die Session gelöscht werden. Aufgrund der CASCADE-Einstellung des Fremdschlüssels werden auch die zugehörigen Übungen automatisch gelöscht. Aktualisiere die Liste nach dem Löschen.

Abbildung 8.4 zeigt dieses Feature in der Vorschau.

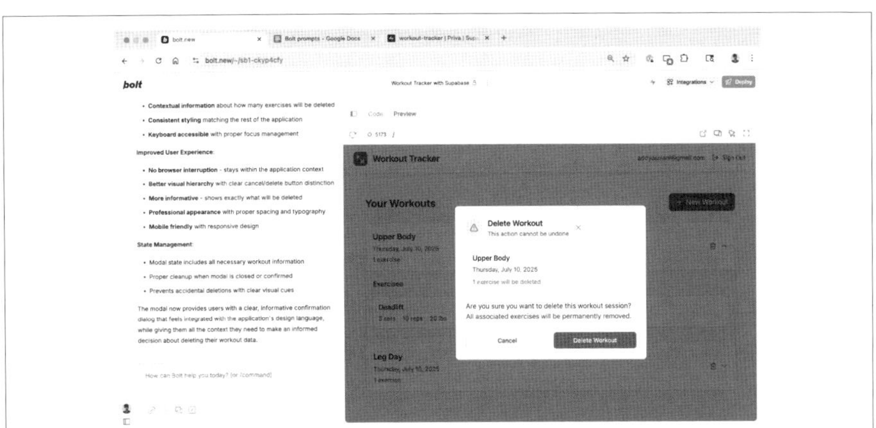

Abbildung 8.4: Bestätigungsdialog zum Löschen eines Workouts mit klarer visueller Hierarchie und eindeutigem Kontext

RLS testen

Um zu überprüfen, ob RLS korrekt funktioniert, erstellen Sie mit einem ersten Nutzerkonto einige Einträge. Legen Sie anschließend ein zweites Testkonto an und vergewissern Sie sich, dass dieser Nutzer eine leere Workout-Liste sieht. Stellen Sie sicher, dass keiner der beiden Nutzer die Workouts des jeweils anderen löschen kann.

Das Model-View-Controller-(MVC-)Muster

Der Workout Tracker demonstriert auf wunderbare Weise das MVC-Architekturmuster, das in Abbildung 8.5 dargestellt ist:

Model
: Unsere Supabase-Tabellen (`workout_sessions`, `workout_exercises`) und RLS-Policies übernehmen die Datenspeicherung und setzen die Geschäftslogik durch.

View
: Die React-Komponenten rendern Formulare, Listen und UI-Elemente.

Controller
: Die von Bolt generierten Event-Handler und Hooks verarbeiten Benutzereingaben, rufen Supabase auf und aktualisieren die View.

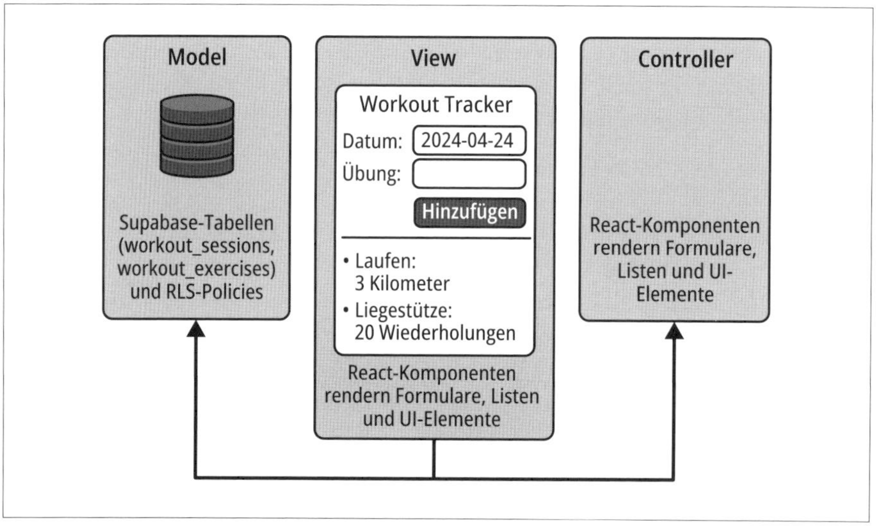

Abbildung 8.5: Das Model-View-Controller-(MVC-)Architekturmuster

MVC trennt die Zuständigkeiten und macht den Code dadurch wartbarer und besser testbar. In modernen React-Anwendungen verschmelzen View und Controller in Komponenten häufig, während das Model in der Datenbankschicht klar getrennt bleibt.

Fortgeschrittene Funktionen (optional)

Die folgenden Funktionen sind optional, werten Ihre App jedoch weiter auf.

Echtzeit-Updates

Ermöglichen wir es nun den Nutzerinnen und Nutzen, Live-Updates über mehrere Tabs oder Geräte hinweg zu sehen:

> Ergänze Echtzeit-Subscriptions der Workout-Daten. Wenn ein Workout hinzugefügt, bearbeitet oder gelöscht wird, sollen alle verbundenen Clients die Aktualisierung sofort sehen. Nutze dafür die Echtzeitfunktionen von Supabase.

Bolt wird daraufhin Code etwa der folgenden Art implementieren:

```
useEffect(() => {
  const channel = supabase
    .channel('workout-changes')
    .on('postgres_changes', {
      event: '*',
      schema: 'public',
      table: 'workout_sessions',
      filter: `user_id=eq.${user.id}`
    }, payload => {
      // Workout-Liste aktualisieren
      fetchWorkouts();
    })
    .subscribe();
  return () => supabase.removeChannel(channel);
}, [user.id]);
```

Edge Functions für serverseitige Logik

Normalerweise möchten Nutzer ihr Training gern statistisch auswerten können. Mit Edge Functions können Sie in Supabase Backend-Code, der in TypeScript oder Deno geschrieben wurde, in einem geografisch verteilten Servernetzwerk (dem *Edge*) ausführen. Das bedeutet, dass bei einer Interaktion eines Nutzers mit der Anwendung der benötigte Code auf einem Server ausgeführt wird, der sich möglichst nah am physischen Standort des Nutzers befindet, was die Latenz verringert und die Reaktionsfähigkeit der App verbessert. Als Beispiel formulieren wir einen Prompt an Bolt, um eine Funktion für Krafttraining zu erstellen, die das insgesamt bewegte Gewicht eines Nutzers berechnet:

> Erstelle eine Supabase Edge Function namens `calculate-volume`, die das Gesamtvolumen (Sätze × Wiederholungen × Gewicht) für die Workouts eines Nutzers berechnet. Sie soll einen Datumsbereich entgegennehmen und das insgesamt bewegte Gewicht zurückgeben.

Hier ein Beispiel für die Art von Edge Function, die dabei generiert wird:

```
import { serve } from 'https://deno.land/std/http/server.ts'

import { createClient } from 'https://esm.sh/@supabase/supabase-js@2'

serve(async (req) => {

  const supabase = createClient(

    Deno.env.get('SUPABASE_URL')!,

    Deno.env.get('SUPABASE_SERVICE_ROLE_KEY')!

  )

  const { user_id, start_date, end_date } = await req.json()

  const { data } = await supabase

    .from('workout_exercises')

    .select(`

      sets,

      reps,

      weight,

      workout_sessions!inner(user_id, session_date)

    `)

    .eq('workout_sessions.user_id', user_id)
```

```
    .gte('workout_sessions.session_date', start_date)
    .lte('workout_sessions.session_date', end_date)
  const totalVolume = data?.reduce((sum, exercise) =>
    sum + (exercise.sets * exercise.reps * exercise.weight), 0) || 0
  return new Response(JSON.stringify({ totalVolume }), {
    headers: { 'Content-Type': 'application/json' }
  })
})
```

Datenvisualisierung

Natürlich geht es nicht nur um Statistiken – die Trainierenden sehen ihre Kennzahlen gern in Diagrammen und Grafiken. Ergänzen wir daher eine visuelle Fortschrittsdarstellung:

> Füge ein Diagramm hinzu, das die Trainingshäufigkeit oder das Gesamtgewicht im Zeitverlauf zeigt. Verwende Chart.js, um ein Liniendiagramm der Workouts pro Woche für die letzten 12 Wochen zu erstellen. Platziere das Diagramm oben im Dashboard.

Bolt installiert daraufhin Chart.js und erstellt eine Visualisierungskomponente, die die Workout-Daten in ein diagrammfreundliches Format überführt.

Häufige Probleme und Troubleshooting

Tabelle 8.3 bietet schnelle Lösungen zur Fehlerbehebung bei einigen der am häufigsten anzutreffenden Probleme.

Tabelle 8.3: Fehlersuche beim Supabase Workout Tracker

Problem	Ursache	Lösung
Fehler beim Einfügen von Daten	Fehlende `user_id` oder Probleme mit RLS-Policies	Überprüfen Sie, ob in den Inserts die `user_id` gesetzt ist und die RLS-Policies korrekt konfiguriert sind.
Falsche Sortierreihenfolge	Sortierung nach falschem Feld	Verwenden Sie `session_date` als primäres und `created_at` als sekundäres Sortierkriterium.

→

Tabelle 8.3: Fehlersuche beim Supabase Workout Tracker (Forts.)

Problem	Ursache	Lösung
Daten nach Anmeldung nicht sichtbar	RLS blockiert den Zugriff	Stellen Sie sicher, dass die `user_id` in den Datensätzen der ID des aktuell angemeldeten Nutzers, also der `auth.uid()` entspricht.
Übungen werden nicht zusammen mit der Session gelöscht	Fehlendes `CASCADE`	Stellen Sie sicher, dass der Fremdschlüssel mit `ON DELETE CASCADE` definiert ist.
Probleme mit der Datumseingabe	Format stimmt nicht überein	Verwenden Sie den HTML-Eingabetyp für das Datum, der das Format YYYY-MM-DD ausgibt.
Leere Ergebnisse beim zweiten Nutzer	Funktioniert wie vorgesehen!	RLS isoliert die Nutzerdaten korrekt.

Best Practices

Die Entwicklung dieses Workout Tracker hat uns mehrere wertvolle Erkenntnisse geliefert, die auf jede datengetriebene Anwendung übertragbar sind.

Beginnen Sie mit dem Schema, nicht mit der UI.
: Es ist verlockend, sich sofort in die Erstellung von Formularen und Buttons zu stürzen, aber die Zeit, die Sie in die Planung Ihrer Datenbankstruktur investieren, zahlt sich aus. Unser Design mit zwei Tabellen mag für einen einfachen Workout-Logger zunächst übertrieben wirken, bildet jedoch die Eins-zu-viele-Beziehung zwischen Sessions und Übungen elegant ab. Dank dieses Fundaments lassen sich später leicht weitere Features hinzufügen. Wollen Sie Supersätze erfassen? Fügen Sie ein Feld `superset_id` hinzu. Wollen Sie Workout-Vorlagen verwenden? Die Struktur unterstützt das bereits. Gutes Datendesign ähnelt dem Fundament eines Hauses: Es sollte unsichtbar bleiben, doch solide gebaut, trägt es problemlos die Last der ganzen Konstruktion.

Sicherheit ist unverzichtbar – auch bei Hobbyprojekten.
: Durch die Aktivierung von RLS haben Sie eine angreifbare Datenbank in eine sichere verwandelt. RLS verhält sich wie ein Hochsicherheitstresor mit individuellen Schließfächern. Selbst wenn jemand Ihre Datenbank-URL und den Anon-Key entdeckt (die ja absichtlich öffentlich sind), kann diese Person dennoch nicht auf Daten in Schließfächern zugreifen, für die sie keine Berechtigung hat. Aktivieren Sie RLS immer, bevor Sie die erste Zeile mit echten Daten einfügen, und testen Sie die Konfiguration mit mehreren Nutzerkonten. Wenn Nutzer B die Workouts von Nutzer A sehen kann, stimmt etwas mit Ihren Policies nicht.

Vertikal entwickeln, nicht horizontal.
Anstatt zuerst alle Formulare, dann alle Ansichten und anschließend alle Löschfunktionen einzurichten, sollten Sie jeweils ein komplettes Feature von Anfang bis Ende entwickeln. Beginnen Sie mit der Authentifizierung: Sie ist die Grundlage für alles Weitere. Richten Sie anschließend den vollständigen Workflow ein: Anlegen einer Session, Hinzufügen einer Übung, Anzeige in der Liste. Erst wenn dieser »vertikale Schnitt« funktioniert, sollten Sie das nächste Feature ergänzen. Dieser Ansatz liefert Ihnen bei jedem Schritt eine funktionsfähige, bereitstellbare App und erleichtert die Fehlersuche erheblich.

Überlassen Sie die komplizierten Aufgaben der Datenbank.
Supabase ist kein x-beliebiger Ablageort, sondern eine leistungsfähige PostgreSQL-Datenbank. Wenn Sie sortierte Daten benötigen, sollten Sie Daten nicht ungeordnet abrufen und erst clientseitig in JavaScript sortieren. Lassen Sie stattdessen die Datenbank sortieren. Wenn Sie Sessions mit Übungen verknüpfen müssen, nutzen Sie die relationalen Abfragemöglichkeiten von Supabase, anstatt mehrere Requests abzusetzen. Die Datenbank ist für solche Operationen optimiert und wird sie stets schneller ausführen, als das im Client möglich ist. Außerdem bleibt Ihr Code auf diese Weise übersichtlicher.

Denken Sie daran, Nutzern Feedback in der UI zu geben.
Wenn ein Nutzer auf *Workout speichern* klickt, muss er merken, dass etwas passiert. Ein Ladeindikator während des Speicherns, eine Erfolgsmeldung danach und das Erscheinen des neuen Workouts in der Liste – das sind keine netten, optionalen Extras, sondern für einen professionellen Eindruck essenzielle Rückmeldungen. Dasselbe gilt für die Fehlerbehandlung. Wenn etwas schiefgeht (und das wird es), brauchen Nutzer klare, handlungsorientierte Meldungen statt kryptischer Fehlercodes. Bolt fügt diese Feinheiten vielleicht nicht automatisch hinzu, aber ein einfacher Prompt wie »Ladezustände und Erfolgsmeldungen hinzufügen« verwandelt eine rein funktionale in eine wirklich ausgereifte Anwendung.

Diese Praktiken gelten nicht nur für unseren Workout Tracker. Ganz gleich, ob Sie einen Aufgabenmanager, ein Rezeptbuch oder eine Social-Media-Plattform entwickeln, die Prinzipien bleiben gleich: Entwerfen Sie das Datenbankdesign sorgfältig, schützen Sie die Daten konsequent vor nicht autorisierten Zugriffen, entwickeln Sie iterativ, profitieren Sie von der Leistungsfähigkeit der Datenbank und geben Sie Ihren Nutzerinnen und Nutzern stets ausreichend Rückmeldungen. Wenn Sie diese Aspekte beachten, werden Sie mit Bolt in kürzester Zeit produktionsreife Apps entwickeln.

Zusammenfassung

In diesem Kapitel haben Sie einen voll ausgestatteten Workout Tracker entwickelt, der Folgendes demonstriert:

- relationales Datenbankdesign mit korrekt definierten Fremdschlüsseln und Constraints
- Row-Level Security (RLS) zur Gewährleistung des Datenschutzes
- komplexe Formulare zur Verarbeitung mehrstufiger Dateneingaben
- Echtzeitfunktionen für Live-Updates (optional)
- serverseitige Logik mit Edge Functions (optional)
- Datenvisualisierung zur Fortschrittsverfolgung (optional)

Die App zeigt, wie Bolt produktionsreifen Code für datenintensive Anwendungen generieren kann. Da Supabase die komplexen Aufgaben im Backend übernimmt und Bolt das Frontend aufsetzt, konnten Sie mit minimalem manuellem Programmieraufwand eine sichere und skalierbare Fitnessanwendung erstellen.

Deployen Sie die App – genau wie den Movie Explorer – auf Netlify: Der Prozess ist identisch. Ihre Supabase-Keys können bedenkenlos im Clientcode hinterlegt werden, da RLS die eigentlichen Daten schützt.

Im nächsten Kapitel, Kapitel 9, lernen Sie eine weitere Fähigkeit von Bolt kennen: die direkte Umwandlung von Figma-Designs in lauffähigen Code. Anstatt den Schwerpunkt auf Daten und Logik zu legen, werden wir uns damit beschäftigen, wie Bolt mit visuellem Design und Styling umgeht und Mock-ups in interaktive Anwendungen überführt.

Entwicklung einer Einkaufslisten-App mit Bolts Figma-Integration

In diesem Kapitel befassen wir uns mit Bolts Integration mit Figma, ein beliebtes UI-Designtool, und erstellen eine einfache Einkaufslisten-App.

Moderne Produktentwicklungsteams beginnen selten direkt mit dem Code. Stattdessen starten sie in Designtools wie Figma und entwerfen pixelgenaue Benutzeroberflächen, bevor sie auch nur eine einzige Zeile JavaScript schreiben. Dieses Kapitel beleuchtet diesen Workflow anhand eines praxisnahen Projekts: der Entwicklung einer Mobile-First-Einkaufslisten-App, die die Brücke schlägt zwischen visuellem Design und funktionalem Code.

Wir beginnen damit, indem wir in Figma eine einfache Benutzeroberfläche erstellen, und nutzen anschließend die Figma-Integration in Bolt, um dieses statische Design in eine funktionsfähige React-Anwendung zu überführen. Im Verlauf des Projekts erfahren Sie, wie Designentscheidungen die Codegenerierung beeinflussen, warum bestimmte Figma-Funktionen saubereren Code erzeugen und wie Sie einer importierten Benutzeroberfläche Interaktivität hinzufügen.

Die Design-to-Code-Pipeline

Bevor wir mit der Umsetzung beginnen, betrachten wir, was geschieht, wenn Sie in Bolt auf *Import from Figma* klicken. Im Hintergrund greift Bolt auf Technologie von Anima zurück, einer Plattform, die sich auf die Übersetzung visueller Designs in produktionsreifen Code spezialisiert hat. Anima analysiert die Struktur Ihrer Figma-Datei – Frames, Typografie, Abstände und vor allem die Auto-Layout-Einstellungen – und generiert daraus HTML, CSS und geeignete React-Komponenten.

Das ist keine Magie, auch wenn es sich so anfühlen mag. Anima sucht in Ihrem Design nach gängigen Webentwicklungsmustern: Eine vertikal gestapelte Gruppe von Frames mit einheitlichen Abständen wird zu einem Flexbox-Container. Sich wiederholende Elemente mit ähnlicher Struktur werden zu wiederverwendbaren Komponenten.

Textebenen werden zu semantischen HTML-Elementen. Je sauberer und strukturierter Ihr Design ist, desto sauberer wird auch der generierte Code ausfallen.

Einrichten Ihrer Designumgebung

Für dieses Kapitel benötigen Sie einen Figma-Account (*https://figma.com/signup*). Der kostenlose Tarif (*https://figma.com/pricing*) bietet alles, was für unser Einkaufslistenprojekt erforderlich ist. Rufen Sie *figma.com* auf und legen Sie ein Konto an, falls Sie noch keines haben. Das *Layers*-Panel (*https://oreil.ly/m45oZ*) auf der linken Seite, der Design-Canvas in der Mitte und das *Properties*-Panel auf der rechten Seite sind Ihre zentralen Werkzeuge.

Um dieses Kapitel möglichst schnell durchzuarbeiten, können Sie eine vorbereitete Figma-Datei aus dem Repository dieses Buchs (*https://bolt.addy.ie*) herunterladen. Sie orientiert sich bereits an den Best Practices, die wir im Verlauf des Kapitels besprechen werden, sodass der Import genau so abläuft, wie ich es im Folgenden beschreibe. Andererseits gewinnen Sie, wenn Sie das Design selbst erstellen, wertvolle Erkenntnisse darüber, wie Designentscheidungen die Codegenerierung beeinflussen.

Projektanforderungen

Die Einkaufslisten-App soll den Nutzern Folgendes ermöglichen:

- Anzeige einer Liste von Lebensmitteln
- Hinzufügen neuer Einträge über ein Eingabefeld
- Abhaken von Einträgen in der Liste
- Entfernen von Einträgen aus der Liste

Daraus ergibt sich, dass folgende Designelemente benötigt werden:

- ein Header: »Einkaufsliste«
- ein scrollbarer Listenbereich (mit einigen Beispieleinträgen wie »Äpfel« und »Brot«)
- eine Checkbox neben jedem Element, mit dem zwischen erledigtem und nicht erledigtem Status umgeschaltet werden kann
- eine Durchstreichung des jeweiligen Eintrags, sobald er als erledigt markiert ist
- ein Eingabefeld am unteren Rand mit dem Platzhaltertext »Neues Element hinzufügen ...« und einem *Hinzufügen*-Button oder einem Plussymbol

Erstellen des Designs für die Einkaufsliste

Beginnen wir damit, unsere Benutzeroberfläche von Grund auf zu entwickeln. Öffnen Sie Figma und erstellen Sie eine neue Designdatei (*https://oreil.ly/mPVYi*). Wir entwerfen zunächst nach dem Mobile-first-Prinzip, da Einkaufslisten überwiegend auf Smartphones genutzt werden, strukturieren das Layout jedoch von Anfang an responsiv.

Drücken Sie die Taste F, um das Frame-Tool (*https://oreil.ly/H8gNe*) zu aktivieren. In der rechten Seitenleiste sehen Sie Geräte-Presets (*https://oreil.ly/NrmwI*). Wählen Sie ein iPhone oder einen vergleichbaren mobilen Frame. Auf diese Weise arbeiten Sie mit realistischen Abmessungen. Nennen Sie Ihren Frame *GroceryList-Mobile*, indem Sie im *Layers*-Panel auf den Namen doppelklicken. Aussagekräftige Namen dienen nicht nur der Organisation – sie werden zu Komponentennamen in Ihrem generierten Code.

Jetzt folgt der wichtigste Schritt: das Aktivieren von Auto-Layout (*https://oreil.ly/lzrZy*). Wählen Sie Ihren Frame aus und drücken Sie Umschalt+A oder lokalisieren Sie im rechten Panel den Auto-Layout-Bereich und klicken auf das Plussymbol. Stellen Sie die Ausrichtung auf vertikal ein. Diese Aktion verwandelt Ihren statischen Frame in einen flexiblen Container, der sich wie eine CSS-Flexbox (*https://oreil.ly/FU9zy*) verhält. Ohne Auto-Layout kann es passieren, dass Anima absolute Positionierungen generiert, was die spätere automatische Anpassung an unterschiedliche Bildschirmgrößen verhindert. Mit Auto-Layout erhalten Sie von Beginn an responsiven Code.

Innerhalb des Auto-Layout-Frames erstellen wir nun unsere UI-Komponenten. Beginnen Sie mit dem Header. Erstellen Sie mit dem Text-Werkzeug (T) (*https://oreil.ly/Ua6t9*) einen Titel mit dem Text »Einkaufsliste« (oder »Grocery List« wie in den Screenshots, falls Sie die App international bereitstellen wollen). Benennen Sie diese Textebene im *Layers*-Panel in *HeaderTitle* um. Setzen Sie die Schriftgröße auf 24 Pixel und wählen Sie eine fette Schriftstärke. Die konkrete Schriftart ist dabei weniger entscheidend, Systemschriften wie SF Pro oder Inter lassen sich jedoch zuverlässiger übertragen als benutzerdefinierte Fonts.

Als Nächstes erstellen wir eine wiederverwendbare Komponente für die Listenelemente. Hier zahlt sich durchdachtes Design besonders aus. Erstellen Sie mit dem Frame-Werkzeug (F) einen neuen Frame und nennen Sie ihn *ListItem*. Aktivieren Sie für diesen Frame Auto-Layout mit horizontaler Ausrichtung. Fügen Sie darin drei Elemente hinzu:

- Erstellen Sie eine Checkbox. Zeichnen Sie mit dem Rechteck-Werkzeug (R) (*https://oreil.ly/TQJQA*) ein 20 × 20 Pixel großes Quadrat und platzieren Sie darin eine Häkchen-Form oder suchen alternativ in den Communityressourcen von Figma nach einer Checkbox-Komponente. Nennen Sie das Kästchen *ItemCheckbox*.

- Fügen Sie mit dem Text-Werkzeug ein Textelement hinzu. Geben Sie »Beispieleintrag« oder »Sample Item« als Platzhaltertext ein und nennen Sie die Ebene *ItemText*. Setzen Sie die Schriftgröße auf 16 Pixel.
- Erstellen Sie einen Button *Entfernen*. Nutzen Sie der Einfachheit halber das Text-Werkzeug, um ein rotes X-Zeichen hinzuzufügen. Nennen Sie es *DeleteButton*. Sie können stattdessen auch ein Icon verwenden, Text hat jedoch den Vorteil, dass keine externen Assets benötigt werden.

Wählen Sie alle drei Elemente aus und stellen Sie sicher, dass sie innerhalb Ihres auf Auto-Layout eingestellten *ListItem*-Frames sauber angeordnet und gleichmäßig verteilt sind. Setzen Sie den Abstand zwischen den Elementen auf 12 Pixel. So entsteht ausreichend visueller Freiraum, der sich in CSS in saubere Abstände übersetzt.

Duplizieren Sie nun den *ListItem*-Frame mehrmals, um eine Liste zu simulieren. Verwenden Sie als Text die Bezeichnungen gängiger Lebensmittel wie »Milch«, »Eier« und »Brot«. Aktivieren Sie eine oder zwei Checkboxen und wenden Sie einen durchgestrichenen Textstil an, um erledigte Einträge zu simulieren. Diese visuellen Zustände helfen Anima, die beabsichtigte Interaktivität zu verstehen.

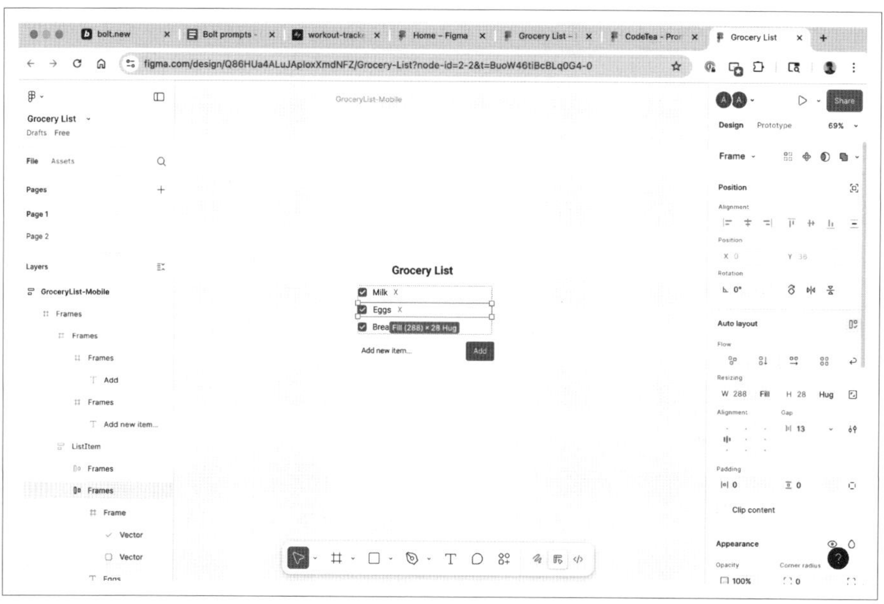

Abbildung 9.1: Figma-Design der Einkaufslisten-App mit Checkboxen und Buttons zum Entfernen von Einträgen

Erstellen Sie am unteren Rand Ihres Haupt-Frames den Eingabebereich. Zeichnen Sie ein Rechteck für das Texteingabefeld, es soll etwa 240 Pixel breit und 40 Pixel hoch sein. Fügen Sie darüber einen Platzhaltertext hinzu, der »Neuen Eintrag hinzufügen ...«

lautet, und gruppieren Sie diese Elemente als *InputField*. Erstellen Sie daneben einen Button *Hinzufügen* als weiteres Rechteck mit Textinhalt. Gruppieren Sie dieses Element als *AddButton*.

Wählen Sie sowohl die Gruppen *InputField* als auch *AddButton* aus und wenden Sie Auto-Layout mit horizontaler Ausrichtung an. Nennen Sie diesen Container *AddItemForm*. Diese Struktur signalisiert Anima, dass diese Elemente als funktionale Einheit zusammengehören.

Im *Layers*-Panel sollte nun eine klare Hierarchie zu sehen sein (siehe Abbildung 9.1): *GroceryList-Mobile* enthält *HeaderTitle*, mehrere *ListItem*-Instanzen sowie *AddItemForm*. Diese Organisation beeinflusst direkt die Komponentenstruktur im generierten Code.

Vorbereitung des Exports

Bevor wir das Design zu Bolt übertragen, stellen wir sicher, dass es den Best Practices folgt, die zu einer möglichst sauberen Codegenerierung führen. Überprüfen Sie, ob jedes inhaltlich relevante Element einen aussagekräftigen Namen hat. Generische Namen wie »Frame 1« oder »Text« werden im Code zu wenig sprechenden Variablennamen verarbeitet.

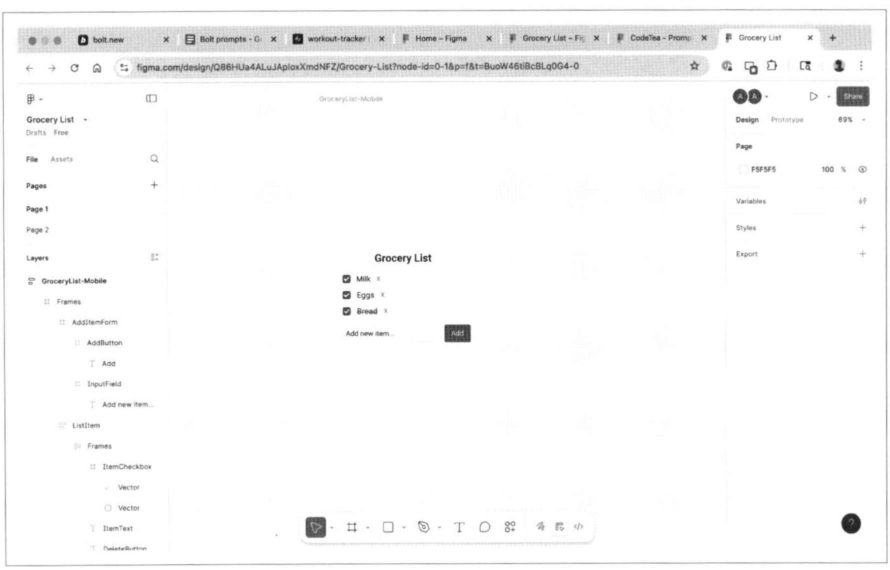

Abbildung 9.2: Optimierte Abstände und Ausrichtung im Einkaufslistendesign in Figma

Vergewissern Sie sich außerdem, dass durchgängig Auto-Layout angewendet wird. Der Haupt-Frame sollte vertikales Auto-Layout verwenden, die *ListItems* sowie *Add-*

ItemForm jeweils horizontales Auto-Layout. Diese verschachtelten Layouts werden in CSS auf gleichermaßen verschachtelte Flexbox-Container abgebildet und sorgen automatisch für ein responsives Verhalten.

Achten Sie auf Ihre Farbauswahl. Wenn Sie für den *Hinzufügen*-Button und die Häkchen dasselbe Blau verwenden, wird Anima dieses Muster vermutlich erkennen und eine entsprechende CSS-Variable erstellen. Konsistente Abstände helfen ebenfalls (siehe Abbildung 9.2). Setzen Sie zwischen allen Hauptbereichen beispielsweise konsequent 16 Pixel Abstand, kann dieser Abstand im generierten Code zentral definiert und mehrfach verwendet werden.

Importieren in Bolt

Ihr Design ist nun bereit, und es wird Zeit für die Überführung in Code (*https://oreil.ly/cHpj0*). Wählen Sie in Figma Ihren Haupt-Frame aus und klicken Sie in der oberen Werkzeugleiste auf den Share-Button. Wählen Sie im Drop-down-Menü *Copy link* (siehe Abbildung 9.3). Verwenden Sie nicht *Copy prototype link*. Wir benötigen die Designansicht, nicht die Präsentationsansicht.

Abbildung 9.3: Kopieren des Frame-Links

Als Nächstes müssen Sie Ihr Bolt-Konto mit Ihrem Figma-Konto verbinden (siehe Abbildung 9.4 und Abbildung 9.5). Gehen Sie in Bolt zu *Settings → Applications*, suchen Sie nach *Figma* und klicken Sie auf *Connect*. Sie werden nach Ihren Figma-Anmeldedaten gefragt sowie zur Erteilung der erforderlichen Berechtigungen aufgefordert. Autorisieren Sie die Verbindung.

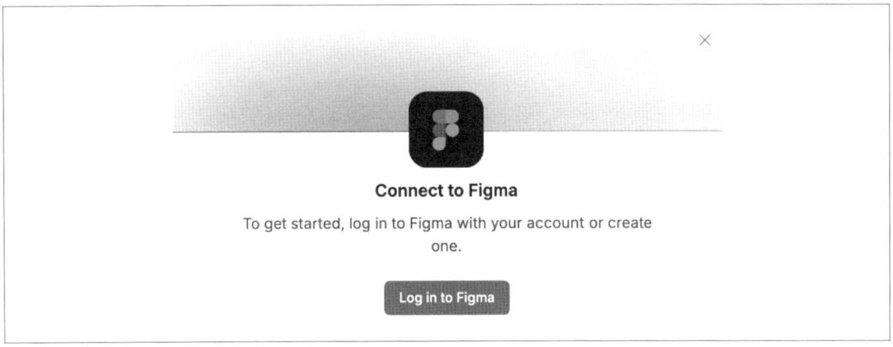

Abbildung 9.4: Aufforderung zum Log-in in Figma

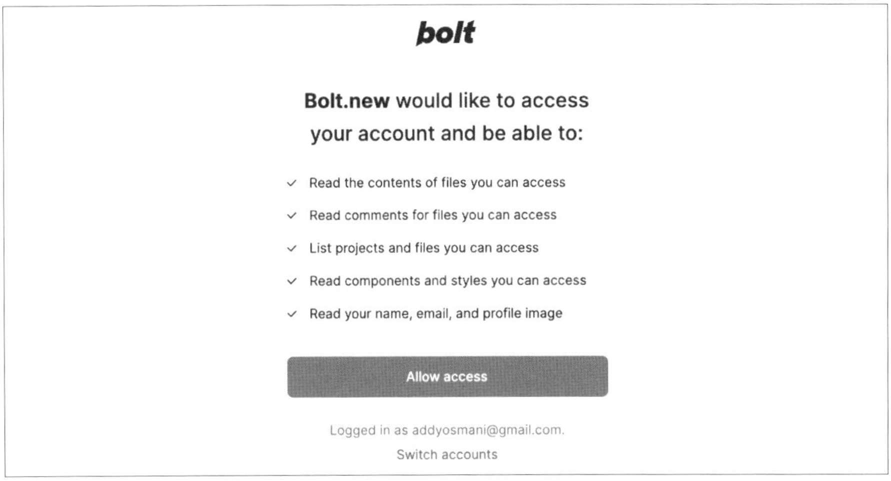

Abbildung 9.5: Bolt fragt nach der Autorisierung des Zugriffs auf Figma.

Erstellen Sie anschließend in Bolt ein neues Projekt. Beim Anlegen eines neuen Projekts wird Ihnen die Option *Import from Figma* angeboten. Klicken Sie darauf und fügen Sie Ihren Figma-Link ein (siehe Abbildung 9.6). Bolt stellt eine Verbindung zum Dienst von Anima her, analysiert Ihr Design und generiert daraus ein React-Projekt.

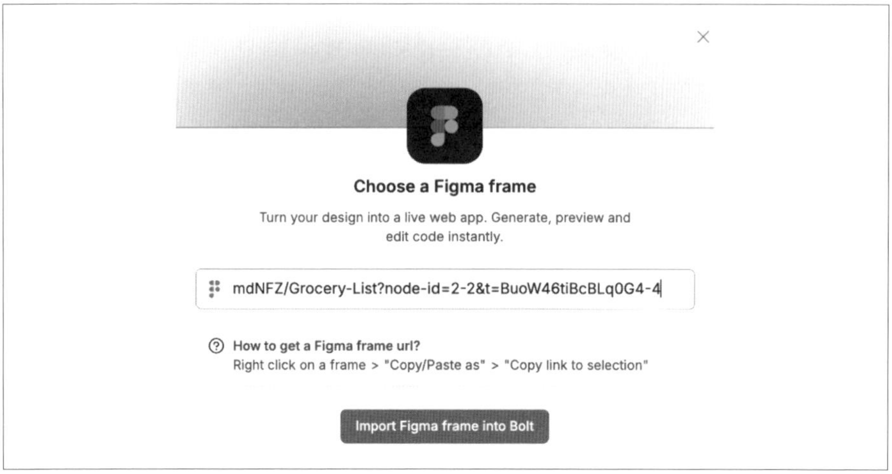

Abbildung 9.6: Eingabe des Figma-Links, um die Codegenerierung in Bolt zu starten

Der Importvorgang dauert in der Regel 10 bis 30 Sekunden. Danach öffnet Bolt einen Editor mit dem generierten Code. Nehmen Sie sich einen Moment Zeit, um sich die Dateistruktur zu erschließen. Sie werden wahrscheinlich eine *App.js*-Datei sehen, die Ihre Hauptkomponente enthält, möglicherweise separate Komponentendateien für wiederkehrende Elemente wie *ListItem* sowie CSS-Dateien für das Styling (siehe Abbildung 9.7).

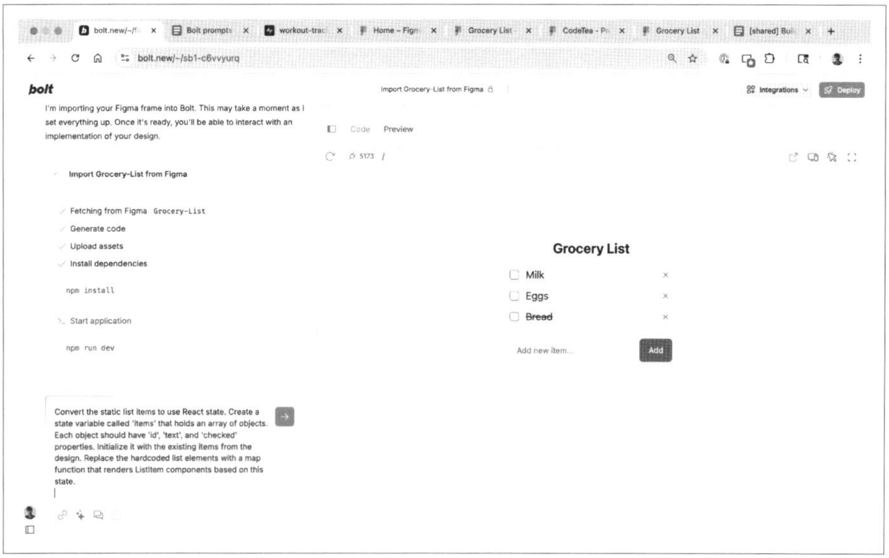

Abbildung 9.7: Vorschau der ersten Version der generierten Einkaufslisten-App nach dem Import

Der generierte Code folgt Ihren Designentscheidungen. Haben Sie konsequent Auto-Layout eingesetzt, sehen Sie entsprechendes Flexbox-CSS, haben Sie Ihre Ebenen sinnvoll benannt, finden Sie aussagekräftige Komponenten- und Variablennamen. Die statischen Listenelemente aus Ihrem Design erscheinen als hartcodierte JSX-Elemente. Unsere nächste Aufgabe besteht darin, diese zu dynamisieren.

Vom statischen Design zur dynamischen Anwendung

Der importierte Code liefert zwar die Struktur, aber noch kein Verhalten. Unsere Einkaufsliste zeigt derzeit dauerhaft dieselben Einträge an, und Klicks auf Schaltflächen bewirken nichts. Das ändern wir mithilfe von Reacts State-Management (*https://oreil.ly/sRJ4R*).

Das State-Konzept zu verstehen, ist wesentlich für die nächsten Schritte. In React repräsentiert der State Daten, die sich im Laufe der Zeit ändern können. Sobald sich der State ändert, aktualisiert React automatisch die Benutzeroberfläche, um die aktualisierten Daten widerzuspiegeln. Für unsere Einkaufsliste werden die Einträge im State verwaltet – sie können hinzugefügt, entfernt oder als erledigt markiert werden.

Beginnen wir damit, die Liste dynamisch zu machen. Momentan enthält Ihr Code vermutlich noch fest codierte Listenelemente. Diese müssen wir durch Einträge ersetzen, die aus einem State-Array generiert werden. Formulieren Sie einen entsprechenden Bolt-Prompt:

> Wandle die statischen Listeneinträge so um, dass sie über React-State verwaltet werden. Erstelle eine State-Variable mit dem Namen »items«, die ein Array von Objekten enthält. Jedes Objekt sollte die Eigenschaften »id«, »text« und »checked« haben. Initialisiere die Variable mit den bestehenden Elementen aus dem Design. Ersetze die fest codierten Listenelemente durch eine map-Funktion, die ListItem-Komponenten auf Basis dieses States rendert.

Bolt wird Ihren Code so anpassen, dass er den `useState`-Hook von React verwendet. Dieser Hook stellt eine State-Variable sowie eine Funktion zu deren Aktualisierung bereit. Falls Sie React noch nicht kennen, mag die Syntax ungewohnt wirken, sie beschreibt jedoch einen Mechanismus, bei dem Änderungen am State automatisch zu einer Aktualisierung der Benutzeroberfläche führen.

Die von Bolt eingefügte `map`-Funktion ist die in JavaScript übliche Methode, um Arrays zu transformieren. Sie wird auf dem Array aufgerufen und erzeugt für jedes Element eine *ListItem*-Komponente – so entsteht eine dynamische Liste, die immer den aktuellen State widerspiegelt. Beachten Sie, dass Bolt jedem gemappten Element eine `key`-Prop hinzufügt – React nutzt diese Schlüssel, um die Liste bei Änderungen effizient zu aktualisieren.

Interaktivität hinzufügen

Da unsere Liste nun State-basiert ist, können wir die Möglichkeit ergänzen, neue Einträge anzulegen. Das Eingabefeld und der *Hinzufügen*-Button müssen dabei zusammenspielen: Das Eingabefeld erfasst die Nutzereingabe, und die Schaltfläche fügt diesen Text als neues Element hinzu. Prompt für Bolt:

> Implementiere die Funktionalität des Formulars zum Hinzufügen von Einträgen. Verwalte den Wert des Eingabefelds im State. Wenn der »Hinzufügen«-Button geklickt oder im Eingabefeld die Enter-Taste gedrückt wird, lege ein neues Item mit einer eindeutigen ID an und füge es dem Items-Array hinzu. Leere das Eingabefeld danach wieder. Füge keine leeren Items hinzu.

Bolt setzt das mithilfe eines weiteren `useState`-Hooks (*https://oreil.ly/-t0VN*) für den Wert des Eingabefelds um. Außerdem fügt es Event-Handler (*https://oreil.ly/cITfQ*) hinzu, also Funktionen, die als Reaktion auf Nutzeraktionen ausgeführt werden. Der `onChange`-Handler (*https://oreil.ly/7ksTw*) aktualisiert bei jedem Tastendruck den Eingabe-State und erzeugt so das, was in React als »controlled component« bezeichnet wird: ein Eingabeelement, dessen Wert explizit von React verwaltet wird.

Der *Hinzufügen*-Button erhält einen `onClick`-Handler, der ein neues Item-Objekt erzeugt und es dem Array hinzufügt. Bolt verwendet in der Regel den Spread-Operator (`...items`), um ein neues Array zu erzeugen, anstatt das bestehende zu ändern – dieses sogenannte *Immutable Update Pattern* ist entscheidend, weil React nur bei einer neuen Objekt- bzw. Array-Referenz erkennt, dass sich der State geändert hat und die Benutzeroberfläche neu gerendert werden muss.

Testen Sie die neue Funktionalität: Geben Sie »Käse« ein und klicken Sie auf *Hinzufügen*. Das neue Element sollte sofort erscheinen. Versuchen Sie, ein leeres Element hinzuzufügen: In diesem Fall sollte nichts passieren. Drücken Sie anschließend im Eingabefeld die Enter-Taste: Das Verhalten sollte dem Klick auf *Hinzufügen* entsprechen.

Implementierung der Checkbox-Funktionalität

Unsere Checkboxen wirken zwar interaktiv, sind aber noch funktionslos. Binden wir sie nun an State-Änderungen:

> Wird eine Checkbox angeklickt, soll die checked-Eigenschaft des entsprechenden Eintrags im State umgeschaltet werden. Auf erledigte Einträge soll ein Durchstreichungsstil angewendet werden. Stelle sicher, dass der visuelle Zustand der Checkbox die checked-Eigenschaft widerspiegelt.

Bolt fügt jeder Checkbox daraufhin einen `onChange`-Handler hinzu, der das entsprechende Element findet und dessen `checked`-Wert invertiert. Das Styling kann über bedingte CSS-Klassen oder Inline-Styles erfolgen. Beide Ansätze funktionieren, aber Klassen sind in der Regel übersichtlicher.

Entscheidend ist hier, dass wir das Array, das die Einträge enthält, niemals direkt verändern. Stattdessen erstellen wir ein neues Array, das den aktualisierten Eintrag enthält und damit Reacts Erwartung einer »immutablen Zustandsaktualisierung« erfüllt. Dieses Vorgehen ist ein durchgängiges Grundprinzip in React-Anwendungen. Erstellen Sie daher stets neue Objekte oder Arrays, anstatt bestehende zu modifizieren.

Einträge entfernen

Die X-Buttons sollen Elemente aus der Liste entfernen. Das ist einfacher als das Umschalten – wir filtern das gelöschte Element einfach heraus:

> Wenn der Entfernen-Button (X) angeklickt wird, entferne dieses Element aus dem items-Array. Verwende dazu die filter-Methode, um ein neues Array zu erstellen, das das entfernte Element ausschließt.

Die `filter`-Methode ist für diese Aufgabe ideal. Sie erstellt ein neues Array, das nur Elemente enthält, die einen Test bestehen. In unserem Fall lautet der zu bestehende Test: »Unterscheidet sich das zu prüfende Element von demjenigen, das wir entfernen wollen?« Bolt prüft das durch einen Vergleich anhand der ID des Elements.

Testen Sie den gesamten Ablauf (siehe Abbildung 9.8): Fügen Sie mehrere Elemente hinzu, haken Sie einige ab und entfernen Sie andere. Die Liste sollte bei jeder Aktion reibungslos aktualisiert werden. Wenn Elemente verschwinden oder das falsche Element gelöscht wird, liegt das Problem wahrscheinlich darin, wie die IDs verglichen werden.

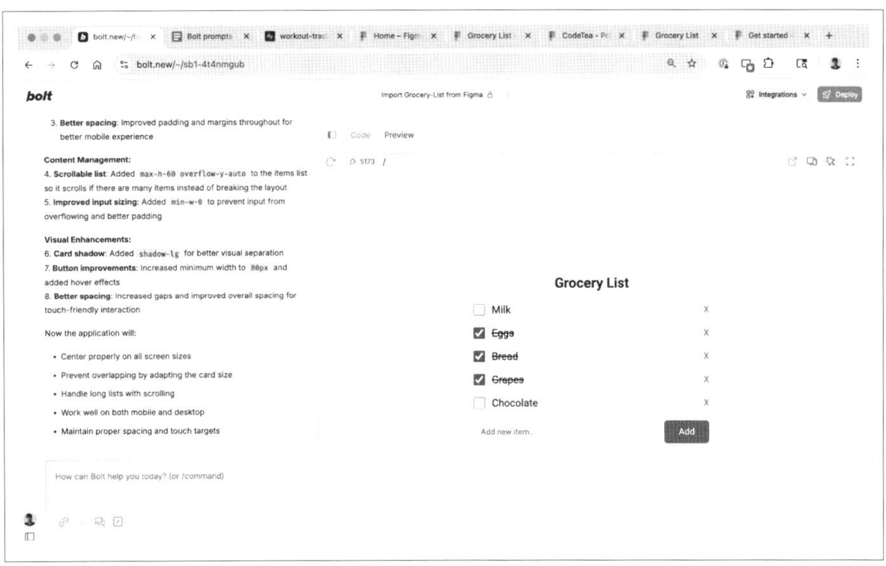

Abbildung 9.8: Aktualisierte Benutzeroberfläche in Bolt mit mehreren abgehakten und durchgestrichenen Einträgen und Buttons zum Entfernen von Einträgen

Persistenz hinzufügen

Derzeit wird Ihre Einkaufsliste beim Neuladen der Seite gelöscht. Der lokale Speicher des Browsers – der `localStorage` (*https://oreil.ly/CDpAe*) – bietet eine einfache Lösung für dieses Problem. Es handelt sich um einen Key-Value-Store, der Daten auch nach dem Schließen des Browsers beibehält (persistiert). Prompten wir:

> Speichere das Array mit den Einträgen bei jeder Änderung im localStorage. Prüfe beim Laden der App, ob im localStorage gespeicherte Einträge vorhanden sind, und verwende sie als initialen State. Speichere die Daten als JSON-String.

Zur Umsetzung nutzt Bolt den React-Hook `useEffect` (*https://oreil.ly/r8Tqs*). Dieser Hook kümmert sich um sogenannte *Side Effects* (Nebeneffekte) – Operationen, die mit der Welt außerhalb von React interagieren. Ein solcher Effect lädt die gespeicherten Einträge, wenn die Komponente gemountet wird. Ein weiterer Effect speichert die Einträge bei allen Änderungen.

Das Dependency-Array von `useEffect` ist dabei entscheidend. Ein leeres Array bedeutet: »Einmal beim Mounten ausführen.« Ein Array mit `[items]` bedeutet: »Jedes Mal ausführen, wenn sich `items` ändert.« Durch diesen deklarativen Ansatz muss nicht manuell nachverfolgt werden, wann Daten gespeichert oder geladen werden müssen.

Testen Sie die Persistenz, indem Sie Einträge hinzufügen, die Seite neu laden und dann überprüfen, ob die bisherigen Einträge weiterhin angezeigt werden. Öffnen Sie die Entwicklerwerkzeuge Ihres Browsers, um die tatsächlichen `localStorage`-Daten zu untersuchen. In Chrome finden Sie sie unter *Local storage* im Tab *Application*.

Responsivität verbessern

Obwohl das Auto-Layout in Figma dafür sorgt, dass Bolt für eine grundlegende Responsivität sorgt, können wir diese weiter verbessern. Da der Button *Hinzufügen* und das Eingabefeld auf sehr schmalen Bildschirmen möglicherweise untereinander angeordnet werden müssen, formulieren wir folgenden Prompt:

> Stelle sicher, dass AddItemForm auf schmalen Bildschirmen gut funktioniert. Bei mobilen Bildschirmbreiten sollen Schaltfläche und Eingabefeld, falls sie aus Platzgründen nicht nebeneinander dargestellt werden können, vertikal gestapelt werden. Das Eingabefeld soll sich dann über die gesamte verfügbare Breite erstrecken, während der Button eine sinnvolle Mindestbreite beibehält.

Bolt fügt möglicherweise Media Queries hinzu oder verlässt sich auf das generische Umbruchverhalten von Flexboxen. Vermeiden Sie feste Pixelbreiten dort, wo sich Prozentwerte oder Flex-Eigenschaften besser eignen. Im Eingabefeld bietet sich `flex: 1` an, um den gesamten verfügbaren Platz auszufüllen. Im Button hilft `flex: 0 0 auto`, damit er seine natürliche Größe beibehält.

User Experience verbessern

Kleine Details können gute in großartige Apps verwandeln. Fügen wir deshalb noch zwei Verbesserungen hinzu, die die App deutlich professioneller wirken lassen.

Erstens sollen Nutzer nach dem Hinzufügen eines Eintrags nicht erneut in das Eingabefeld klicken müssen. Der Fokus lässt sich automatisch wiederherstellen:

> Fokussiere nach dem erfolgreichen Hinzufügen eines Eintrags automatisch das Eingabefeld, damit Nutzer sofort den nächsten Eintrag vornehmen können. Verwende ein Ref, um direkt auf das Input-Element zuzugreifen.

React-Refs (*https://oreil.ly/_m1T2*) ermöglichen den direkten Zugriff auf DOM-Elemente. Obwohl normalerweise React das DOM für uns verwaltet, müssen wir gelegentlich selbst eingreifen und den Fokus, die Scrollposition oder andere Browser-APIs steuern. Der Aufruf `inputRef.current.focus()` weist den Browser an, unser Eingabefeld zum aktiven Element zu machen.

Zweitens sorgen wir dafür, dass der Listenbereich scrollbar ist, wenn er zu lang wird:

> Mache den Listenbereich scrollbar, wenn er viele Einträge enthält. Dabei soll die Liste unabhängig von Header und Eingabefeld, die fixiert und sichtbar bleiben sollen, gescrollt werden können. Lege eine angemessene Maximalhöhe für den Listen-Container fest.

Bei diesen Anweisungen geht es mehr um CSS als um React. Bolt fügt dem Listen-Container möglicherweise `overflow-y: auto` hinzu und setzt eine `max-height`. Die genaue Implementierung hängt von der jeweiligen Layoutstruktur ab, Ziel ist jedoch, dass zentrale Bedienelemente stets erreichbar bleiben.

Häufige Probleme und Troubleshooting

Bei der Arbeit mit Figma-Importen können einige typische Probleme auftreten. Wenn Sie diese kennen, können Sie Probleme besser beheben und von Anfang an bessere Layouts entwerfen.

Absolute Positionierung
: Absolute Positionierungen treten häufig auf, wenn Figma-Frames kein Auto-Layout verwenden. Der generierte Code positioniert Layoutelemente dann möglicherweise anhand exakter Pixelkoordinaten, was die Responsivität beeinträchtigt. Die Lösung besteht darin, entweder das Figma-Design zu aktualisieren oder Bolt per Prompt anzuweisen, den Code mit Flexbox neu aufzubauen.

Generische Bezeichnungen
: Generische Bezeichnungen in Figma führen zu nicht sprechendem Code. Eine Komponente, die in Figma beispielsweise den Namen »Frame 42« trägt, bekommt in Bolt einen entsprechend wenig aussagekräftigen Variablennamen. Zwar lassen sich Namen nach dem Import ändern, doch von Beginn an eindeutige Bezeichnungen zu verwenden, spart Zeit und reduziert Verwirrung.

Direkte Updates des States
: Direkte Updates des States führen zu subtilen Bugs. Wenn Elemente nicht korrekt aktualisiert werden, prüfen Sie, ob der State möglicherweise direkt verändert wird. React rendert nur neu, wenn im State Objekte oder Arrays durch neue ersetzt, und nicht, wenn bestehende modifiziert werden.

Cross-Origin-Probleme
: Cross-Origin-Probleme betreffen externe Bilder. Wenn Ihr Figma-Design Bilder enthält, die extern gehostet werden, kann deren Einbindung aufgrund von Sicherheitsrichtlinien blockiert werden. Verwenden Sie Inline-SVGs oder textbasierte Icons, um dieses Problem vollständig zu vermeiden.

Design Patterns für bessere Importe

Die Erfahrung hat gezeigt, dass bestimmte Figma-Muster konsistent besseren Code erzeugen. Wer diese Muster beherrscht, verschlankt den Workflow und reduziert den Nachbearbeitungsaufwand nach dem Import.

Komponenteninstanzen in Figma lassen sich gut auf React-Komponenten abbilden. Wenn Sie in Figma eine Komponente für *ListItem* erstellen und Instanzen davon verwenden, generiert Anima mit höherer Wahrscheinlichkeit eine wiederverwendbare React-Komponente, anstatt Code zu duplizieren.

Konsistente Abstände führen zu saubererem CSS. Wenn Sie zwischen allen Hauptabschnitten einen Abstand von 16 Pixeln verwenden, erkennt Anima dieses Muster möglicherweise und legt eine entsprechende Abstandsvariable an. Willkürliche Abstandswerte können über den CSS-Code verstreute Magic Numbers zur Folge haben, also hartcodierte Zahlenwerte ohne semantische Bedeutung.

Eine semantische Farbverwendung verbessert die Wartbarkeit. Wenn für alle interaktiven Elemente (Schaltflächen, Links, Checkboxen) dieselbe Farbe eingesetzt wird, könnte das zur Definition einer CSS-Variablen wie `--primary-color` führen. Das erleichtert Theme-Wechsel.

Auto-Layout-Constraints bestimmen das responsive Verhalten. Elemente mit der Einstellung *Fill container* werden zu `flex: 1`. Elemente mit der Einstellung *Fixed width* behalten ihre Größe bei. Das Verständnis dieser Zuordnungen hilft Ihnen, das Design bereits im Hinblick auf den zu generierenden Code zu gestalten.

Mögliche Erweiterungen der App

Unsere Einkaufsliste ist bewusst einfach gehalten, aber die behandelten Entwurfsmuster lassen sich auch auf komplexere Anwendungen übertragen. Der gleiche Workflow – Design in Figma, Import nach Bolt, Hinzufügen von Interaktivität durch Prompts – funktioniert auch bei der Entwicklung von Dashboards, Social Feeds oder E-Commerce-Oberflächen.

Überlegen Sie, wie sich diese App erweitern ließe. Sie könnten Kategorien einführen, die versuchen, die Abteilungen im Supermarkt abzubilden. Sie könnten Mengenangaben ergänzen. Über Freigaben könnten Familienmitglieder Listen gemeinsam bearbeiten. Neue Features würden dem bekannten Ablauf folgend entstehen: Zuerst entwerfen Sie die UI, dann importieren Sie sie und ergänzen anschließend das Verhalten über React-State und Effects.

Die Figma-Integration zeigt ihre Stärken besonders dann, wenn Designer und Entwicklerinnen zusammenarbeiten. Designerinnen können sich auf die visuelle Gestaltung konzentrieren, während Entwickler Logik und Datenfluss hinzufügen. Der generierte Code bietet eine gemeinsame Grundlage, wodurch Missverständnisse reduziert werden und doppelte Arbeit vermieden wird.

Zusammenfassung

In diesem Kapitel wurde ein grundlegend anderer Ansatz vorgestellt als in den bisherigen Projekten. Anstatt eine Benutzeroberfläche durch Prompts zu beschreiben, haben wir sie visuell entworfen und diese Vision in Code übersetzen lassen. Dieser Workflow spiegelt die Arbeitsweise professioneller Entwicklungsteams wider, bei denen das Design der Implementierung vorausgeht.

Es gibt einige wichtige Erkenntnisse, die zu merken sich lohnt. Erstens wirken sich gute Designpraktiken in Figma direkt auf die Codequalität aus. Auto-Layout, semantische Benennung und die Wiederverwendung von Komponenten sind nicht nur Designfeinheiten – sie entscheiden darüber, ob der generierte Code gut wartbar sein oder chaotisch wirken wird.

Zweitens ist der Import nur der Anfang, nicht das Ende. Es ist unrealistisch, von einem statischen Designimport sofort pixelgenaue, vollständig interaktive Anwendungen zu erwarten. Es geht vielmehr um eine Beschleunigung des mühsamsten Teils des Entwicklungsprozesses: die Übersetzung eines visuellen Designs in strukturiertes Markup und strukturierte Styles.

Drittens sind die React-Muster immer die gleichen, egal wie Sie ein Projekt beginnen. Unabhängig davon, ob Sie mit einem Figma-Import oder einer leeren Datei beginnen, verwenden Sie State für dynamische Daten, Effects für Seiteneffekte und Refs für imperative Operationen. Der Import bietet lediglich einen alternativen Ausgangspunkt.

Unsere einfache Einkaufsliste erforderte kein Backend, keine Authentifizierung und kein komplexes State-Management. Dennoch ist es eine voll funktionsfähige Anwendung, die professionell aussieht und zuverlässig funktioniert. Manchmal sind die einfachsten Lösungen die besten. Im nächsten Kapitel werden wir das Zusammenspiel von Bolt und StackBlitz untersuchen.

KAPITEL 10

StackBlitz für Bolt-Anwender

In diesem Kapitel arbeiten wir mit der Movie-Explorer-App, die Sie in den Kapiteln 5 und 6 entwickelt haben. Sie sind jetzt so weit, die manuelle Kontrolle über Ihr Projekt übernehmen zu können und Ihr Bolt-Projekt in den StackBlitz-Editor zu überführen (beides sind Produkte des Unternehmens StackBlitz). Wir beginnen mit den Grundlagen von StackBlitz und gehen dann Schritt für Schritt den Export Ihres Projekts und die Entwicklung im Cloud-Editor durch, damit Sie ein Gefühl für die Unterschiede im Workflow zwischen dem KI-getriebenen Ansatz von Bolt und dem Hands-on-Coding mit StackBlitz bekommen. Wenn wir die TMDB-Film-App in StackBlitz erfolgreich um neue Funktionen erweitert haben, werden Sie sich im Umgang mit StackBlitz – als leistungsfähige Lernplattform wie als tägliche Entwicklungsumgebung – bereits sicher fühlen.

Bevor wir einsteigen, sollten wir kurz klären, was Sie im Folgenden erwartet. Bei der Arbeit mit StackBlitz werden Sie Code direkt bearbeiten, anstatt Änderungen in natürlicher Sprache zu beschreiben. Sie benötigen eine grundlegende Vertrautheit mit der Programmiersprache Ihrer App – wahrscheinlich JavaScript oder TypeScript sowie HTML und CSS – oder doch zumindest die Bereitschaft, durch das Lesen und Anpassen des von Bolt generierten Codes mehr über diese Sprachen zu lernen. Das ist geht über eine »No-Code-Erfahrung« hinaus: Sie vollziehen damit den Übergang von der KI-gestützten Entwicklung zum praktischen Programmieren. Machen Sie sich keine Sorgen, wenn Sie kein Experte sind: Bolt hat Ihnen eine solide Ausgangsbasis geliefert, und Sie können enorm viel lernen, indem Sie mit dem erzeugten Code experimentieren. Wenn Sie allerdings noch nie eine Zeile JavaScript gesehen haben, sollten Sie vielleicht etwas Zeit mit einem grundlegenden Programmiertutorial verbringen, bevor Sie sich in StackBlitz stürzen.

Obwohl Sie StackBlitz auch ohne Konto nutzen können, empfehle ich Ihnen, ein kostenloses StackBlitz-Konto zu eröffnen, bevor Sie beginnen. Sie können sich direkt auf *stackblitz.com* (*http://stackblitz.com*) registrieren oder sich mit einem bestehenden GitHub- oder Google-Konto anmelden. Ein Konto stellt sicher, dass Sie Ihre Arbeit speichern, später zu Projekten zurückkehren und zusätzliche Funktionen wie die GitHub-Integration nutzen können.

Einführung in StackBlitz

StackBlitz (*https://oreil.ly/ZdZKQ*) ist eine *integrierte Entwicklungsumgebung* (IDE, *Integrated Development Environment*), die vollständig online in Ihrem Webbrowser läuft. Stellen Sie es sich wie Google Docs für Programmierer vor: Sie können Code sofort online erstellen, bearbeiten und ausführen, ohne irgendetwas auf Ihrem Rechner installieren zu müssen. Es ist weder erforderlich, einen lokalen Entwicklungsserver einzurichten, noch, Node.js zu installieren oder Build-Tools zu konfigurieren – StackBlitz erledigt all das im Hintergrund. Sie öffnen StackBlitz einfach, wählen eine Projektvorlage aus (wie Angular, React oder reines JavaScript) und sind unmittelbar bereit, mit einer voll funktionsfähigen Entwicklungsumgebung zu programmieren. Da alles in der Cloud läuft, vermeiden Sie die typische Entwicklerfrustration, wenn etwas, das auf dem eigenen Rechner läuft, in anderen Umgebungen den Dienst verweigert. Jede Person, die Ihr Projekt öffnet, führt es in exakt derselben Umgebung aus.

StackBlitz erreicht dies durch eine Technologie namens WebContainer (*https://webcontainers.io*), die es ermöglicht, Node.js-Code in Ihrem Browser auszuführen. Um zu verstehen, wie bemerkenswert das ist, muss man wissen, dass für die Ausführung von serverseitigem Code traditionell entweder ein separater Server oder ein lokaler Rechner nötig war. WebContainer stellen einen Durchbruch dar, da im Grunde ein winziger, Node.js-fähiger Computer in einem Browser-Tab betrieben wird. Diese 2021 von StackBlitz entwickelte Technologie (*https://oreil.ly/Xtztc*) nutzt WebAssembly, um in etwas, das als leichtgewichtiges Betriebssystem bezeichnet werden könnte, Node.js-Anwendungen vollständig innerhalb der Sicherheits-Sandbox des Browsers auszuführen.

Die praktischen Vorteile dieses Ansatzes für die Entwicklung sind ziemlich revolutionär:

- Sie können `npm install` direkt im Browser ausführen, um Pakete hinzuzufügen, genau wie auf Ihrem lokalen Rechner. Die Pakete werden innerhalb der WebContainer-Umgebung heruntergeladen und installiert und stehen sofort für ihren Einsatz im Code bereit.
- Sie können einen Express-Server starten (wie in Kapitel 5), der tatsächlich läuft, ohne dass Sie den Browser verlassen müssen, HTTP-Anfragen bedient und Backend-Logik verarbeitet. Der Server läuft innerhalb des WebContainers und ist über spezielle URLs erreichbar, die StackBlitz generiert.
- Die Umgebung startet extrem schnell und konsistent. Im Gegensatz zu herkömmlichen Entwicklungsumgebungen, die sich auf unterschiedlichen Rech-

nern unterschiedlich verhalten oder sogar Fehler produzieren können, bieten WebContainer Umgebungen, die für alle Nutzer absolut identisch sind.

- Alles läuft sicher und isoliert innerhalb der Sandbox Ihres Browsers. Der Code installiert tatsächlich nichts auf Ihrer physischen Maschine und kann daher weder Ihrem System schaden noch auf Ihre Dateien zugreifen. Diese Isolation gibt Ihnen die Freiheit, völlig risikolos mit Paketen und Konfigurationen zu experimentieren.

Wenn Bolt Ihr Projekt erstellt, agiert dessen KI-Agent innerhalb derselben WebContainer-Umgebung mit speziellen Rechten. Die KI schreibt nicht nur Code, sondern steuert auch das Dateisystem, führt Terminalbefehle aus und startet Server innerhalb des Containers. Deshalb kann Bolt, wenn Sie nach einer Next.js-App fragen, das Projekt sofort initialisieren (und dazu intern `npm install` und `npm run dev` ausführen) und Ihnen unmittelbar eine funktionierende Anwendung mit Live-Entwicklungsserver anzeigen. Dieses gesamte komplexe Setup erfolgt automatisch im WebContainer – und das Ergebnis sehen Sie im Vorschaufenster von Bolt.

Stellen Sie sich WebContainer wie ein »Containerschiff in der Flasche« vor: eine vollständige Container-Umgebung wie Docker – auf ein Format geschrumpft, das in die Grenzen eines Webbrowsers passt –, eine technische Meisterleistung, die bemerkenswerte Möglichkeiten eröffnet. So könnten Sie in Bolt beispielsweise prompten:

> Richte eine neue Express.js-Route unter /api/users ein, die eine JSON-Liste der Nutzer zurückgibt.

Falls es in Ihrem Projekt noch keine dedizierte Serverdatei für Backend-Logik gibt, legt Bolt eine an und ergänzt dort die gewünschte Route. Der Server läuft im WebContainer, und Sie können die URL */api/users* tatsächlich über die Browservorschau aufrufen. Die Antwort kommt direkt vom im Browser laufenden Node-Server, erreichbar unter einer URL wie *https://<project-id>.webcontainer.io/api/users*.

Wenn Sie in Bolt externe Dienste wie Supabase verwenden, läuft zwar die Datenbank selbst nicht im WebContainer (Supabase ist ein Cloud-Dienst), aber sämtlicher Code für Abfragen oder Authentifizierung wird in der Node-Umgebung Ihrer Bolt-App innerhalb des Containers ausgeführt. Das bedeutet, dass Sie Serverrouten erstellen können, die Supabase abfragen, Stripe-APIs aufrufen oder mit anderen externen Diensten interagieren – und alles wird sicher in der Sandbox Ihres Browsers ausgeführt.

Sie fragen sich jetzt vielleicht: »Ich habe meine App doch bereits mit Unterstützung von Bolt entwickelt – wozu brauche ich dann noch StackBlitz?« Die Antwort liegt im Übergang von der unterstützten Entwicklung hin zum eigenständigen Programmieren. Bolt glänzt, wenn es darum geht, mit KI-Unterstützung schnell Projekte zu generieren. Aber mit zunehmender Erfahrung und spezifischer werdenden Projektanforderungen werden Sie vielleicht den Wunsch entwickeln, eine genauere Kontrolle über

Ihren Code zu bekommen. StackBlitz bietet Ihnen eben diese Detailkontrolle in einer zugänglichen Entwicklungsumgebung.

Die Arbeit mit Bolt lässt sich mit einer Autofahrt vergleichen, bei der ein erfahrener Chauffeur das Auto steuert, während Sie nur das Ziel vorgeben. Die KI kümmert sich um die technischen Details des Programmierens, während Sie sich darauf konzentrieren, die gewünschten Ergebnisse zu beschreiben. Bei StackBlitz übernehmen Sie selbst das Steuer. Sie sind vollständig verantwortlich für Lenkung, Beschleunigung und Navigation, haben dafür aber die vollständige Kontrolle über die gewählte Route und können diese auf Basis der aktuellen Straßenverhältnisse jederzeit anpassen.

Für Entwicklerinnen und Entwickler mit wenig Erfahrung beseitigt StackBlitz die einschüchternden Einstiegshürden, die viele Menschen oft davon abhalten, mit dem Programmieren zu beginnen. Bei StackBlitz müssen Sie weder webpack konfigurieren noch Node.js-Versionen installieren oder sich mit Konflikten zwischen unterschiedlichen Entwicklungsumgebungen auseinandersetzen. Stattdessen können Sie sich ganz darauf konzentrieren, zu verstehen, wie Code funktioniert, indem Sie manuelle Änderungen vornehmen und unmittelbar die Ergebnisse beobachten. Die Oberfläche ist anschaulich und interaktiv gestaltet und hilft Ihnen dabei, ursächliche Verknüpfungen zwischen dem geschriebenen Code und dem Verhalten der laufenden Anwendung herzustellen.

Im Grunde stellt StackBlitz eine komplette Full-Stack-Entwicklungsumgebung bereit, die über jeden modernen Webbrowser zugänglich ist. Anwender, die von Bolt kommen, können auf diese Weise von KI-generierten Startpunkten aus zum praktischen Programmieren übergehen, ohne zusätzliche Software auf Ihrem Computer installieren oder konfigurieren zu müssen.

Exportieren Ihres Bolt-Projekts zu StackBlitz

Die Entwickler von Bolt haben die Plattform in der Erwartung konzipiert, dass Anwenderinnen und Anwender ihre KI-generierten Projekte früher oder später manuell verfeinern möchten. Deshalb bietet Bolt eine unkomplizierte Möglichkeit, das eigene Projekt direkt in StackBlitz zu öffnen. So gehen Sie dafür Schritt für Schritt vor:

1. *Öffnen Sie Ihr Bolt-Projekt.*

   Starten Sie Bolt und navigieren Sie zur Movie-Explorer-App, die wir in früheren Kapiteln erstellt haben. Sie sehen die vertraute Bolt-Oberfläche mit der Vorschau Ihrer App sowie den KI-Chatverlauf, über den Sie den Entwicklungsprozess gesteuert haben.

2. *Lokalisieren Sie die Export-Option.*

   Am oberen Rand der Bolt-Benutzeroberfläche steht der Name Ihres Projekts. Daneben befindet sich ein Drop-down-Menü. Klicken Sie auf dieses Menü, wählen Sie *Export* und anschließend *Open in StackBlitz*. Diese Option wird mit einem markanten Blitzsymbol gekennzeichnet, das das Branding von StackBlitz repräsentiert, wie in Abbildung 10.1 dargestellt.

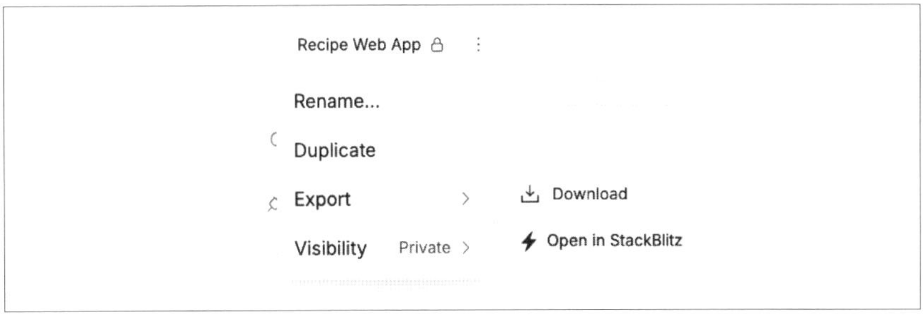

Abbildung 10.1: Die Bolt-Benutzeroberfläche mit der Option »Open in StackBlitz« im Projektmenü

3. *Starten Sie den Exportvorgang.*

   Wenn Sie auf *Open in StackBlitz* klicken, bündelt Bolt Ihr gesamtes Projekt – einschließlich aller Codedateien, Abhängigkeiten, Konfigurationen und Umgebungsvariablen – und sendet es an StackBlitz. Dabei wird in der Regel ein neuer Browser-Tab oder ein neues Fenster geöffnet, in dem der StackBlitz-Editor geladen wird. Möglicherweise sehen Sie für einige Sekunden eine Ladeanzeige, während StackBlitz die WebContainer-Umgebung einrichtet, die Abhängigkeiten Ihres Projekts installiert und den Entwicklungsserver startet.

4. *Folgen Sie den Anweisungen hinsichtlich Log-in bzw. Registrierung.*

   Beim Öffnen von StackBlitz werden Sie unter Umständen zur Anmeldung aufgefordert. Wenn Ihr Projekt unter einem zufällig generierten Benutzernamen läuft, arbeiten Sie faktisch anonym. Für sofortige Experimente ist das völlig ausreichend. Um sicherzustellen, dass Sie Ihre Arbeit speichern und später wieder darauf zugreifen können, sollten Sie sich jedoch mit Ihrer bevorzugten Methode (GitHub, Google oder E-Mail) anmelden.

5. *Warten Sie, bis das Projekt vollständig geladen ist.*

   Sobald StackBlitz die Einrichtung abgeschlossen hat, sehen Sie im Editor die vollständige Codestruktur Ihres Projekts. Die Benutzeroberfläche umfasst einen Datei-Explorer mit allen Projektdateien, einen Codeeditor im zentralen Bereich sowie eine Live-Vorschau der laufenden Anwendung. StackBlitz installiert automatisch alle in Ihrer *package.json* aufgeführten Abhängigkeiten und startet den

Entwicklungsserver. Bolt weist Ihrem Projekt während des Exports einen Standardnamen zu, den Sie in StackBlitz durch Anklicken des Projektnamens ändern können.

6. *Überprüfen Sie die Funktionsfähigkeit.*

   StackBlitz führt Projekte beim Laden automatisch aus, sodass Ihre Movie-Explorer-App im Vorschaubereich erscheinen und die komplette Interaktivität aufweisen sollte. Nehmen Sie sich Zeit, die Anwendung gründlich zu testen. Wenn Ihre App eine Suchfunktion, Detailansichten oder API-Integrationen enthält, testen Sie diese Funktionen, um sicherzustellen, dass alles genauso reagiert wie in Bolt. Da der Code identisch ist und die WebContainer-Umgebung dem Backend von Bolt entspricht, sollte die Funktionalität vollständig erhalten bleiben.

Während des Exportvorgangs werden die meisten dieser komplexen Schritte automatisch erledigt, dennoch können gelegentlich Probleme auftreten. Wenn bestimmte Bilder nicht geladen werden, die App nicht korrekt reagiert oder API-Aufrufe fehlschlagen, stellen Sie zunächst sicher, dass Bolt die Projekterstellung vor dem Export vollständig abgeschlossen hatte. Prüfen Sie, ob API-Keys oder Umgebungsvariablen in der neuen Umgebung neu konfiguriert werden müssen – sie sollten zwar automatisch übernommen werden, erfordern jedoch mitunter eine manuelle Überprüfung. In den meisten Fällen wird aber, wenn Sie die Option *Open in StackBlitz* wählen, alles Nötige erledigt.

Sollten Sie einmal den Überblick über ein Projekt verlieren, können Sie den Exportprozess von Bolt zu StackBlitz einfach wiederholen. Klicken Sie außerdem in StackBlitz auf *Save*, um das Projekt in Ihrem StackBlitz-Konto zu speichern. Auf diese Weise finden Sie es später bequem über das StackBlitz-Dashboard wieder, ohne den Umweg über Bolt gehen zu müssen.

Nachdem Ihr Projekt nun in StackBlitz angelegt ist und läuft, ist es an der Zeit, sich mit der StackBlitz-Entwicklungsumgebung vertraut zu machen.

Entwicklung im StackBlitz Cloud Editor

In diesem Abschnitt erfahren Sie, wie Sie im Dateisystem navigieren, Codeänderungen vornehmen und die Ergebnisse unmittelbar im StackBlitz-Cloud-Editor beobachten.

Rundgang durch die StackBlitz-Oberfläche

Der erste Eindruck des StackBlitz-Editors wirkt möglicherweise vertraut, zumal er anderen Editoren oder IDEs ähnelt, die Sie vielleicht schon kennen (das Layout erinnert an Visual Studio Code, siehe Abbildung 10.2).

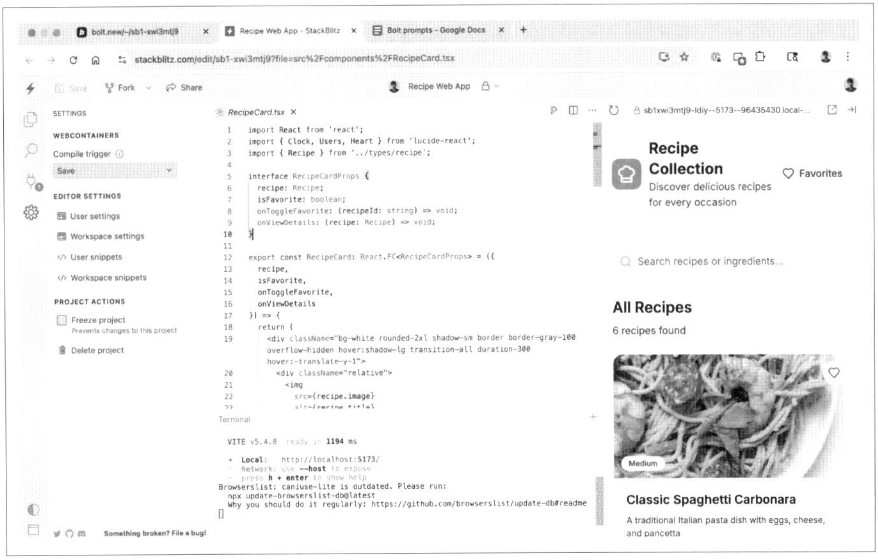

Abbildung 10.2: Der StackBlitz-Editor mit dem Datei-Explorer auf der linken Seite, dem Codeeditor in der Mitte, dem Terminalbereich am unteren Rand und einer Live-Vorschau der App auf der rechten Seite

Hier folgt eine Aufschlüsselung der wichtigsten Elemente der Benutzeroberfläche:

Datei-Explorer (Projektbaum)

Auf der linken Seite sehen Sie ein Panel, in dem die Dateien und Ordner Ihres Projekts aufgeführt werden und das damit die von Bolt erstellte Struktur vollkommen transparent macht. Sie können unterschiedliche Dateitypen betrachten und öffnen (HTML, JavaScript/TypeScript, CSS). Die Movie-Explorer-App besteht vermutlich aus Dateien wie *index.html*, einigen Quellcodedateien (vielleicht *app.js* oder *main.ts*, je nach Framework) und einer Datei *package.json*, in der die Abhängigkeiten aufgeführt sind – also die Bibliotheken, die Ihre App verwendet. Dieser Einblick in die vollständige Projektstruktur ist einer der wesentlichen Unterschiede zur stärker abstrahierenden Oberfläche von Bolt: Sie können jetzt genau sehen, wie Ihre Anwendung organisiert ist und wo die einzelnen Funktionalitäten codiert sind.

Editorbereich
In der Mitte befindet sich der Codeeditor, in dem Sie den Großteil Ihrer Entwicklungszeit verbringen werden. Wenn Sie im Datei-Explorer auf eine Datei klicken, wird sie in diesem Bereich geöffnet und mit umfassendem Syntax-Highlighting dargestellt, das unterschiedliche Codebestandteile farblich kennzeichnet und so die Lesbarkeit verbessert. Der Editor unterstützt professionelle Funktionen wie automatische Einrückung, Bracket-Matching, Code-Folding und Multi-Cursor-Editing. Sie können an beliebiger Stelle im Code mit der Bearbeitung beginnen – ganz wie in einem Desktop-Codeeditor, nur dass hier alles vollständig im Browser läuft. Wenn Sie JavaScript- oder TypeScript-Dateien bearbeiten, erhalten Sie während der Eingabe möglicherweise intelligente Vorschläge zur Autovervollständigung, insbesondere wenn Sie KI-Coding-Assistenten oder die integrierten Vorschläge von StackBlitz aktiviert haben.

Vorschaubereich
StackBlitz zeigt normalerweise auf der rechten Seite eine Live-Vorschau Ihrer laufenden Anwendung an (manchmal auch in einem separaten Tab). Hier sehen Sie die Benutzeroberfläche Ihrer Movie-Explorer-App – gewissermaßen in einem Mini-Webbrowser innerhalb von StackBlitz. Wenn es sich bei Ihrem Projekt um eine Angular- oder React-App handelt, führt StackBlitz im Hintergrund den Entwicklungsserver aus und zeigt das Ergebnis hier an. Dank der Hot-Reload-Funktionalität aktualisiert sich die Vorschau automatisch, sobald sich Ihr Code ändert. Wenn Ihnen der Vorschaubereich zu klein erscheint, können Sie ihn über die Schaltfläche *Open in New Window* oberhalb der Vorschau in einem neuen Fenster öffnen, wodurch die App für eine größere Ansicht in einen eigenen Browser-Tab ausgelagert wird.

Konsolen- und Terminalbereich
Unterhalb des Editors (manchmal auch unterhalb der Vorschau) befindet sich ein multifunktionaler Bereich, der sowohl als Laufzeitkonsole als auch als Kommandozeilenterminal dient. Im Konsolenmodus werden Laufzeitmeldungen Ihrer Anwendung angezeigt – sämtliche `console.log("Fetching movies...")`-Anweisungen aus Ihrem Code erscheinen hier ebenso wie Fehlermeldungen und Warnungen. Tritt ein Fehler auf, etwa wenn Sie versuchen, eine nicht existente Funktion aufzurufen, wird der entsprechende Stacktrace in diesem Bereich ausgegeben. StackBlitz zeigt diese Informationen automatisch an, sodass Sie die Entwicklerkonsole des Browsers nicht separat öffnen müssen (für weitergehendes Debugging können Sie das selbstverständlich weiterhin tun). Normalerweise gibt es eine Umschaltmöglichkeit oder Registerkarten, um zwischen der Konsolenansicht, die Logs anzeigt, und der Terminalansicht zu wechseln, in der Sie Befehle eingeben können.

Toolbar und Menüleiste
: Am oberen Rand des Editors befindet sich eine umfangreiche Menüleiste mit mehreren nützlichen Steuerelementen. Dort sehen Sie den Namen des Projekts, das Sie per Klick umbenennen können, sowie Schaltflächen zum Speichern, Forken und Teilen des Projekts. Wenn Sie angemeldet und Eigentümer des Projekts sind, stehen Ihnen außerdem Optionen zum Verbinden mit GitHub oder eine Commit-Schaltfläche für die Versionsverwaltung zur Verfügung (mehr dazu im Abschnitt zu GitHub). Dort wird auch ein Profil-Avatar (bei angemeldeten Nutzern) gezeigt sowie über die aktuelle Projektsichtbarkeit (*public*, *private* oder *secret*) informiert. Auf der linken Seite der Toolbar oder in der Seitenleiste finden sich meist Symbole zum Ein- und Ausblenden verschiedener Panels: ein Projektsymbol (für den Datei-Explorer), ein Suchsymbol (zum Durchsuchen von Dateien), ein Ports-Symbol (zum Anzeigen offener Ports, relevant für Backend-Prozesse) sowie ein Einstellungssymbol (für Editor- und Projektoptionen).

»Ask Bolt.new«-Integration
: Möglicherweise fällt Ihnen in der Oberfläche ein kleines Chatsymbol oder ein Bereich mit der Bezeichnung *Ask Bolt.new* auf, häufig unten links oder als Tab in der Seitenleiste. Das weist auf die integrierte Anbindung an den KI-Assistenten von Bolt hin. Ein Klick darauf öffnet – normalerweise in einem separaten Panel oder Tab – einen Bolt-Chat, über den Sie während der Arbeit in StackBlitz jederzeit Coding-Fragen stellen oder KI-Unterstützung anfordern können. Dazu wird Bolt – meist in einem neuen Browser-Tab – mit dem Kontext Ihres Projekts geöffnet.

Die Oberfläche ist so gestaltet, dass Sie immer alles Wesentliche im Blick haben: nebeneinander Ihren Code und das laufende Ergebnis, dazu leicht erreichbare Tools und Logs. Nehmen Sie sich einen Moment Zeit, diese Bereiche zu erkunden: Öffnen Sie Dateien, werfen Sie einen Blick auf die Vorschau und machen Sie sich damit vertraut, wo sich die einzelnen Bestandteile Ihres Projekts befinden.

Sofortiges Feedback bei der Bearbeitung von Code

Einer der größten Vorteile von StackBlitz ist das Live-Entwicklungserlebnis, das eine extrem enge Rückkopplung bietet, weil Sie Ergebnisse als Reaktion auf Codeanpassungen unmittelbar sehen. Nehmen wir eine einfache Änderung vor, um das in der Praxis zu erleben. Öffnen Sie eine der Quelldateien Ihres Projekts, beispielsweise die Hauptkomponente oder die Hauptseite Ihrer App (z. B. die Datei, in der die Filmliste gerendert wird). Nehmen Sie nun eine kleine Änderung vor. Wenn es etwa einen Titeltext im Header Ihrer App gibt, der »Movie Explorer« lautet, ändern Sie diesen String im Code testweise in »My Amazing Movie App«.

Jedes Mal, wenn Sie beim Tippen eine kurze Pause machen, kompiliert StackBlitz den Code automatisch neu und aktualisiert die Vorschau. Sie sollten nahezu unmittelbar sehen, dass der Titel in der App-Vorschau nun als »My Amazing Movie App« gerendert wird. Das ist *Hot Reloading* in Aktion: StackBlitz erkennt die Änderung und aktualisiert die laufende Anwendung, ohne dass ein manuelles Neuladen erforderlich ist.

Diese schnelle Rückkopplung können Sie zum Experimentieren und Lernen nutzen. Wenn Sie beispielsweise wissen möchten, wie sich das Ändern eines Werts auf das Layout auswirkt oder was passiert, wenn Sie einen API-Endpunkt anpassen, oder wie unterschiedliche Styling-Ansätze aussehen, können Sie testweise den Code ändern und bekommen sofort ein Ergebnis zu sehen. Das fördert das spielerische Ausprobieren und ist ein äußerst effektiver Weg, um die von Bolt generierte Codebasis zu verstehen.

Hier sind einige zusätzliche Funktionen, die während der Entwicklung im StackBlitz-Editor nützlich sein können:

Autosave
: Standardmäßig speichert StackBlitz Ihre Änderungen automatisch und löst dabei einen Live-Reload aus. Wenn Sie eine Schreibpause einlegen, können Sie sehen, dass ein kleiner *Saving...*-Indikator erscheint oder die Schaltfläche *Save* kurzzeitig aktiv dargestellt wird. Bei Bedarf können Sie natürlich auch manuell speichern (zum Beispiel durch Drücken von Strg+S bzw. Cmd+S). Falls Sie das automatische Speichern ausnahmsweise deaktivieren möchten (zum Beispiel um mehrere Änderungen gesammelt vorzunehmen, bevor die App neu geladen wird), finden Sie die entsprechende Einstellung im Menü *Settings*. Im Allgemeinen ist Autosave in Kombination mit Hot Reloading jedoch am praktischsten.

Undo/Redo
: Der Editor unterstützt die üblichen Befehle für Rückgängigmachen (Strg+Z bzw. Cmd+Z) und Wiederholen (Strg+Y bzw. Cmd+ Umschalt+Z). Zögern Sie nicht, eine Änderung rückgängig zu machen, wenn etwas nicht mehr funktioniert, und es anschließend erneut zu versuchen.

In Dateien suchen
: Möchten Sie herausfinden, wo ein bestimmtes Wort oder eine Funktion verwendet wird? Nutzen Sie das Suchsymbol (meist in der linken Seitenleiste) oder drücken Sie Strg+Umschalt+F (bzw. Cmd+Umschalt+F auf dem Mac), um projektweit in allen Dateien zu suchen. Das ist besonders hilfreich, wenn Sie schnell ermitteln möchten, wo beispielsweise der »TMDB API key« referenziert wird oder welche Datei die Funktion `fetchMovies()` enthält.

Dateioperationen
: Über den Datei-Explorer können Sie neue Dateien oder Ordner anlegen. Achten Sie auf ein Plussymbol oder nutzen Sie einen Rechtsklick im Explorer-Bereich.

Wenn Sie beispielsweise eine neue Komponente oder eine zusätzliche Skriptdatei für ein neues Feature hinzufügen möchten, können Sie das hier erledigen. Dateien lassen sich – per Rechtsklick bzw. über das Kontextmenü einer Datei – natürlich auch umbenennen oder löschen. Alle diese Änderungen werden unmittelbar wirksam.

Vorschau in einem neuen Fenster
: Wenn die eingebettete Vorschau zu klein ist oder Sie die App in einem eigenen Tab sehen möchten, klicken Sie auf die Schaltfläche *Open in New Window* (häufig als Symbol mit einem nach außen gerichteten Pfeil oder als Fenstersymbol dargestellt). Daraufhin wird Ihre laufende App in einem separaten Browser-Tab geöffnet. Die URL hat dabei in der Regel die Form *https://<project-id> .webcontainer.io* oder enthält eine ähnliche von StackBlitz generierte Adresse. In diesem Tab können Sie mit Ihrer App wie mit einer normalen Webseite interagieren. Das ist auch praktisch, wenn Sie die laufende App mit anderen teilen möchten: Dritte können die URL aufrufen (sofern Ihr Projekt öffentlich ist oder Sie es freigegeben haben) und die App sofort in Aktion sehen.

Debugging und Testen in StackBlitz

Während der Entwicklung werden Sie unweigerlich auf Fehler stoßen oder neue Funktionalitäten testen wollen. StackBlitz stellt Ihnen dafür mehrere Werkzeuge zur Verfügung:

Konsolen-Logs und Fehlerbehandlung
: Wenn Sie etwas debuggen wollen, verwenden Sie in Ihrem Code `console.log()`. Die entsprechende Ausgabe erscheint im Konsolenbereich am unteren Rand. Tritt ein Fehler auf, prüfen Sie den Konsolenbereich auf rot hervorgehobene Fehlermeldungen – ein Klick auf einen Fehler markiert meist die zugehörige Datei und Zeile im Editor. Dieser unmittelbare Zugriff auf die Konsolenausgaben macht es überflüssig, für grundlegendes Debugging ständig zu den Entwicklertools des Browsers wechseln zu müssen.

Integration der Browser-DevTools
: Der Vorschaubereich ist im Grunde eine Browseransicht, sodass Sie innerhalb der Vorschau per Rechtsklick einfach *Inspect* auswählen können, um die Entwicklertools zu öffnen. So können Sie HTML und CSS inspizieren, die Konsolenausgaben (in der Browserkonsole) sehen und Netzwerkanfragen überwachen. Das entspricht exakt der Nutzung der DevTools auf einer beliebigen Webseite und ist besonders hilfreich beim Debugging von Styling-Problemen oder beim Nachverfolgen von API-Aufrufen zu Diensten wie TMDB.

Funktionen für Unit-Tests

Wenn Bolt Tests für Ihr Projekt generiert hat (was bei einigen Frameworks der Fall ist), können Sie diese ebenfalls ausführen. Dazu müssen Sie möglicherweise ein Terminal öffnen und den Befehl `npm test` ausführen. Die WebContainer von StackBlitz führen diese Tests innerhalb der Browserumgebung aus und geben Ihnen unmittelbares Feedback zu Codequalität und Funktionalität.

Projektverlauf und Snapshots

StackBlitz bietet, sofern Sie das Projekt nicht mit GitHub verbinden, standardmäßig keine vollständige Versionsverwaltung, speichert jedoch den jeweiligen Projektstand. Sollte einmal etwas schiefgehen, können Sie zu früheren Speicherpunkten zurückkehren oder die Undo-Funktion des Editors nutzen. In einigen Fällen wird beim Aktualisieren der gesamten Seite der zuletzt gespeicherte Zustand Ihres Projekts geladen. Als Best Practice empfiehlt es sich, regelmäßig zu speichern und für eine echte Versionsverwaltung eine GitHub-Integration in Betracht zu ziehen.

Inzwischen sollten Sie sich im Umgang mit dem StackBlitz-Editor bereits deutlich sicherer fühlen. Sie haben Dateien geöffnet, Änderungen vorgenommen und erlebt, wie Ihre App sofort darauf reagiert. Mit dieser praktischen Entwicklungsarbeit werden Sie die meiste Zeit in StackBlitz verbringen. Als Nächstes besprechen wir, wie sich dieser Workflow von demjenigen in Bolt unterscheidet, damit Sie Ihre Arbeitsweise anpassen und das Zusammenspiel beider Tools optimal nutzen können.

Unterschiede im Workflow zwischen Bolt und StackBlitz

Wenn Sie Ihre ersten Erfahrungen als Entwicklerin oder Entwickler mit Bolt gemacht haben, sind Sie dort einem ganz anderen Workflow begegnet, als er beim traditionellen Programmieren üblich ist. Lassen Sie uns deshalb die wichtigsten Unterschiede zwischen dem KI-getriebenen Bolt-Workflow und dem manuellen Workflow in StackBlitz untersuchen. Wenn Sie diese Unterschiede verstehen, wird Ihnen der Übergang leichterfallen, und Sie können die jeweiligen Stärken beider Ansätze nutzen.

Von KI-Prompts zum direkten Coding

In Bolt beginnen Sie damit, in natürlicher Sprache zu beschreiben, was Sie erreichen möchten. Die KI interpretiert Ihre Anfrage und generiert den entsprechenden Code. Der primäre Modus des Schreibens von Code besteht hier also in Interaktionen, bei denen Sie natürlichsprachliche Prompts verfassen und die KI Ihnen daraufhin ein Ergebnis liefert.

StackBlitz arbeitet mit einem traditionelleren Ansatz, bei dem Sie den von Bolt erstellten Code direkt bearbeiten. Dabei haben Sie jederzeit die vollständige Kontrolle. Wenn Sie ein neues Feature ergänzen oder die App anderweitig ändern möchten, bitten Sie nicht mehr die KI mit einem entsprechenden Befehl darum, sondern nehmen die Änderung selbst vor, indem Sie den Code manuell schreiben oder anpassen. Möchten Sie beispielsweise in StackBlitz eine Suchleiste hinzufügen, schreiben Sie das HTML für ein Eingabefeld sowie die JavaScript- oder TypeScript-Logik zur Verarbeitung der Suchanfragen selbst. Sie formulieren die Anweisungen nun direkt als Code, nicht in natürlicher Sprache. Die Rückkopplung durch die Live-Vorschau ist unmittelbar, doch die kreative Leistung müssen Sie selbst erbringen. Das mag langsamer vonstattengehen als die sofortige Codegenerierung durch Bolt, erlaubt Ihnen dafür aber die vollständige Kontrolle über das Ergebnis. Auf diese Weise gewinnen Sie ein tieferes Verständnis der Funktionsweise Ihrer App – und manuell zu programmieren, ist für Ihren weiteren Lernweg als Entwicklerin oder Entwickler von entscheidender Bedeutung.

Anpassen und verfeinern

In Bolt haben Sie Anpassungen in der Regel vorgenommen, indem Sie der KI einen weiteren Prompt oder Befehl gegeben haben. Manchmal hat die KI das gewünschte Ergebnis sofort geliefert, manchmal nicht, und gelegentlich mussten Sie Ihren Prompt umformulieren oder präzisieren, um zum Ziel zu kommen.

In StackBlitz sind Sie *selbst* dafür verantwortlich, Probleme zu entdecken, zu beheben und Feinjustierungen vorzunehmen. Das bedeutet, dass Sie den Code lesen müssen, um Stellen zu lokalisieren, die Sie ändern möchten (etwa einen CSS-Stil oder die Logik einer Funktion), um diese anschließend manuell anzupassen. Der Vorteil liegt darin, dass Sie die Änderung exakt so umsetzen können, wie Sie sie sich vorstellen, ganz ohne Interpretationsspielraum seitens der KI. Sie müssen nicht erst überlegen, wie Sie einen Prompt formulieren, damit die KI Ihren Wunsch korrekt umsetzt – Sie machen es einfach selbst. Das erfordert etwas mehr Fachwissen: Sie müssen erkennen, welcher Teil des Codes für das Verhalten verantwortlich ist, das Sie ändern möchten. Mit Werkzeugen wie der Suche oder den DevTools des Browsers können Sie Elemente inspizieren oder Konsolenausgaben analysieren, um die richtige Stelle im Code zu finden. Es ist völlig in Ordnung, wenn Sie anfangs per Trial and Error an die Sache herangehen und beispielsweise einen Wert mehrmals ändern, das Ergebnis beobachten und schrittweise nachjustieren, bis alles passt.

Mit der Zeit werden Sie eine mentale Landkarte des Codes aufbauen. Sie erinnern sich dann vielleicht so: »Ah, das Layout der Movie-Cards ist in MovieCard.css definiert – dort kann ich die Styles anpassen« oder so: »Der API-Aufruf erfolgt in moviesService.js – dort finde ich die Fetch-URL und den API-Key.«

Es ist völlig normal, dass Sie dabei zunächst eine gewisse Lernkurve vor sich haben. Der Übergang von »Die KI setzt um, was ich beschreibe« zu »Ich setze es im Code selbst um« ist ein tiefgreifender Wechsel der Arbeitsweise. Doch mit zunehmender Praxis werden Sie merken, wie Ihr Selbstvertrauen wächst. Viele Entwicklerinnen und Entwickler empfinden diesen Prozess als besonders lohnend, weil man ein deutlich klareres Verständnis davon gewinnt, wie alles zusammenhängt. Und denken Sie daran: Wenn Sie nicht weiterkommen, können Sie immer noch Ressourcen wie die *Ask*-Funktion von Bolt nutzen oder online nach Lösungen suchen – für die Umsetzung in StackBlitz sind Sie allerdings selbst verantwortlich.

Projektstruktur und Transparenz

Ein weiterer wesentlicher Unterschied zwischen Bolt und StackBlitz liegt darin, wie viel von den inneren Abläufen eines Projekts Sie tatsächlich sehen. In Bolt wird vieles mit Absicht abstrahiert dargestellt. Bolt zeigt Ihnen nicht jede Datei, sofern Sie nicht explizit danach fragen, und erledigt Einrichtungsschritte wie das Anlegen einer *package.json*, das Installieren von Bibliotheken oder das Konfigurieren von Build-Tools im Hintergrund. Das System wirkt dadurch ein Stück weit wie eine Blackbox, die ein funktionierendes Ergebnis liefert, ohne dass man genau erkennen kann, wie das geschieht.

StackBlitz legt im Gegensatz dazu alles offen. Wenn Sie ein Projekt in StackBlitz öffnen, sehen Sie sämtliche Dateien, die Bolt angelegt hat: den Quellcode, die Konfigurationsdateien, Abhängigkeitslisten und so weiter. Diese Transparenz kann Aspekte sichtbar machen, über die Sie in Bolt nicht nachdenken mussten:

- Die Abhängigkeiten Ihrer App – also die verwendeten Bibliotheken – sind in der *package.json* aufgeführt. Vielleicht stellen Sie dort fest, dass in Ihrem Projekt eine Bibliothek wie Axios für HTTP-Anfragen oder ein UI-Framework genutzt wird. Die von Bolt automatisch eingebundenen Bibliotheken und Pakete sehen Sie jetzt explizit aufgelistet.
- Build- oder Konfigurationsdateien (abhängig von Ihrem Framework): Bei einem React-Projekt sehen Sie möglicherweise eine *vite.config.js*, bei Angular einige Dateien zur Umgebungskonfiguration. Diese Dateien definieren, wie das Projekt im Build-Prozess gebündelt und bereitgestellt wird.
- Umgebungs- oder Konfigurationsdateien – beispielsweise Stellen, an denen ein API-Key oder eine Basis-URL hinterlegt ist. Bolt hat Ihren TMDB-API-Key möglicherweise irgendwo im Code oder in einer Konfigurationsdatei eingefügt – in StackBlitz können Sie nun genau nachvollziehen, wo sich diese Angaben befinden.

Lassen Sie sich von diesen Dateien nicht einschüchtern. Sie müssen sie nicht sofort verändern, aber es ist gut zu wissen, dass es sie gibt. Mit zunehmender Erfahrung werden Sie vielleicht einen Blick hineinwerfen, um besser zu verstehen, wie die einzelnen Komponenten miteinander verdrahtet sind. StackBlitz entmystifiziert damit im Grunde das, was Bolt für Sie automatisch einrichtet. Wenn Sie zum Beispiel wissen möchten, wie der Entwicklungsserver gestartet wird, werfen Sie einen Blick in den Abschnitt `scripts` der *package.json* – dort findet sich in der Regel ein Eintrag wie »`start`«, etwa `react-scripts start`, oder ein vergleichbarer Befehl, den Bolt im Hintergrund ausführt. Oder wenn Sie sich fragen, woher die App die Basis-URL für die TMDB-API bezieht, entdecken Sie diese möglicherweise als Konstante in einer Datei oder als Umgebungsvariable. Die vollständige Projektstruktur vor Augen zu haben, hilft Ihnen dabei, ein eigenständigerer Entwickler zu werden, weil Sie nachvollziehen können, wofür jeder Teil des Projekts zuständig ist.

KI-Unterstützung in StackBlitz

Verlieren Sie beim Wechsel zu StackBlitz jegliche KI-Unterstützung? Nicht ganz. Bei StackBlitz geht es zwar in erster Linie um das manuelle Editieren, aber Sie bleiben nicht ohne Unterstützung. Wie bereits erwähnt, gibt es die Schaltfläche *Ask Bolt.new*, über die Sie den KI-Assistenten von Bolt aufrufen können. Darüber hinaus können Sie in StackBlitz GitHubs Copilot – ein KI-Tool zur Codevervollständigung – verwenden, sofern Sie Zugriff darauf haben, ebenso wie andere KI-Erweiterungen. Der Unterschied besteht darin, dass die KI in StackBlitz nur dann aktiv wird, wenn Sie sie bewusst hinzuziehen. Sie schreibt nicht eigenständig große Teile Ihrer App um, sondern unterstützt eher punktuell, etwa durch das Vervollständigen einzelner Zeilen oder Vorschläge zur Behebung kleiner Fehler.

Wenn Sie beim Schreiben eines bestimmten Codeabschnitts in StackBlitz einmal nicht weiterkommen, können Sie die KI selbstverständlich um Hilfe bitten. Sie könnten zum Beispiel den Bolt-Chat öffnen und fragen: »Wie filtere ich die Filmliste nach Titel?« und erhalten daraufhin eine Erklärung oder sogar ein Code-Snippet. Dieses Snippet könnten Sie anschließend manuell in Ihr Projekt integrieren. Dieser hybride Ansatz kann sehr wirkungsvoll sein: Sie lernen aktiv zu programmieren und nutzen die KI bei Bedarf als Tutor oder Helfer, anstatt ihr die gesamte Arbeit zu überlassen. Bolt fungiert dabei eher als ein Mentor auf Abruf, den Sie bei Bedarf konsultieren können, während Sie jederzeit die Kontrolle über alle Änderungsvorgänge behalten.

Speichern und Versionierung

In Bolt wird Ihr Projekt in der Cloud gespeichert (an Ihr Konto gekoppelt), aber es gibt kein Versionskontrollsystem, auf das Sie direkten Zugriff hätten. Wenn Ihnen ein

Fehler unterlief, haben Sie Bolt bisher möglicherweise gebeten, ihn zu beheben, oder im schlimmsten Fall das Projekt neu begonnen. Abgesehen vom Chatverlauf gab es keine explizite Historie einzelner Änderungen.

In StackBlitz haben Sie deutlich mehr Möglichkeiten bei der Versionsverwaltung und beim Speichern Ihres Projekts. Über die Schaltfläche *Save* wird der aktuelle Zustand des Projekts in Ihrem StackBlitz-Konto gespeichert. Sofern Sie angemeldet sind, wird jeder Speichervorgang protokolliert, und StackBlitz hält sogar eine gewisse Bearbeitungshistorie vor – etwa in Form einer einfachen Zeitleiste oder der Möglichkeit, über das Projektmenü zu einem früheren Speicherpunkt »zurückzuspulen«. Das ersetzt zwar kein vollständiges Versionsverwaltungssystem, ist aber ein Schritt in diese Richtung.

Noch wichtiger ist, dass StackBlitz über eine Integration mit GitHub eine echte Versionsverwaltung ermöglicht (darauf gehen wir gleich noch ein). Mit GitHub können Sie Commits, Branches und Pull Requests nutzen, genau wie in professionellen Projekten. Doch auch unabhängig von Git ist es sinnvoll, sich früh anzugewöhnen, logisch nachvollziehbare inkrementelle Änderungen vorzunehmen und die eigene Arbeit regelmäßig zu speichern. Wenn Sie eine größere Änderung planen, können Sie in StackBlitz mit der Option *Fork* eine separate Kopie des Projekts anlegen und gefahrlos experimentieren, ohne das Original zu beeinträchtigen. Und nachdem Sie eine umfangreiche Funktion fertiggestellt haben, sollten Sie erwägen, das Projekt nach GitHub zu exportieren oder ein Backup herunterzuladen.

Mit StackBlitz folgen Sie einem professionelleren Entwicklungsworkflow, bei dem Sie Ihre Änderungen bewusst planen, testen und systematisch sichern. Sie gehen weniger ad hoc vor als beim spontanen Generieren von App-Komponenten durch KI. Diese Struktur mag sich starrer anfühlen, vermittelt jedoch gute Arbeitsgewohnheiten, die sich insbesondere bei größeren Projekten oder bei der Arbeit im Team bewähren.

Tabelle 10.1 fasst die wichtigsten Unterschiede zwischen den Vorgehensweisen in Bolt und in StackBlitz zusammen.

Tabelle 10.1: Unterschiede zwischen den Entwicklungsworkflows von Bolt und StackBlitz

Aspekt	Bolt-Workflow	StackBlitz-Workflow
Initiierung von Änderungen	Sie beschreiben der KI Änderungen in natürlicher Sprache.	Sie setzen Änderungen um, indem Sie Code manuell schreiben oder editieren.
Geschwindigkeit versus Kontrolle	Sehr schnelle erste Ergebnisse: Die KI schreibt den Code in Sekunden.	Langsamere Umsetzung, da Sie den Code selbst schreiben, dafür mit vollständiger Kontrolle über das Ergebnis.

→

Tabelle 10.1: Unterschiede zwischen den Entwicklungsworkflows von Bolt und StackBlitz (Forts.)

Aspekt	Bolt-Workflow	StackBlitz-Workflow
Lernkurve	Leichter Einstieg: Für die erste App sind keine Syntaxkenntnisse erforderlich.	Direkte Arbeit mit echtem Code, was das Erlernen von Programmiersprachen und/oder Kenntnisse von Framework-Details erfordert, aber die eigenen Fähigkeiten deutlich erweitert.
Fehlerbehandlung	Sie fordern die KI per Prompt auf, Fehler zu beheben.	Sie lesen Fehlermeldungen und debuggen selbst (unterstützt durch Tools und gegebenenfalls KI-Vorschläge).
Projekteinblick	Stark abstrahiert: Sie sehen überwiegend nur die Ergebnisse.	Transparent: Sie sehen alle Dateien und die internen Zusammenhänge.
Fortschritt speichern	Das Projekt wird in der Bolt-Cloud gespeichert (begrenzte Versionshistorie über den Chatverlauf).	Das Projekt wird in StackBlitz gespeichert (explizite Speichervorgänge). Optional ist eine vollständige Versionsverwaltung über GitHub möglich.

Sich diese Unterschiede bewusst zu machen, erleichtert den Umstieg. Viele Entwicklerinnen und Entwickler nutzen Bolt, um ein Projekt anzustoßen, und führen es anschließend mit StackBlitz weiter – später gegebenenfalls auch in einer lokalen Entwicklungsumgebung oder mit anderen Tools. Sie folgen damit einem Weg, den künftig viele einschlagen dürften: *Der Einstieg erfolgt KI-gestützt, die Weiterentwicklung überwiegend durch menschliche Arbeit.* So verbinden Sie das Beste aus beiden Welten: Geschwindigkeit und Komfort zu Beginn sowie uneingeschränkte Kontrolle und Lerneffekte im weiteren Verlauf.

Verwendung des integrierten Terminals

Auch wenn die StackBlitz-Oberfläche viel Komfort per Point and Click bietet, benötigen Sie mitunter die Leistungsfähigkeit eines klassischen Terminals. Das Terminal in StackBlitz entspricht funktional der Kommandozeile auf Ihrem Rechner, nur dass es innerhalb der WebContainer-Umgebung in Ihrem Browser läuft. Schauen wir uns an, wie Sie es nutzen und wofür Sie es einsetzen können.

Um ein Terminal in StackBlitz zu öffnen, gibt es in der Benutzeroberfläche normalerweise ein Terminalsymbol oder ein Prompt-Zeichen, oft >_ (wobei hier mit Prompt die Eingabeaufforderung in der Kommandozeile gemeint ist, keine Anweisung an eine KI). Im klassischen StackBlitz-Editor gibt es dafür möglicherweise eine eigene Schaltfläche *Terminal* oder einen Eintrag in einem Menü (z.B. *Terminal → New Termi-*

nal). In der neueren StackBlitz-Umgebung öffnen Sie meist zunächst den unteren Panelbereich und klicken dann auf +, um einen neuen Terminal-Tab zu öffnen. Wenn in Ihrem Projekt bereits ein Prozess läuft (zum Beispiel ein Entwicklungsserver), hat StackBlitz möglicherweise automatisch einen Terminal-Tab geöffnet, um dessen Ausgaben anzuzeigen. So haben Sie beim Export Ihres Projekts vermutlich ein Terminalfenster mit den Logs des Serverstarts gesehen, etwa wenn `npm start` oder `ng serve` ausgeführt wurde.

Sobald das Terminal geöffnet ist, können Sie Befehle eingeben, genau wie auf einem lokalen Rechner. Der StackBlitz-WebContainer stellt eine Linux-ähnliche Umgebung bereit. Hier sind einige nützliche Befehle und typische Anwendungsfälle:

Grundlegende Navigation
: Mit `ls` lassen sich die Dateien im aktuellen Verzeichnis auflisten, mit `pwd`geben Sie das aktuelle Arbeitsverzeichnis aus. Standardmäßig startet das Terminal im Stammverzeichnis Ihres Projekts, also dort, wo sich die Projektdateien befinden. Mit `cd ordnername` wechseln Sie in ein Unterverzeichnis.

Pakete installieren
: Ein häufiger Anwendungsfall ist das Hinzufügen neuer Abhängigkeiten. Wenn Sie zum Beispiel eine Bibliothek wie Lodash oder Chart.js installieren möchten, führen Sie `npm install lodash` oder `npm install chart.js` aus. StackBlitz lädt das Paket herunter und aktualisiert die *package.json* entsprechend. Sobald die Installation abgeschlossen ist, können Sie das Paket in Ihren Code importieren. Ein Neuladen oder weitere Schritte sind nicht erforderlich – die Umgebung wird unmittelbar aktualisiert. (Im Hintergrund führt der WebContainer von StackBlitz etwas Ähnliches aus wie ein `npm install` auf Ihrem lokalen Rechner, allerdings vollständig innerhalb des Browsers.)

Skripte oder Tools ausführen
: Werfen Sie einen Blick in die *package.json* Ihres Projekts, insbesondere in den Abschnitt `scripts`. Oft finden Sie dort Skripte wie `build`, `test` oder `lint`. Sie können diese mit `npm run build`, `npm test` usw. im Terminal ausführen. Wenn Bolt beispielsweise Unit-Tests für Ihre App eingerichtet hat, könnten Sie diese mit `npm test` starten und die Ausführung direkt im Terminal verfolgen. Oder Sie führen mit Sie `npm run build` einen Build durch, um eine Produktionsversion Ihrer App vorzubereiten. Solche Befehle ausführen zu können, bedeutet, dass Sie nicht auf die StackBlitz-Oberfläche beschränkt sind, sondern dass Ihnen die volle Leistungsfähigkeit der Node-Tools zur Verfügung steht.

Zusätzliche Server oder Prozesse starten
: Nehmen wir an, Sie fügen eine neue Serverdatei oder ein Hintergrundskript hinzu. Sie können diese im Terminal ausführen. Wenn Sie beispielsweise eine Express-Serverdatei erstellt haben (*server.js*), können Sie diese mit `node server.js` starten. Der

Server läuft dann innerhalb des WebContainers, und sofern er auf einem Port lauscht, macht StackBlitz den Server über eine entsprechende URL erreichbar – häufig über eine URL wie *https://<project-id>.webcontainer.io*, ergänzt um einen Port oder Pfad. StackBlitz zeigt für Serverprozesse, die einen Port öffnen, in der Regel auch einen entsprechenden Hinweis an, etwa in der *Ports*-Seitenleiste.

Beim Arbeiten mit Terminal und WebContainern sollten Sie einige Dinge beachten. Erstens ist der WebContainer flüchtig. Wenn Sie den StackBlitz-Tab schließen oder neu laden, werden alle im Terminal laufenden Prozesse beendet. Beim erneuten Öffnen des Projekts wird die Umgebung frisch eingerichtet, und in der Regel wird auch das Startskript automatisch ein weiteres Mal ausgeführt. Wenn Sie also etwas manuell gestartet haben (etwa einen eigenen Server), müssen Sie den entsprechenden Befehl nach einem Neuladen oder einem erneuten Öffnen des Projekts erneut ausführen.

Bei Bedarf können Sie mehrere Terminal-Tabs öffnen. So kann beispielsweise in einem Terminal `npm start` laufen, um den Entwicklungsserver aktiv zu halten, während Sie in einem zweiten Terminal andere Befehle ausführen, etwa Tests starten oder Pakete installieren. Achten Sie auf eine Plusschaltfläche oder eine Option wie *New Terminal*, um eine weitere Terminalinstanz zu öffnen.

Die Terminalumgebung unterliegt auch gewissen Einschränkungen. Sie bietet weitgehend alles, was man für den Umgang mit Node.js benötigt, entspricht jedoch nicht in allen Punkten einer vollwertigen Linux-VM. So sind etwa systemnahe Operationen oder Installationen von Systempaketen nicht möglich: Es gibt kein `sudo`, und Sie können in dieser Sandbox nichts mit dem Befehl `apt-get` installieren. Außerdem enthält der WebContainer von StackBlitz bei Redaktionsschluss dieses Buchs aus Sicherheitsgründen standardmäßig keinen Git-Client im Terminal. Das bedeutet, dass Sie innerhalb des StackBlitz-Terminals keine Git-Befehle verwenden können. Sie können GitHub aber alternativ über die StackBlitz-Oberfläche anbinden oder Git-Operationen lokal ausführen, wenn Sie das Projekt herunterladen. Ich komme im nächsten Abschnitt auf die GitHub-Integration zu sprechen.

Um einen typischen Anwendungsfall für das Terminal zu veranschaulichen, stellen Sie sich vor, Sie möchten Ihrer Movie-App ein Diagramm hinzufügen, um bestimmte Daten zu visualisieren (etwa die Anzahl der Filme pro Genre). Sie finden ein Paket namens *chart.js*, das für diese Aufgabe geeignet ist. Im Terminal von StackBlitz führen Sie `npm install chart.js` aus. Nach einem kurzen Moment ist das Paket installiert. Sie sehen, dass es in der *package.json* unter `dependencies` hinzugefügt wurde. Jetzt können Sie in Ihrem Code Anweisungen wie `import { Chart } from 'chart.js';` nutzen und das Paket verwenden, um Diagramme zu rendern. Sollte es mit dem Paket Probleme geben oder wären zusätzliche Polyfills – kleine Zusatzbibliotheken, die fehlende moderne JavaScript-Funktionen in älteren Browsern nachrüsten – erforderlich, würden entsprechende Fehlermeldungen im Terminal erscheinen, sodass Sie von diesen Hinweisen ausgehend mit der Fehlersuche beginnen können (in der Dokumentation oder über eine Onlinerecherche). In den meisten Fällen funktionieren installierte Pakete jedoch sofort.

Die Verwendung des integrierten Terminals fühlt sich ein wenig an, als wäre StackBlitz tatsächlich »Ihr Rechner in der Cloud«. Es ist eine hervorragende Möglichkeit, sich in einer sicheren Umgebung mit Kommandozeilentools vertraut zu machen. Wenn Sie neu im Umgang mit dem Terminal sind, ist dies ein besonders sanfter Einstieg: Ihr echtes System kann nicht beschädigt werden, und falls etwas schiefgeht, genügt ein Neuladen der Seite, um die Umgebung zurückzusetzen.

GitHub-Integration für Versionsverwaltung und Zusammenarbeit

Früher oder später, wenn Ihr Projekt wächst oder Sie mit anderen Personen zusammenarbeiten möchten, werden Sie Ihren Code auf GitHub oder auf einer anderen Git-Repository-Plattform ablegen wollen. StackBlitz bietet dafür eine integrierte Anbindung, die die Kluft zwischen der browserbasierten Entwicklungsumgebung und externen Repositories überbrückt. Durch die Verbindung mit GitHub erhalten Sie eine vollständige Versionsverwaltung mit Commits, Branches und Pull Requests – ein unverzichtbarer Bestandteil professioneller Entwicklung. Zugleich dient GitHub als externes Backup Ihres Codes außerhalb von StackBlitz und eröffnet weitere Möglichkeiten, etwa das Deployment über GitHub Pages oder andere CI/CD-Workflows.

Es gibt zwei gängige Wege, von StackBlitz aus mit GitHub zu interagieren. Entweder erstellen Sie direkt aus StackBlitz heraus ein neues GitHub-Repository und übertragen Ihren Code dorthin, oder Sie importieren in StackBlitz ein bereits bestehendes GitHub-Repository. Für unser Szenario – ausgehend von einem Bolt-Projekt, das nun in StackBlitz liegt – konzentrieren wir uns auf die erste Variante, erstellen ein neues Repo und pushen den Code zu GitHub. So gehen Sie dabei vor:

1. *Stellen Sie die Verbindung zu GitHub her.*

   Suchen Sie im StackBlitz-Editor nach der Option, ein Repository zu verbinden. Wenn Sie die klassische StackBlitz-Editor-Oberfläche verwenden, finden Sie in der Projektseitenleiste (meist oben im Datei-Explorer) eine Schaltfläche *Connect Repository*. Sie ist meist mit einem GitHub-Symbol versehen oder mit *Connect to GitHub* beschriftet. Klicken Sie darauf. Wenn Sie diese Funktion zum ersten Mal nutzen, fordert StackBlitz Sie auf, Ihr GitHub-Konto zu autorisieren. Folgen Sie den Anweisungen, melden Sie sich bei GitHub an und erteilen Sie StackBlitz die erforderliche Berechtigung (in der Regel über ein Pop-up-Fenster). Nach erfolgreicher Autorisierung erscheint der Dialog *Connect Repository*.

2. *Erstellen Sie aus Ihrem Projekt ein neues Repository.*

   Im Dialog sollten Sie eine Option zum Erstellen eines neuen Repository finden (statt eines Imports in ein bestehendes Repository). Wenn Sie diese Option wählen, werden Sie aufgefordert, einen Namen für das Repository einzugeben. Sie könnten es beispielsweise »movie-explorer-app« nennen oder einen anderen aussagekräftigen Namen wählen. Klicken Sie dann auf den Button *Create repository and push* (die genaue Bezeichnung kann auch *Create repo & push* oder ähnlich lauten). StackBlitz richtet daraufhin automatisch ein neues Repository in Ihrem GitHub-Konto ein und überträgt alle aktuellen Projektdateien dorthin. Dies geschieht normalerweise ziemlich schnell, und Sie erhalten die Bestätigung, dass das Projekt nun mit GitHub verbunden ist.

3. *Überprüfen Sie das Repository.*

   Wechseln Sie dazu zu GitHub (*https://github.com*) und sehen Sie sich die Repositories in Ihrem Konto an. Dort sollte nun ein neues Repository mit dem Namen Ihres Projekts erscheinen, das alle Dateien Ihres StackBlitz-Projekts enthält. Zu diesem Zeitpunkt ist Ihr Code sowohl auf GitHub als auch in StackBlitz sicher gespeichert. Standardmäßig legt StackBlitz das Repo als »privat« an (auch im kostenlosen GitHub-Tarif sind private Repositories erlaubt). Wenn Sie möchten, dass andere den Code einsehen können, sollten Sie das Repository in den GitHub-Einstellungen auf »öffentlich« (*public*) umstellen. Der Branch wird in der Regel als *main* angelegt (in seltenen Fällen auch unter der früheren Standardbezeichnung *master*: Darin befindet sich Ihr Code.

4. *Entwicklung fortsetzen und Änderungen committen.*

   Nach der Verbindung mit GitHub zeigt die Benutzeroberfläche von StackBlitz typischerweise einen *Commit*-Button an (häufig oben in der Toolbar in der Nähe von *Save*). Wenn Sie in StackBlitz weitere Änderungen vornehmen, können Sie sie mit diesem Button zu GitHub übertragen. Möglicherweise werden Sie dabei aufgefordert, eine Commit-Nachricht einzugeben, die die Änderungen beschreibt. Haben Sie zum Beispiel eine Suchfunktion ergänzt, könnten Sie eine Commit-Nachricht wie »Add search bar to filter movies« bzw. »Suchleiste zum Filtern von Filmen hinzugefügt« verwenden. Jedes Commit aktualisiert das GitHub-Repository. Auf diese Weise bleiben Ihr StackBlitz-Projekt und das GitHub-Repository synchron. Falls Sie einmal vergessen zu committen, ist das kein Problem – Ihre Änderungen sind weiterhin in StackBlitz vorhanden (werden jedoch erst nach einem weiteren Commit zu GitHub übertragen). Es ist eine bewährte Praxis, relativ häufig zu committen, insbesondere nach Abschluss eines Features oder eines Fixes, damit Ihr GitHub-Repository stets den aktuellen Stand Ihrer App widerspiegelt.

Sobald Ihr Projekt auf GitHub liegt, können Sie und andere das volle Spektrum der GitHub-Funktionen nutzen. Wenn Sie möchten, dass andere etwas beitragen, können diese das Repository forken, oder Sie fügen sie als Collaborator hinzu. Dritte können das Repository sogar direkt in StackBlitz öffnen (StackBlitz erlaubt das Öffnen eines GitHub-Repos per URL) und damit experimentieren oder Änderungen vorschlagen.

Für größere Änderungen empfiehlt es sich, mit Branches zu arbeiten, damit die Hauptentwicklungslinie nicht beeinträchtigt wird. Die Benutzeroberfläche von StackBlitz bietet hierfür allerdings nur eingeschränkte Möglichkeiten – sie arbeitet primär mit dem main-Branch. Neue Branches legen Sie daher entweder direkt auf GitHub oder über die GitHub-Integration von Bolt an (die tatsächlich Branching unterstützt, wie wir noch sehen werden). Für Einsteiger ist es völlig in Ordnung, zunächst ausschließlich mit dem main-Branch zu arbeiten. Wenn Sie Branches nutzen, können Sie deren Verwaltung, vor allem das Merging (Zusammenführen) unterschiedlicher Branches, über die GitHub-Weboberfläche oder über einen lokalen Klon des Repository erledigen.

Sobald Ihr Code auf GitHub liegt, können Sie Dienste wie Netlify, Vercel oder GitHub Pages nutzen, um Ihre App zu deployen. Einige dieser Dienste lassen sich so konfigurieren, dass sie bei jedem neuen Commit auf einen bestimmten Branch automatisch ein Deployment auslösen (*Continuous Deployment*). Die Bereitstellung Ihres Codes auf GitHub ist ein wichtiger Ausgangspunkt für viele weitere Entwicklungsworkflows, deren detaillierte Darstellung aber über das Thema dieses Buchs hinausginge.

Nach dem Export zu GitHub fragen Sie sich vielleicht, ob Sie dieses Projekt jetzt noch mit Bolts KI bearbeiten könnten. Die Antwort lautet: Ja, der Weg von Bolt zu GitHub ist keine Einbahnstraße. Tatsächlich verfügt Bolt über eine *Import from GitHub*-Funktion. Sie können die Bolt.new-Startseite aufrufen und ein bestehendes Repository importieren. Dabei werden Sie aufgefordert, sich bei GitHub anzumelden und ein Repo auszuwählen. Wenn Sie das gerade gepushte Repo importieren, lädt Bolt dieses Projekt, und Sie können mit der KI über den Code chatten, sich Vorschläge machen lassen oder weitere Änderungen generieren lassen. Die KI von Bolt sieht dabei nur den Code des Branches, den Sie importieren (in der Regel der main-Branch), und arbeitet mit genau diesem Kontext. Das ermöglicht einen flexiblen Workflow, bei dem Sie je nach Bedarf zwischen KI-gestützter Entwicklung und manuellem Coding wechseln können. Vielleicht programmieren Sie eine Weile manuell in StackBlitz, stoßen dann auf ein kniffliges Problem und entscheiden sich, noch einmal Bolt um Hilfe zu bitten. Importieren Sie einfach den aktuellen Code in Bolt und holen Sie sich KI-Unterstützung. Sie könnten Bolt sogar etwas in einem neuen Branch implementieren lassen und diesen dann über GitHub wieder mit der Hauptentwicklungslinie zusammenführen. Die Möglichkeiten sind vielfältig.

Zusammenfassung

Lassen Sie uns rekapitulieren, was Sie in diesem Kapitel erreicht haben: Sie haben eine App, die ursprünglich mit KI-Unterstützung entwickelt wurde, in eine vollwertige Programmierumgebung überführt – ohne lokal etwas installieren zu müssen – und die Entwicklung dort unter vollständig eigener Kontrolle fortgesetzt. Dabei haben Sie die Funktionsweise der browserbasierten IDE von StackBlitz kennengelernt und erfahren, wie WebContainer das Ausführen von Servercode im Browser ermöglichen, wie Sie im Code Ihres Projekts navigieren und ihn bearbeiten und wie Sie zur Versionsverwaltung GitHub integrieren können. Sie haben damit die Brücke geschlagen zwischen einer No-Code- (oder Low-Code-)Umgebung und einem manuellen Programmierworkflow. Diese Kombination aus KI-Tools und Cloud-basierter Entwicklung ist ein leistungsstarker Ansatz für die moderne Webentwicklung.

Im nächsten Kapitel erfahren Sie, wie Bolts Integration mit Expo es ermöglicht, native Mobile-Apps zu entwickeln und Web-Apps in mobile Anwendungen zu überführen.

KAPITEL 11

Mit Bolt und Expo mobile Apps entwickeln

Bolt unterstützt native Mobile-Apps durch eine Partnerschaft mit Expo, einem Framework (plus Tooling) für die Entwicklung von React-Native-Apps. Diese Integration ermöglicht es, iOS- und Android-Anwendungen vollständig im Browser zu entwickeln, indem die App – wie immer in Bolt – einfach beschrieben wird, und verbindet so die Leistungsfähigkeit von React Native mit der KI-getriebenen Entwicklung von Bolt.

Das Expo-Framework stellt eine Reihe von Bibliotheken für den Zugriff auf native Gerätefunktionen wie Kamera und Sensoren bereit sowie die Entwicklungs-App *Expo Go* für eine Live-Vorschau auf realen Mobilgeräten. Bolt integriert Expo, indem die Expo-Entwicklungsumgebung innerhalb der WebContainer von StackBlitz ausgeführt wird (siehe Kapitel 10), sodass Sie React-Native-Apps direkt im Browser erstellen, ausführen und in der Vorschau betrachten können.

In diesem Kapitel werden wir untersuchen, wie Sie mit Bolts Expo-Integration eine Mobile-App von Grund auf erstellen können. Wir gehen beispielhaft Schritt für Schritt die Entwicklung einer standortbasierten Wetter-App durch und behandeln dabei mobilspezifische Funktionen, etwa den Zugriff auf den Gerätestandort und die Kamera, Benachrichtigungen sowie das Styling mit React Native und das Testen auf Mobilgeräten. Anschließend versuchen wir, Ihre bestehende Einkaufslisten-App in eine Mobile-App zu verwandeln. Wie bei den anderen Integrationen, die Sie bereits kennengelernt haben, übernimmt Bolt auf Basis Ihrer Prompts die Projekteinrichtung, die Installation nativer Module und sogar das Packaging der App für das Deployment. Über die Web-IDE von Bolt können Sie Logs und Fehler inspizieren; zudem lassen sich die Debugging-Möglichkeiten von React Native (etwa das Protokollieren in der Konsole) direkt innerhalb von Bolt einsetzen.

Setup

Sie benötigen ein Smartphone, auf dem die App *Expo Go* – erhältlich im iOS App Store und bei Google Play – installiert ist.

Die Anmeldung mit einem Expo-Konto auf Ihrem Gerät ist für die Entwicklung hilfreich, aber nicht zwingend erforderlich. Für die Entwicklung mit Expo und Bolt brauchen Sie weder Xcode noch Android Studio. Möchten Sie Ihre App jedoch später veröffentlichen, benötigen Sie ein Apple-Developer-Konto (für iOS) und/oder ein Google-Play-Developer-Konto (für Android). Vorerst konzentrieren wir uns aber auf das Entwickeln und Testen.

Um ein Bolt+Expo-Projekt zu starten, können Sie Bolt einfach per Prompt entsprechend anweisen. Im Hintergrund initialisiert Bolt bei Mobile-Apps ein React-Native-Projekt mit Expo und beginnt anschließend, die von Ihnen beschriebenen Funktionen umzusetzen. Sobald das Projekt eingerichtet ist, sehen Sie typischerweise eine Datei namens *App.js* oder *App.tsx* sowie initialen Code, der eine Standard-App ausführt. Aufbauend auf diesem Grundgerüst, können Sie Bolt anleiten, die gewünschten Features einzubauen.

Lassen Sie uns ein praktisches Beispiel erstellen: eine Wetter-App, die wir LocalWeather nennen und die das aktuelle Wetter am Standort des Nutzers anzeigt. Dieses Beispiel demonstriert darüber hinaus, wie man mithilfe von Prompts eine App entwickelt, die eine Gerätefunktion (Geolokalisierung) nutzt und eine externe API (einen Wetterdienst) aufruft.

Initialer Prompt und Standortdienste

Beginnen Sie damit, Bolt mitzuteilen, was Sie entwickeln möchten:

> Erstelle eine neue Expo-React-Native-App namens »LocalWeather«. Sie soll den Nutzer nach seinem Standort fragen und anschließend das aktuelle Wetter für diesen Standort anzeigen.

Wenn Sie diesen Prompt eingeben, wird Bolt Folgendes tun:

- Eine neue Expo-App initialisieren und Dateien generieren, einschließlich *package.json* und *App.tsx*.
- Die notwendigen Expo-Pakete installieren – für Standortdienste in diesem Fall das Paket *expo-location*, das Teil des *Expo Software Development Kit* (SDK) ist.
- Code in *App.tsx* schreiben, um die Erlaubnis des Nutzers für den Zugriff auf den Standort anzufordern und anschließend die aktuellen GPS-Koordinaten abzurufen.

- Eine einfache Benutzeroberfläche einrichten, um Wetterinformationen anzuzeigen. Da wir noch nicht festgelegt haben, welche Wetter-API verwendet werden soll, wird Bolt vermutlich entweder einen Platzhalter einfügen oder um eine Präzisierung bitten.

Nach der Verarbeitung des Prompts wird Bolt einen ersten Entwurf der Datei *App.tsx* erstellen, die in etwa wie das folgende vereinfachte Beispiel aussehen wird:

```
import React, { useEffect, useState } from 'react';

import { Text, View } from 'react-native';

import * as Location from 'expo-location';

export default function App() {

  const [location, setLocation] = useState(null);

  const [errorMsg, setErrorMsg] = useState(null);

  useEffect(() => {

    (async () => {

      let { status } = await Location.requestForeground
      PermissionsAsync();

      if (status !== 'granted') {

        setErrorMsg('Permission to access location was denied');

        return;

      }

      let loc = await Location.getCurrentPositionAsync({});

      setLocation(loc.coords);

    })();

  }, []);

  return (

    <View style={{ flex: 1, alignItems: 'center', justifyContent:
    'center' }}>

      {location ? (
```

```
          <Text>Latitude: {location.latitude}, Longitude: {location.
          longitude}
          </Text>

        ) : (

          <Text>{errorMsg || "Fetching location..."}</Text>

        )}

      </View>

    );

  }
```

Selbst wenn Ihr Code nicht exakt so aussieht wie dieses Listing, sollte Bolt die Kernfunktionalität umgesetzt haben: das Anfordern der Berechtigung und den Abruf des aktuellen Breiten- und Längengrads des aktuellen Nutzerstandorts.

Das können Sie bereits über Expo Go auf Ihrem Mobilgerät testen: Wenn Sie den QR-Code scannen und die App öffnen, sollte die Abfrage bezüglich der Berechtigung für den Standortzugriff erscheinen. Auf einem realen Gerät übernimmt Expo automatisch die Anzeige des Berechtigungsdialogs. Sobald Sie die Berechtigung erteilen, werden die Koordinaten angezeigt. Damit ist geklärt, dass Bolt die Location-API von Expo tatsächlich erfolgreich integriert hat.

Da wir nun den Gerätestandort kennen, besteht der nächste Schritt darin, das Wetter für diesen Standort zu ermitteln.

Integration einer Wetter-API

Um aktuelle Wetterdaten zu erhalten, verwenden wir eine externe Wetter-API. Eine beliebte Wahl ist die OpenWeatherMap-API (*https://openweathermap.org/api*), die aktuelle Wetter- und Vorhersagedaten liefert. OpenWeatherMap erfordert einen API-Schlüssel (ein kostenloser Tarif (*https://openweathermap.org/price*) ist verfügbar). Sie müssen sich auf der Website registrieren, um einen Schlüssel zu erhalten. Die Aktivierung kann einige Minuten dauern.

Hinweis: Wir rufen hier ausschließlich das *aktuelle* Wetter ab, also Temperatur und Wetterbedingungen zum Zeitpunkt des Aufrufs. Wenn Sie *Vorhersagen* anzeigen möchten (für mehrere Stunden oder Tage), stellen OpenWeatherMap und vergleichbare Anbieter auch dafür Endpunkte bereit. Allerdings müssen Sie dann die entsprechenden Forecast-Endpunkte verwenden und die gelieferten Daten entsprechend verarbeiten.

Sobald Sie einen API-Schlüssel erhalten haben, weisen Sie Bolt per Prompt an, OpenWeatherMap zum Abrufen der Wetterdaten zu verwenden:

> Verwende die OpenWeatherMap-API, um das aktuelle Wetter für den Standort des Nutzers abzurufen. Der API-Schlüssel ist in der Umgebungsvariablen `OWM_API_KEY` gespeichert. Zeige den Ortsnamen, die Temperatur und eine Beschreibung des Wetters an (z. B. »Sonnig«).

Damit teilen wir Folgendes mit:

- Dass wir über einen API-Schlüssel verfügen, der in einer Umgebungsvariablen hinterlegt ist, und erwarten, dass Bolt ihn nicht hartcodiert. Falls im Projekt noch keine entsprechende Variable existiert, wird Bolt uns wahrscheinlich auffordern, sie in einer *.env*-Datei oder einem sicheren Speicher bereitzustellen. Bolt öffnet möglicherweise eine sichere Eingabeaufforderung für den API-Schlüssel oder bittet uns, ihn über die Benutzeroberfläche hinzuzufügen.
- Welche API aufgerufen werden soll und welche Daten benötigt werden (hier Ort, Temperatur, Beschreibung).
- Wie diese Informationen dargestellt werden sollen.

Bolt generiert anschließend Code für den Aufruf der Current-Weather-API von OpenWeatherMap. Typischerweise beinhaltet das den Aufbau einer URL wie dieser: *http://api.openweathermap.org/data/2.5/weather?lat={lat}&lon={lon}&appid={API_KEY}&units=metric* (einschließlich `units=metric` für Temperaturangaben in Celsius oder `units=imperial` für Fahrenheit).

Bolt wird `fetch` oder Axios verwenden, um diesen Endpunkt aufzurufen. In React Native – insbesondere mit Expo – ist die Nutzung von `fetch` ausgesprochen einfach. Die Antwort erfolgt im JSON-Format und enthält Felder wie `name` (Ort), `main.temp` (Temperatur) und `weather[0].description` (Beschreibung). Bolt weiß oder kann ableiten, welche Daten extrahiert werden müssen. Zudem sollte der asynchrone Charakter des Aufrufs entweder mit `async/await` oder `.then()` korrekt gehandhabt werden.

Nach diesem Prompt wird Bolt entweder *App.tsx* aktualisieren oder eine neue Komponente erstellen. Nehmen wir an, dass *App.tsx* erweitert wird. Das folgende Pseudocode-Beispiel gibt einen Eindruck davon, welchen Code Bolt in etwa generieren wird:

```
const [weather, setWeather] = useState(null);

useEffect(() => {

  (async () => {

    ... // nach dem Ermitteln des Standorts als loc.coords

    if (loc?.coords) {

      try {
```

```
          const response = await fetch(
           `https://api.openweathermap.org/data/2.5/weather?lat=
           ${loc.
              coords.latitude}&lon=${loc.coords.longitude}&
              units=metric&appid=${process.env.OWM_API_KEY}`);

          const data = await response.json();

          setWeather({

            city: data.name,

            temp: Math.round(data.main.temp),

            description: data.weather[0].description

          });

        } catch (err) {

          console.error(err);

        }

      }

    })();

  }, [location]);
```

Folgendes generiert Bolt typischerweise für den JavaScript-Teil der Wetter-UI, um die Wetterinformationen darzustellen:

```
<View style={styles.container}>
  {weather ? (
    <View>
      <Text style={styles.city}>{weather.city}</Text>
      <Text style={styles.temp}>{weather.temp}°C</Text>
      <Text style={styles.desc}>{weather.description}</Text>
    </View>
  ) : (
    <Text>{errorMsg || "Loading weather..."}</Text>
  )}
</View>
```

Was in diesem Code passiert: Die App ...

- legt einen neuen State namens `weather` an, um die abgerufenen Daten zu speichern.
- konstruiert die API-URL mit Breiten-/Längengrad und fügt den `OWM_API_KEY` ein.
- parst das JSON und wählt die benötigten Felder aus.

- aktualisiert die Benutzeroberfläche, um die Wetterinformationen ansprechend darzustellen (einschließlich eines °C-Symbols und etwas Styling).
- fügt möglicherweise einige grundlegende Styles in einem `StyleSheet.create` hinzu (für `styles.container`, `styles.city` usw.).

Um das zu testen, führen Sie die App erneut in Expo Go aus. Auf dem Bildschirm Ihres Geräts sollten nun der Ortsname und die Temperatur angezeigt werden, wie in Abbildung 11.1 dargestellt.

Abbildung 11.1: Die Wetter-App zeigt den Ortsnamen und das aktuelle Wetter an.

Bolt verwendet möglicherweise standardmäßig Kleinschreibung – Sie können aber jederzeit per Prompt nachschärfen:

> Schreibe die Wetterbeschreibung mit großem Anfangsbuchstaben.

Falls etwas nicht ganz stimmt (wenn etwa dauerhaft *Loading weather...* angezeigt wird), ist entweder der API-Aufruf fehlgeschlagen, oder der State wurde nicht aktualisiert. Sie können im Bolt-Editor die Konsolen-Logs öffnen, um nach Fehlermeldungen zu suchen.

In diesem Stadium verfügen wir über eine funktionsfähige Wetter-App, die den Standort des Nutzers ermittelt und Daten abruft. Erweitern wir sie noch etwas, indem wir zusätzliche mobilspezifische Funktionen integrieren, um die Möglichkeiten von Bolt zu demonstrieren.

Gerätefunktionen verwenden: Kamera und Benachrichtigungen

Unsere Wetter-App ist bewusst einfach gehalten, lässt sich jedoch um weitere mobile native Funktionen erweitern - wir behandeln hier zwei dieser Möglichkeiten:

- Einen Button zum Aufnehmen eines Fotos – vielleicht vom Himmel, um ihn spaßeshalber mit den angezeigten Wetterdaten zu vergleichen.
- Optionale tägliche Benachrichtigungen zur Wettervorhersage, die zu einer bestimmten Uhrzeit stattfinden sollen.

Diese Funktionen können mit den Camera- und Notifications-APIs von Expo realisiert werden.

Zugriff auf die Kamera

Expo stellt mit der `expo-camera`-API eine Schnittstelle für den Kamerazugriff bereit. Wir können Bolt per Prompt anweisen, diese API zu nutzen, um eine Kamerafunktion hinzuzufügen:

> Ergänze die Wetter-App um eine Funktion zur Aufnahme eines Fotos des aktuellen Wettergeschehens. Wenn der Nutzer auf einen Button »Foto aufnehmen« tippt, soll sich die Kamera-App öffnen, sodass er ein Bild aufnehmen kann. Danach soll zur App zurückgekehrt und eine Thumbnail-Vorschau des Fotos angezeigt werden.

Daraufhin sollte Bolt Folgendes tun:

- `expo-camera` installieren (falls noch nicht geschehen).
- Anforderung der Zugriffsberechtigung auf die Kamera einbauen.
- Ein UI-Element (einen Button) zum Starten der Kamera hinzufügen.
- Möglicherweise unter Verwendung der Expo-API eine separate Komponente oder einen eigenen Screen für die Kameravorschau erstellen.
- Code hinzufügen, um das Foto aufzunehmen, den Bild-URI zurückzugeben und das Foto anzuzeigen, möglicherweise durch eine `Image`-Komponente zur Darstellung der Thumbnail-Vorschau.

Bolt wird dazu entweder eine neue Komponente mit einem Namen wie `CameraView` erstellen oder dies in *App.tsx* über eine bedingte Ansicht lösen. Möglicherweise baut Bolt eine einfache Navigation ein oder schaltet lediglich über einen State zwischen App-Ansicht und Kameravorschau um, etwa nach folgendem Muster:

```
import { Button, Image } from 'react-native';

import { Camera } from 'expo-camera';

const [hasCamPerm, setHasCamPerm] = useState<boolean|null>(null);

const [cameraRef, setCameraRef] = useState<Camera|null>(null);

const [photo, setPhoto] = useState(null);

useEffect(() => {

  (async () => {

    const { status } = await
    Camera.requestCameraPermissionsAsync();

    setHasCamPerm(status === 'granted');

  })();

}, []);

async function takePhoto() {

  if(cameraRef){

    const photoData = await cameraRef.takePictureAsync();

    setPhoto(photoData.uri);

  }

}

...

{ hasCamPerm ? (

    <>

      {photo ? <Image source={{ uri: photo }}
               style={{ width: 100, height: 100 }} /> : null}

      <Camera style={{ width: 300, height: 400 }}
       ref={ref => setCameraRef(ref)} />
```

```
      <Button title="Snap Photo" onPress={takePhoto} />
    </>
  ) : (
    <Text>Camera permission not granted</Text>
  )
}
```

Das ist lediglich eine von vielen möglichen Implementationen. Da Bolt bekanntlich nichtdeterministisch arbeitet, kann die Umsetzung auch anders aussehen, etwa indem die Kamera in einer Vollbildansicht geöffnet wird und anschließend zur App zurückkehrt wird. Entscheidend ist, dass Bolt auf Basis des Prompts die Logik für Berechtigungen und Kameranutzung korrekt verdrahtet, damit der Nutzer ein Foto aufnehmen kann und ein Vorschaubild zu sehen bekommt. Wenn Sie die App später weiter ausbauen möchten, könnten Sie Bolt beispielsweise per Prompt anweisen, dieses Foto auf einen Server hochzuladen.

Benachrichtigungen planen

Die Benachrichtigungs-API von Expo (`expo-notifications`) ermöglicht das Planen lokaler Benachrichtigungen oder die Konfiguration von Push-Benachrichtigungen. Wir versuchen es mit einer täglichen Benachrichtigung:

> Ergänze eine Funktion, um jeden Tag um 8:00 Uhr eine Benachrichtigung mit der aktuellen Temperatur und der lokalen Wetterbeschreibung zu senden.

Dazu muss Bolt:

- `expo-notifications` installieren,
- die Berechtigung zur Benachrichtigung anfordern (`Notifications.requestPermissionsAsync()`) sowie
- eine wiederkehrende Benachrichtigung planen.

Expo stellt mit `Notifications.scheduleNotificationAsync()` eine Methode bereit, die zeitbasierte Trigger unterstützt. Um tägliche Benachrichtigungen zu planen, können wir entweder ein Intervall angeben oder eine Cron-ähnliche Zeitplanung verwenden.

Bolt könnte dabei Code in etwa der folgenden Form erzeugen:

```
import * as Notifications from 'expo-notifications';

useEffect(() => {
```

```
    Notifications.requestPermissionsAsync().then(status => {

      if (status.granted) {

        Notifications.cancelAllScheduledNotificationsAsync();
        // clear old if any

        Notifications.scheduleNotificationAsync({

          content: {

            title: "Today's Weather",

            body: weather

              ? `${weather.city}: ${weather.temp}°C and
              ${weather.description}`

              : "Check today's weather!"

          },

          trigger: {

            hour: 8,

            minute: 0,

            repeats: true

          }

        });

      }

    });

  }, [weather]);
```

Diese Methode weist Expo an, zu einem festgelegten Zeitpunkt eine Benachrichtigung anzuzeigen. Das Feld `trigger` legt fest, wann das geschehen soll (in diesem Fall täglich um 8:00 Uhr), und das Feld `content` definiert den anzuzeigenden Inhalt. Das ist vergleichbar mit dem Planen einer Kalendererinnerung, nur programmgesteuert.

Dabei wird vorausgesetzt, dass der `weather`-State aktuell ist. Der Ansatz wäre robuster, wenn zu diesem Zeitpunkt aktualisierte Daten abgerufen würden, aber Bolt hält es vielleicht einfach und verwendet deshalb die jüngsten abgerufenen Daten. Der Code im vorangegangenen Beispiel legt die Benachrichtigungszeit im Trigger auf 08:00 Uhr fest, inklusive der Angabe `repeats: true` (das heißt, die Benachrichtigung wird täglich wiederholt), und bildet die Benachrichtigung auf Basis des aktuellen `weather`-States. Bolt fügt möglicherweise auch einen UI-Schalter hinzu, um diese Benachrichtigungen zu aktivieren oder zu deaktivieren – falls nicht, können Sie dies per Prompt anfordern.

Um diese Funktionen zu testen, führen Sie die App über Expo Go auf Ihrem Mobilgerät aus. Wenn Sie auf den neuen Button tippen, sollte sich die Kamera-App öffnen (falls sie in die App-Ansicht integriert ist), oder die Kameravorschau müsste sichtbar werden. Nach der Aufnahme eines Fotos sollte dieses in der App angezeigt werden.

Benachrichtigungen sehen Sie nicht sofort, da die nächste Benachrichtigung erst für 08:00 Uhr geplant ist. Setzen Sie deshalb die Uhrzeit temporär jeweils auf ein oder zwei Minuten in der Zukunft und warten Sie kurz. Oder verlangen Sie per Prompt, dass eine einmalige sofortige Benachrichtigung ausgelöst wird, um die Funktion zu überprüfen. Das Verhalten lässt sich mit weiteren Prompts verfeinern, zum Beispiel:

> Plane Benachrichtigungen nur, wenn der Nutzer aktiv zustimmt.
>
> Füge einen Button hinzu, um Benachrichtigungen zu deaktivieren.

Styling der React-Native-App

Das Styling in React Native (und Expo) erfolgt über JavaScript, nicht über CSS – typischerweise mithilfe der `StyleSheet`-API oder über Styled Components. Bolt ist sich dessen bewusst und verwendet `StyleSheet.create`, um Styles zu definieren, oder nutzt als schnelle Lösung Inline-Styles. Standardmäßig verwendet React Native für das Layout Flexbox und unterstützt viele CSS-ähnliche Eigenschaften (Farben, Schriftgrößen, Ränder), allerdings können Sie anders als in Web-CSS keine Klassen oder IDs einsetzen.

Bolt hat möglicherweise bereits einige grundlegende Styles in der App angelegt. Wir können per Prompt explizite Designverbesserungen anfordern:

> Wende ein Styling an: Zentriere den Inhalt, verwende eine größere Schriftart für die Temperatur und nutze je nach Wetterlage eine ansprechende Hintergrundfarbe oder ein Hintergrundbild.

Bolt passt daraufhin ein bestehendes `StyleSheet` an oder fügt eines hinzu, zum Beispiel so:

```
const styles = StyleSheet.create({
  container: {
    flex: 1,
    backgroundColor: '#87cefa', // helles Himmelblau als Hintergrund
```

```
    alignItems: 'center',
    justifyContent: 'center'
  },
  city: {
    fontSize: 24,
    fontWeight: '600',
    marginBottom: 4
  },
  temp: {
    fontSize: 48,
    fontWeight: 'bold'
  },
  desc: {
    fontSize: 20,
    fontStyle: 'italic'
  }
});
```

Diese Beispiel-Styles sorgen für ein zentriertes Layout mit himmelblauem Hintergrund. Der Ortsname wird etwas größer gesetzt, die Temperatur wird groß und fett dargestellt, und die Beschreibung erscheint kursiv. Bolt wendet diesen Style auf die entsprechenden `<Text>`-Elemente an, um die Benutzeroberfläche optisch etwas ansprechender zu gestalten.

Sie können das Design weiter verfeinern, indem Sie zusätzliche Wünsche beschreiben:

> Verwende ein Hintergrundbild mit blauem Himmel, wenn das Wetter klar ist, und ein Bild mit dunklen Wolken bei Regen.

Bolt kann zur Auswahl der passenden Hintergründe entsprechende Bedingungen einbauen, beispielsweise in der Komponente `ImageBackground`. Des Weiteren könnten Sie prompten:

> Verwende unterschiedliche Farben für verschiedene Temperaturen (Blau für kalt, Rot für heiß).

Bolt wird daraufhin Logik hinzufügen, um die Textfarbe basierend auf dem Wert von `weather.temp` zu ändern.

Behandeln Sie Bolt wie einen UI- oder Styling-Assistenten: Beschreiben Sie das gewünschte visuelle Ergebnis, und Bolt wird versuchen, die passenden React-Native-Styles zu erzeugen.

Bolt kann auch explizit erwähnte Styling-Frameworks heranziehen. In React Native könnten Sie beispielsweise verlangen, einen Materialdesignstil zu verwenden – Bolt wird dann ein entsprechendes UI-Kit importieren. In einem React-Webprojekt könnten Sie es beispielsweise auffordern, Tailwind CSS zu verwenden. In unserem Fall reichen einfache Styles aus, aber Sie können jederzeit experimentieren.

Beim Styling von React-Native-Apps werden nicht alle CSS-Funktionen unterstützt. Bolt setzt in der Regel nur ein, was auch tatsächlich verfügbar ist. Begegnet Ihnen dennoch eine Style-Eigenschaft, die nicht funktioniert (meist etwas Webspezifisches), müssen Sie gegebenenfalls nachjustieren. Um die Dinge bei Bedarf zu bereinigen, geben Sie Bolt etwa diesen Prompt:

> Entferne alle nicht unterstützten CSS-Eigenschaften aus den Styles (da es sich um eine React-Native-App handelt).

Testen der App

Für den Fall, dass Sie Expo zum ersten Mal verwenden, beschreibe ich kurz, wie Sie die App testen können. Bolt generiert einen Entwicklungs-Build und zeigt im Vorschaufenster einen QR-Code an. Wenn Sie diesen mit Expo Go (*https://expo.dev/go*) auf Ihrem Smartphone scannen, öffnet sich eine Live-Version der App direkt auf Ihrem Mobilgerät. Änderungen werden sofort sichtbar, sobald Sie Code anpassen oder Bolt neue Prompts senden (siehe Abbildung 11.2).

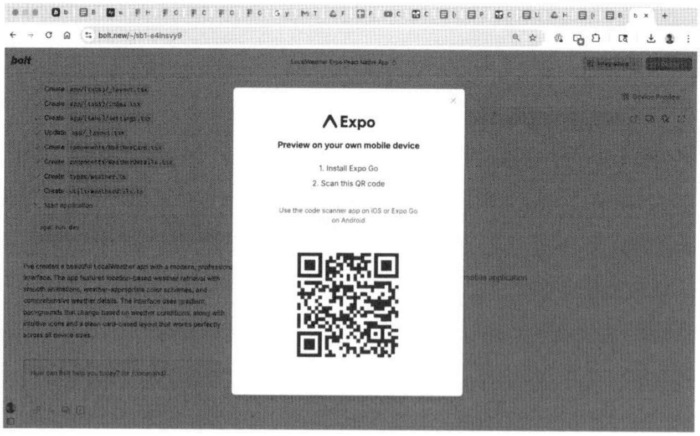

Abbildung 11.2: Expo zeigt einen QR-Code an, um eine App auf Mobilgeräten zu testen.

Die QR-Code-Funktionalität von Expo ermöglicht es, Projekte direkt als Vorschau auf Mobilgeräten zu testen. Nach der Installation von Expo Go für iOS oder Android scannen Sie einfach den angezeigten QR-Code, um loszulegen.

Live-Tests während der Entwicklung

Fassen wir den Workflow für das Testen während der Entwicklung noch einmal zusammen: Jedes Mal, wenn Sie Änderungen per Prompt oder durch manuelle Codeanpassungen vornehmen, aktualisiert sich der WebContainer von Bolt, und Expos Fast Refresh überträgt die Änderungen unmittelbar auf Ihr Mobilgerät. Android-Geräte können Sie schütteln, bei iOS-Geräten müssen Sie mit zwei Fingern auf den Bildschirm tippen, um das Expo-Dev-Menü aufzurufen. Dort finden Sie Funktionen wie *Hot Reload* und *Remote-Debugging*. Bei der Integration von Bolt geht es in erster Linie um das Coding; für das Runtime-Debugging verwenden Sie weiterhin die Tools von React Native. Die Live-Vorschau ist einer der größten Vorteile: Sie sehen Ihre App bereits *während der Entwicklung*, was den Prozess drastisch beschleunigt (siehe Abbildung 11.3).

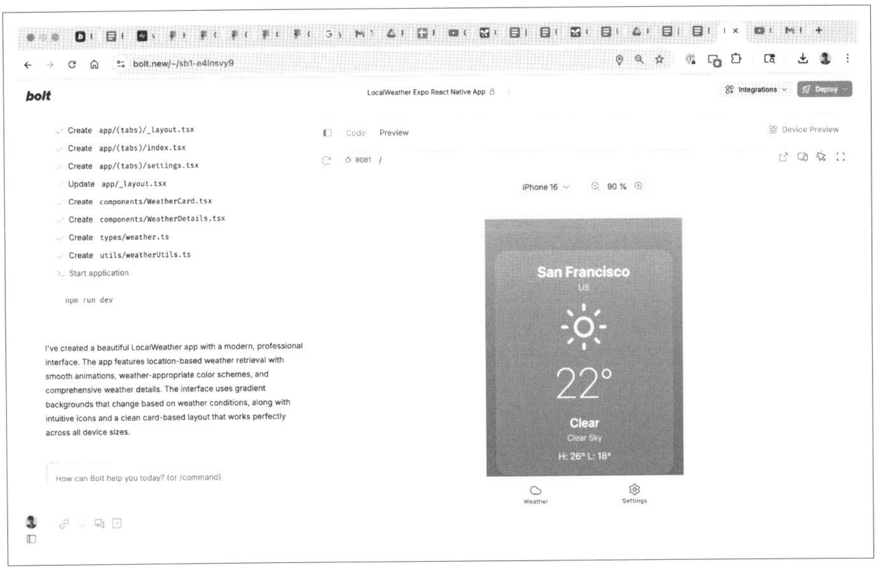

Abbildung 11.3: Eine Live-Vorschau von React-Native-Code mit Bolt und Expo

Einige Funktionen, wie Kamera und Benachrichtigungen, lassen sich in der Webvorschau nicht vollständig testen, da sie auf die Gerätehardware oder Interaktionen auf Betriebssystemebene angewiesen sind. Für diese Fälle ist die Nutzung von Expo Go auf einem physischen Smartphone unverzichtbar. Wenn etwas nicht funktioniert, prüfen Sie die Geräte-Logs. Sie können diese in der Konsole von Bolt einsehen oder bei

Bedarf `expo start` auf Ihrem lokalen Rechner ausführen und die Kommandozeile von Expo verwenden. Bolt sollte jedoch normalerweise auftretende Fehler auch in der Benutzeroberfläche anzeigen.

Bolt und Expo ermöglichen eine Live-Vorschau Ihres React-Native-Codes. Der Code auf der linken Seite von Abbildung 11.3 definiert eine einfache Home-Komponente, während Sie auf der rechten Seite die Ausgabe auf einem iOS-Simulator/-Gerät sehen. Alle Codeänderungen werden sofort auf dem Gerät angezeigt.

Automatisiertes Testen

Auch wenn unser Fokus auf Prompt-getriebener Entwicklung liegt, können Sie Bolt dazu veranlassen, automatisierte Tests für Ihre App zu generieren:

> Schreibe einen Jest-Test für die Wetterabfrage-Funktion, um sicherzustellen, dass sie die API-Daten korrekt parst.

Bolt erstellt daraufhin eine Testdatei, die eine API-Antwort simuliert und das Ergebnis überprüft. Beachten Sie, dass das Schreiben automatisierter Tests für React-Native-Komponenten (mit Bibliotheken wie der React Native Testing Library) oder das Testen von Expo-Modulen anspruchsvoll sein kann. Bolt kann Ihnen jedoch auf Nachfrage bei der Einrichtung helfen.

Testen von Production-Builds

Mit Expo können Sie über die *Expo Application Services* (EAS) (*https://expo.dev/eas*) eine eigenständige Binärdatei erstellen (APK für Android, IPA für iOS). Bolt lässt sich für das Deployment mit EAS verbinden. Wenn Sie bereits Web-Apps mit StackBlitz oder Netlify deployt haben, ist EAS das native Pendant für die Mobilwelt. Anstatt statische Assets über ein CDN bereitzustellen, erzeugen Sie signierte Binärdateien, die im App Store oder bei Google Play eingereicht werden können. Der Prozess ist zwar etwas komplexer, doch EAS automatisiert in Kombination mit Bolt einen Großteil der erforderlichen Schritte.

Wenn Sie einen Prompt wie »Stelle die App für Android und iOS bereit« eingeben, führt Sie Bolt durch den entsprechenden Prozess. Es wird den Build möglicherweise nicht automatisch ausführen, kann aber EAS-CLI-Befehle im Container aufrufen. Das setzt ein Expo-Konto sowie die Ausführung von `eas build` voraus. Es würde den Rahmen dieses Kapitels sprengen, das vollständige Deployment der App zu beschreiben. Detaillierte Anweisungen dazu finden Sie in der Dokumentation von Expo (*https://oreil.ly/zGd20*).

Adaptierung der Einkaufslisten-App für mobile Plattformen

In einem früheren Kapitel dieses Buchs (Kapitel 9) haben Sie mit Bolt eine webbasierte Einkaufslisten-App entwickelt. In diesem Abschnitt schauen wir uns an, wie man eine solche App mithilfe von React Native und Expo für Mobilgeräte adaptiert. Es handelt sich also um eine praxisnahe Fortsetzung eines Projekts, das Sie bereits kennen – neu gedacht für eine andere Plattform. Normalerweise müssten Sie für React Native große Teile des Codes neu schreiben. Bolt kann jedoch wesentliche Teile dieser Konvertierung automatisieren.

Wir können Bolt entweder per Prompt mit einer Beschreibung der bestehenden App versorgen und sie damit im Grunde wie ein neues Projekt behandeln, das das alte nachbildet, oder aber Teile des vorhandenen Codes bereitstellen und Bolt um eine Konvertierung bitten. Die KI von Bolt ist in der Lage, Code von einem Framework in ein anderes zu refaktorieren, wenn sie klar instruiert wird.

Zum Beispiel könnten wir ein neues Expo-Projekt starten und prompten:

> Ich habe eine Web-App für Einkaufslisten. Sie enthält eine Liste von Artikeln und ein Formular, um Artikel hinzuzufügen. Wandle diese App in eine mobile React-Native-App um. Erstelle eine vergleichbare Benutzeroberfläche mit React-Native-Komponenten. Setze bei Bedarf eine Navigationsstruktur mit React Navigation um, falls die App aus mehreren Screens besteht.

Bolt interpretiert diese Vorgaben und setzt sie um:

- Da wir die Navigation erwähnt haben, wird es vermutlich eine entsprechende Struktur einrichten. Es wird entweder die React-Navigation-Bibliothek verwenden, da wir von mehreren Screens gesprochen haben, oder alles auf einem einzigen Screen belassen.
- Es wird webspezifische Elemente durch solche für React Native ersetzen:
  - `<div>` wird zu `<View>`.
  - `<span>`/`<p>` wird zu `<Text>`.
  - `<input>` wird zu `<TextInput>`.
  - `<button>` wird zu `<Button>` oder einem `<TouchableOpacity>` mit einem `<Text>`-Label.
  - CSS-Klassen werden zu Einträgen in einem `StyleSheet` – dabei berücksichtigt Bolt möglicherweise vorhandene Styles, falls wir sie bereitstellen, oder legt neue Styles an.
- Die JavaScript-Logik zum Hinzufügen und Entfernen von Einträgen kann weitgehend wiederverwendet werden, da das State-Handling mit `useState` in React Native genauso funktioniert.

Bolt kennt Ihre bestehende Web-App von sich aus nicht, Sie müssen sie zuerst beschreiben. Geben Sie dabei so viele Details wie möglich an. Sie können auch Teile des Webcodes in den Prompt kopieren, damit Bolt ihn transformieren kann. Dieser Ansatz nutzt die Stärke von Bolt bei der Refaktorierung von Code.

Angenommen, wir stellen im Prompt vorhandenen Code der Web-App bereit, einschließlich dieses Snippets:

```
<div className="grocery-item">
  <input type="checkbox" checked={item.purchased}
   onChange={() => togglePurchased(item.id)} />
  <span>{item.name}</span>
  <button onClick={() => removeItem(item.id)}>Remove</button>
</div>
```

Dann bitten wir Bolt:

> Konvertiere diese Komponente mit React Native für Mobilgeräte.

Bolt wird etwa Folgendes ausgeben:

```
<View style={styles.groceryItem}>
  <Switch value={item.purchased}
   onValueChange={() => togglePurchased(item.id)} />
  <Text style={styles.itemName}>{item.name}</Text>
  <Button title="Remove" onPress={() => removeItem(item.id)} />
</View>
```

Beachten Sie, dass hier Switch verwendet wird – eine React-Native-Komponente für Schalter. Die JavaScript-Logik (`togglePurchased`, `removeItem`) wird übernommen, und nur der View-Layer wird angepasst. Beim Styling kann Bolt einfache CSS-Eigenschaften (wie Margin und Padding) häufig in ein React-Native-StyleSheet überführen. Komplexere Styles erfordern mitunter Nacharbeit, etwa wenn Web-Grid-Layouts durch eine spaltenbasierte Flexbox-Ausrichtung ersetzt werden müssen.

Wie immer bei der Arbeit mit Bolt verfeinern Sie Ihre App iterativ über Prompts, beispielsweise so:

> Die Einträge sollen durch Wischen entfernt werden können.

Bolt könnte daraufhin einen entsprechenden *Gesture Handler* integrieren.

> Verwende für gekaufte Artikel ein Checkbox-Icon anstelle von Switch.

Dazu könnte Bolt die Bibliothek `expo-vector-icons` einsetzen und ein Checkbox-Icon anzeigen, das sich per Tap umschalten lässt.

Punkte, auf die Sie besonders achten sollten, sind die Navigation und plattformspezifische Unterschiede. Wenn Ihre Web-App mehrere Seiten umfasst (beispielsweise eine eigene Seite für die Einstellungen enthält), implementiert Bolt unter Umständen React

Navigation mit einem Stack- oder Tab-Navigator. Es bindet automatisch die erforderliche Bibliothek ein und konfiguriert die Navigation entsprechend, zum Beispiel:

> Verwende Bottom-Tabs mit React Navigation für die Screens »Home« und »Settings«.

Als Reaktion auf diesen Prompt würde Bolt `@react-navigation/bottom-tabs` hinzufügen und einen einfachen Tab-Navigator konfigurieren.

Testen Sie die adaptierte App abschließend gründlich. Manche Dinge, die im Web funktionieren – wie HTML-Semantik oder reine Webbibliotheken –, haben in React Native keine direkte Entsprechung. Bolt könnte solche Aspekte nur eingeschränkt umsetzen oder ganz weglassen. Identifizieren Sie beim Testen etwaige fehlende Funktionen und bessern Sie per Prompt nach. Mit nur wenigen Iterationen lässt sich das Nutzungserlebnis der ursprünglichen Web-App meist sehr gut nachbilden.

Zusammenfassung

In diesem Kapitel haben wir eine native Mobile-App mit Bolt und Expo realisiert, indem wir unsere diesbezüglichen Vorstellungen einfach per Prompt beschrieben haben. Wir haben mit einer Wetter-App begonnen, die auf Funktionen der Gerätehardware (GPS und Kamera) und externe Dienste (eine Wetter-API und Benachrichtigungen) zugreift. Wir haben außerdem das Stylen und Testen auf echten Geräten besprochen und erlebt, wie Bolt bei der Portierung einer Web-App auf Mobilgeräte helfen kann.

Im folgenden Schlusskapitel kehren wir noch einmal zu Bolt zurück, um einige fortgeschrittene Funktionen kennenzulernen und zu erfahren, wie Sie Ihre StackBlitz-Kenntnisse in der Backend-Entwicklung einsetzen können.

KAPITEL 12

Fortgeschrittene Bolt-Tipps

Auch wenn sich das Entwickeln mit Bolt anfühlt, als hätten Sie einen unermüdlichen Assistenten an Ihrer Seite, der aus Ihren Beschreibungen nahezu augenblicklich Code generiert, machen doch selbst die besten Assistenten manchmal Fehler, und die besten Werkzeuge verbergen sich oft in Schubladen, in die Anfänger selten einen Blick werfen. In diesem Kapitel geht es um drei fortgeschrittene Aspekte, mit denen Sie Ihre Bolt-Skills auf ein neues Niveau heben können: Debugging-Techniken für den Fall, dass etwas schiefläuft, weniger bekannte Produktivitätsfunktionen, die Ihren Workflow erheblich beschleunigen können, sowie Backend-Funktionen, die Bolt von einem Frontend-Prototyping-Tool in eine vollwertige Full-Stack-Entwicklungsumgebung verwandeln.

Während wir uns in den bisherigen Kapiteln auf die Grundlagen konzentriert haben, setzt der Inhalt dieses Kapitels voraus, dass Sie sich mit den wesentlichen Webkonzepten (HTML, CSS, JavaScript) vertraut gemacht haben und bereit sind, auf das Niveau eines Junior-Entwicklers oder einer Junior-Entwicklerin vorzustoßen. Ganz gleich, ob Sie rätselhafte Laufzeitfehler aufspüren oder verhindern wollen, dass die KI von Bolt kritische Dateien überschreibt, oder ob Sie Express-Routen einrichten möchten, die als serverlose Funktionen deployt werden: Die hier vermittelten Fähigkeiten werden Ihnen Stunden an Trial and Error ersparen und das volle Potenzial von Bolt erschließen.

Debugging

Selbst wenn die KI die Hauptarbeit übernimmt, wird nicht immer alles reibungslos funktionieren – und das Debuggen in Bolt ist eine Kunst für sich. Glücklicherweise liefert Bolt während der Ausführung einer App Echtzeit-Feedback. Wie auf der Website (*https://oreil.ly/voC0x*) von Bolt zu lesen ist, können Sie auf der Plattform Apps in Echtzeit ausführen und »Fehler sofort debuggen, sobald sie auftreten«. Das Debuggen einer per Prompt entwickelten App gleicht ein wenig der Arbeit eines Detektivs, der einen Fall lösen will: Man wertet Hinweise aus (Fehlermeldungen, Logs und das

Verhalten der App) und geht den Ursachen schrittweise auf den Grund. In diesem Abschnitt untersuchen wir anhand einsteigerfreundlicher Analogien und Beispiele, wie Sie Probleme in Bolt nachverfolgen und beheben können.

Die Live-Entwicklungsumgebung von Bolt verstehen

Bolt führt Ihre App im Browser mithilfe von StackBlitz-WebContainern (*https://oreil.ly/zB3QH*) aus, was bedeutet, dass eine vollständige Node.js-Umgebung direkt im Browser läuft und sowohl Client- als auch Servercode ausführt. (StackBlitz und WebContainers wurden in Kapitel 10 beschrieben.) In den unterschiedlichen Projekten dieses Buchs haben Sie erlebt, dass Bolt als Reaktion auf Ihre Prompts Code schreibt und sofort ausführt. Tritt im Code ein Fehler auf, erkennt Bolt dies. Arbeitet beispielsweise eine React-Komponente aufgrund einer fehlerhaften Prop nicht korrekt, sehen Sie möglicherweise eine Fehlermeldung in der Vorschau oder im Chat – und Bolts Agent registriert diese Exception. In einem Test eines Nutzers (*https://oreil.ly/5FcBT*) löste ein Routing-Bug »einen Fehler aus, der interessanterweise von Bolt erkannt wurde«. Das bedeutet, dass Ihnen Bolt Laufzeitfehler in der Regel durch eine Benachrichtigung oder ein Log mit Stack Trace anzeigt – ein nutzerfreundliches Warnsystem.

Lesen Sie diese Fehlermeldungen immer aufmerksam – sie beschreiben genau, *was* schiefgelaufen ist und *wo* (»TypeError in Breadcrumb.jsx line 42«). Das ist ein erster nützlicher Hinweis: Das Error-Log verrät Ihnen, wo Sie im Code ansetzen müssen. Sie können die Datei im Editor von Bolt anklicken und den Code rund um die betreffende Zeile prüfen. Häufig ist die Lösung offensichtlich: Vielleicht wurde eine Variable nicht definiert, oder eine Funktion wurde falsch aufgerufen. Wenn Sie unsicher sind, fragen Sie Bolt danach (dazu gleich mehr).

Tatsächlich überlässt Bolt seinem KI-Agenten die vollständige Kontrolle über die Umgebung, einschließlich des Dev-Servers und der Konsole, sodass dieser die App bei Bedarf neu starten oder Build-Schritte ausführen kann. Wenn Sie Bolt beispielsweise bitten, eine Bibliothek zu installieren, wird im Hintergrund ein `npm install` im WebContainer ausgeführt. Muss die App kompiliert werden, etwa bei einem Next.js-Build, erledigt Bolt auch das und zeigt dabei auftretende Build-Fehler an.

All diese Logs und Fehlermeldungen werden direkt in Ihrem Browser angezeigt, sodass Sie weder ein separates Terminal noch einen externen Editor benötigen. Sie können sogar die Chrome-DevTools öffnen, um zu debuggen. Da das Backend im Browser läuft, »funktioniert Node.js-Debugging mit den Chrome-DevTools [...] problemlos«, wie es im StackBlitz-Blog heißt (*https://oreil.ly/eyHIU*), sodass Sie Breakpoints setzen oder Objekte inspizieren können, als würde die App lokal laufen. Für Einsteiger mag es zu Beginn herausfordernd sein, Code in den DevTools schrittweise auszuführen, aber Sie sollten auf jeden Fall wissen, dass diese Möglichkeit existiert.

Debugging und Troubleshooting in Bolt

Bei der Fehlersuche hilft es (wie bei der Tätersuche), die üblichen Verdächtigen zu kennen. Zu den typischen Problemen, auf die man als Bolt-Nutzer stößt, gehören unter anderem:

Laufzeitfehler

Dabei handelt es sich um Programmfehler, die Bolt in der Vorschau oder in den Logs rot markiert, beispielsweise Zugriffe auf Properties mit null- oder undefined-Werten, falsche API-Endpunkte oder Abstürze bei der Bedienung von Schaltflächen. Wenn zum Beispiel beim Anklicken eines generierten Log-in-Buttons nichts passiert, sollten Sie die Browserkonsole oder die Logs von Bolt überprüfen. Möglicherweise finden Sie dort einen Fehler wie »Uncaught ReferenceError: handleLogin is not defined«. Das ist ein eindeutiger Hinweis, Bolt aufzufordern, `handleLogin` zu implementieren oder zu korrigieren. Nutzen Sie den genauen Wortlaut der Fehlermeldung als Hinweis in Ihrem nächsten Prompt:

> Behebe den ReferenceError für handleLogin beim Klick auf den Log-in-Button.

»Fehlerschleifen«

Manchmal versucht die KI von Bolt, einen Fehler automatisch zu beheben, scheitert dabei aber wiederholt. Wenn Bolt erkennt, dass ein Fehler aufgetreten ist, zeigt es einen *Fix*-Button zur automatischen Korrektur an (siehe Abbildung 12.1). Es ist verlockend, diesen Button immer wieder anzuklicken, aber Vorsicht: Laut Bolt-Dokumentation (*https://oreil.ly/wnBLB*) kann fortgesetztes »Klicken auf *Attempt fix* zu unnötigem Token-Verbrauch führen«. Außerdem kann die KI in eine Schleife geraten, ohne das eigentliche Problem zu lösen – wie ein Arzt, der immer wieder dasselbe wirkungslose Medikament verschreibt. Stattdessen sollten Sie nach einem ersten misslungenen Fix-Versuch eingreifen und es mit einer anderen Strategie versuchen.

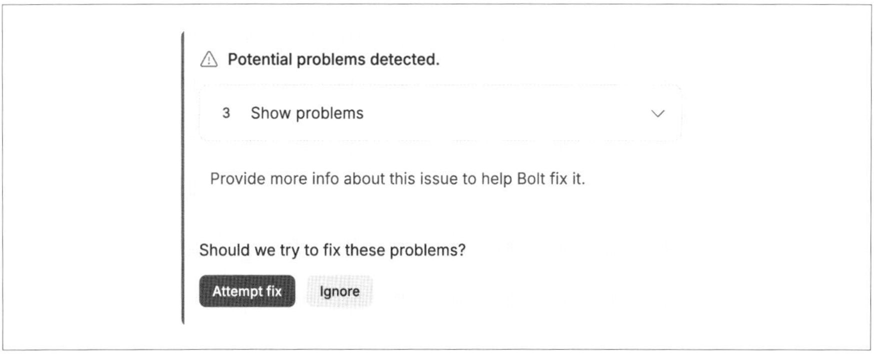

Abbildung 12.1: Bolts Fehlerhinweis bietet an, einen automatischen Korrekturversuch durchzuführen.

Fehler bei externen Diensten
Wenn Ihre App externe APIs verwendet (für OAuth-Log-ins, Datenbankzugriffe und Ähnliches), treten bisweilen Fehler auf, die Bolt nicht automatisch beheben kann. Dazu zählen beispielsweise weniger verbreitete Bibliotheken oder APIs von Drittanbietern, bei denen die Fehlerbehebung unter Umständen zusätzliche technische Recherche erfordert. Gibt Supabase beispielsweise einen »Unauthorized«-Fehler zurück, müssen Sie möglicherweise einen gültigen API-Key bereitstellen oder Regeln in Supabase anpassen, was beides außerhalb von Bolts unmittelbarem Einflussbereich liegt. Verwenden Sie in diesen Fällen den Diskussionsmodus von Bolt oder konsultieren Sie die Dokumentation des jeweiligen Diensts.

Probleme mit Umgebung und Vorschau
Gelegentlich sehen Sie in der Vorschau vielleicht nur eine leere Seite oder einen allgemeinen Fehler wie »Cannot get /«. Das könnte bedeuten, dass der Dev-Server nicht gestartet wurde oder dass der Build- bzw. Startprozess kein auslieferbares Ergebnis für die Root-URL / erzeugt hat. Prüfen Sie, ob das Startskript Ihrer App korrekt ist und ob eine Route für die Startseite existiert. Wenn der Web-Container gar nicht startet (vielleicht aufgrund von Browserinkompatibilitäten), zeigt Bolt einen WebContainer-Startfehler (*https://oreil.ly/SJT89*) an. Die Lösung kann so einfach sein wie der Wechsel zu Chrome oder Edge, falls Sie einen nicht unterstützten Browser verwendet haben, oder das Deaktivieren einer blockierenden Browsererweiterung. Erhalten Sie eine Out-of-Memory-(OOM-)Meldung (*https://oreil.ly/v9lPE*), ist Ihrem Browser der für den Container verfügbare Arbeitsspeicher ausgegangen. Das Schließen anderer Tabs oder Apps schafft hier Abhilfe.

Best Practices beim Debuggen von Bolt-Apps

Debugging in Bolt ist ein interaktiver, iterativer Prozess. Die folgenden Tipps helfen dabei, diesen (oft lehrreichen) Prozess zu vereinfachen:

Nehmen Sie jeweils nur eine Änderung vor.
Wenn mehrere Probleme auftreten, gehen Sie sie nacheinander an. Eine bewährte Vorgehensweise besteht darin, größere Änderungen in kleinere Schritte zu zerlegen und einem klaren Ablauf zu folgen: Sie nehmen eine Änderung vor, prüfen dann, ob diese Änderung funktioniert, und danach gehen Sie zum nächsten Feature über. Dieser klassische Rat gilt auch für menschliches Programmieren, ist aber in der Zusammenarbeit mit einer KI besonders wichtig. Wenn Sie Bolt beispielsweise per Prompt bitten, fünf neue Features auf einmal hinzuzufügen, und anschließend etwas nicht mehr funktioniert, ist schwer nachvollziehbar, welche Änderung wohl das Problem verursacht hat. Führen Sie neue Funktionen statt-

dessen schrittweise ein und testen Sie jede einzelne, bevor Sie fortfahren. So wissen Sie bei Auftreten eines Fehlers sofort, was ihn mit hoher Wahrscheinlichkeit ausgelöst hat.

Lesen und protokollieren Sie den Code.
Scheuen Sie sich nicht, den generierten Code genau zu untersuchen. Möglicherweise entdecken Sie einen Fehler schneller als die KI. Ein Nutzer bemerkte (*https://oreil.ly/2j6lz*) beispielsweise, dass Bilder nicht geladen wurden, und stellte beim Überprüfen des Codes fest, dass für den Zugriff darauf ein API-Schlüssel erforderlich war. Mit diesem Wissen wies er Bolt an, eine andere Bildquelle zu verwenden: Problem gelöst.

Wenn Sie den Code nicht verstehen, können Sie Bolt im Diskussionsmodus fragen, *warum* es etwas auf eine bestimmte Weise umgesetzt hat, oder bitten, den Code zu erklären. Sie können Bolt auch veranlassen, Logging-Anweisungen einzufügen. Die Bolt-KI ist sehr gut darin, auf Anfrage detaillierte Log-Ausgaben zu ergänzen. Sie könnten beispielsweise prompten:

> Ergänze console.log-Anweisungen, damit ich den Datenfluss nachvollziehen kann, nachdem ich auf »Zum Warenkorb hinzufügen« geklickt habe.

Diese Informationen werden in der Konsole ausgegeben und erlauben beim Test der Funktion eine schrittweise Ablaufverfolgung.

Nutzen Sie den Diskussionsmodus als Unterstützung.
Wie bereits in Kapitel 5 erwähnt, können Sie Bolt im Diskussionsmodus (*https://oreil.ly/zlP24*) Fragen stellen, ohne dass dabei der Code geändert wird. Stellen Sie sich diesen Modus wie ein integriertes Stack Overflow mit persönlichem Tutor vor. Wenn Sie auf einen rätselhaften Fehler stoßen oder Orientierung benötigen, wechseln Sie in den Diskussionsmodus und fragen beispielsweise etwas wie:

> Warum erhalte ich beim Aufruf von */api/data* einen 404-Fehler?

Die KI wird recherchieren und antworten, gegebenenfalls unter Verweis auf Dokumentationstexte oder bekannte Probleme. Sie erklärt möglicherweise, dass Sie eine API-Route definieren müssen oder dass Ihr Backend-Server nicht läuft. Im Diskussionsmodus wird also kein Code generiert: Die KI erläutert hier nur oder schlägt ein bestimmtes Vorgehen vor. Meist wird Ihnen im Zusammenhang mit Bolts Antwort eine Option wie *Implement this fix* angeboten, die beim Anklicken zurück in den Build-Modus wechselt und die von der KI vorgeschlagenen Codeänderungen anwendet. Die Diskussion eines Problems und die Generierung des dazugehörigen Codes werden auf diese Weise voneinander getrennt – ein echte Hilfe für Einsteiger: Bevor Sie Änderungen vornehmen, können Sie Ihr Verständnis vertiefen.

Machen Sie Ihre Änderungen bei Bedarf rückgängig.
: Wenn eine Änderung schiefgeht und Sie sich nicht sicher sind, wie Sie das entstandene Chaos beheben können, sollten Sie Bolts Rollback-Funktion nutzen, um sie rückgängig zu machen. Wie in Kapitel 4 besprochen, erstellt Bolt automatisch Checkpoints für jeden Prompt im Chatverlauf. Sie können zu einer früheren Nachricht nach oben scrollen und auf *Rollback* klicken, wodurch das Projekt auf diesen Zeitpunkt zurückgesetzt wird. Das ist im Grunde ein Undo-Button für Änderungen der Codebasis – äußerst praktisch, wenn sich der »Fix« der KI als schlimmer herausstellt als das ursprüngliche Problem. Beachten Sie jedoch, dass ein Rollback alles, was nach diesem Checkpoint passiert ist, endgültig entfernt (es gibt kein »Redo«). Nutzen Sie diese Option also nur, wenn Sie bereit sind, die jüngsten Änderungen dauerhaft zu verwerfen.

Übersehen Sie nicht das Offensichtliche.
: Manchmal besteht der »Bug« schlichtweg darin, dass Ihr Prompt nicht klar genug war. Wenn Bolt etwas Unerwartetes getan hat, ist möglicherweise Ihre Anweisung mehrdeutig gewesen. Das Debugging eines Prompts kann so einfach sein wie eine Umformulierung oder die Ergänzung weiterer Details. So lässt sich eine Anweisung wie »Färbe die Buttons blau« unter Umständen nicht auf eine dynamisch generierte Komponente anwenden, wenn Sie nicht angeben, welche Buttons genau gemeint sind oder wo sie sich befinden. Hier ist tatsächlich eine Art *Prompt-Debugging* angezeigt: Oft besteht die Lösung einfach darin, die Anfrage zu präzisieren. Mehr dazu finden Sie in Kapitel 3.

Betrachten Sie Bolt als eine Art Auszubildenden im Bauhandwerk. Er arbeitet schnell und kann innerhalb weniger Minuten ein Bauwerk (Ihre App) errichten, macht dabei aber vielleicht nicht immer alles einhundertprozentig richtig. Debugging gleicht einer Bauabnahme: Sie gehen die Konstruktion ab, entdecken möglicherweise Risse (Fehler) und Abweichungen vom Bauplan (Features, die nicht richtig funktionieren) und fordern den Auszubildenden auf, diese zu beheben. Bolt stellt Ihnen dabei die Baupläne (den Code) und Warnsignale (Fehlermeldungen) zur Verfügung.

Mit zunehmender Übung lernen Sie, diese Signale wahrzunehmen und Bolt präzise anzuweisen, die aufgetretenen Probleme zu beheben. Jeder neue Bug ist eine Gelegenheit, Ihre Prompts zu verfeinern oder besser zu verstehen, warum der Code ein bestimmtes Verhalten zur Folge hatte. Indem Sie methodisch iterieren und die hier beschriebenen Best Practices anwenden, verwandeln Sie das anfangs fehleranfällige Gerüst in eine robuste, funktionsfähige Anwendung.

Debugging-Beispiel

Gehen wir ein einfaches Beispiel durch, um das Zusammenspiel der beschriebenen Aspekte zu verdeutlichen. Angenommen, Sie bitten Bolt per Prompt, eine To-do-Listen-App zu erstellen, woraufhin es eine React-App generiert, in der Sie Aufgaben hinzufügen und entfernen können. Sie testen die App erwartungsvoll: Die Benutzeroberfläche lädt, Sie geben eine Aufgabe ein und klicken auf *Hinzufügen* – doch nichts passiert. Es erscheint kein neuer To-do-Eintrag auf dem Bildschirm. Wie gehen Sie beim Debuggen vor?

Achten Sie zuerst auf etwaige Meldungen auf dem Bildschirm oder in Konsolen-Logs. Angenommen, die Vorschau von Bolt zeigt ein Fehlerbanner oder Sie öffnen die Browserkonsole und sehen dort die Meldung »Unhandled Rejection: Failed to fetch«. Das deutet darauf hin, dass die App wahrscheinlich versucht hat, eine Backend-API aufzurufen, diese aber nicht finden konnte (vermutlich also ein 404-Fehler oder ein fehlgeschlagener Fetch). Das ist ein wichtiger Hinweis. Vielleicht hat Bolt eine separate API-Route zum Speichern der Aufgaben eingerichtet, die nicht korrekt funktioniert.

In Bolt haben Sie Zugriff auf die Dateistruktur und können nach API-Code suchen, etwa in einer Datei *server.js* oder einem Ordner */api*. Im Frontend entdecken Sie eine Funktion `addTask`, die `/api/addTask` aufruft, stellen aber fest, dass es im Projekt gar keinen entsprechenden Serverendpunkt gibt. Die KI hat also vergessen, das Backend dafür zu implementieren!

Damit ist der nächste Schritt klar: Sie müssen eine Backend-Route anlegen. Prompten Sie:

> Der »Hinzufügen«-Button funktioniert nicht – erstelle einen Node/Express-Endpunkt */api/addTask*, um neue Aufgaben zu speichern.

Bolt generiert daraufhin eine Backend-Route im WebContainer und verdrahtet sie entsprechend. Anschließend testen Sie die App erneut. Die Aufgabe wird nun erfolgreich hinzugefügt.

Stellen Sie sich jetzt vor, dass Ihre To-dos beim Neuladen der Seite verschwinden. Das liegt wahrscheinlich daran, dass der Speicher beim Neustart des Servers zurückgesetzt wird: Bolt hat keine Persistenz eingebaut. Damit ist der nächste Bug (oder das nächste fehlende Feature) identifiziert: Es fehlt eine dauerhafte Speicherung. Sie könnten im Diskussionsmodus fragen:

> Wie kann ich To-do-Einträge persistieren, damit sie beim Neuladen erhalten bleiben?

Die KI könnte vorschlagen, eine Datenbank oder einfach eine Datei zu verwenden. Vielleicht weist sie darauf hin, dass sich Bolt mit Supabase verbinden lässt. Eventuell möchten Sie als Anfänger auf die Verwendung einer vollständigen Datenbank verzichten, also entscheiden Sie sich für eine unkompliziertere Lösung und möchten den Local Storage des Browsers nutzen. Sie weisen Bolt deshalb per Prompt an, das entsprechend zu implementieren (oder erledigen es selbst, wenn Sie sich damit wohlfühlen).

Auf diese Weise debuggen und verbessern Sie die App Schritt für Schritt: Jeder weitere Fehler und jedes fehlende Puzzlestück führt zu einer zusätzlichen Korrektur.

Über diese Abfolge kleiner Fehlerkorrekturen stellen Sie nicht nur die vollständige Funktionalität der App her, sondern lernen zugleich, *warum* sie funktioniert. Jedes Mal, wenn Sie einen Fehler entdecken und gemeinsam mit Bolt beheben, gewinnen Sie neue Erkenntnisse. Denken Sie daran: Auch wenn Bolt den Code schreibt, sind Sie der Problemlöser, der es anleitet. Letztlich geht es beim Debuggen in Bolt um Kommunikation: Es gilt zu interpretieren, was die App Ihnen signalisiert, und Bolt im Gegenzug klar mitzuteilen, was zu tun ist.

Als Nächstes wenden wir uns einigen der verborgenen Superkräfte von Bolt zu, mit denen sich Ihr Entwicklungsprozess noch reibungsloser gestalten lässt.

Weniger bekannte Bolt-Features

Bolt ist mehr als nur »Prompt eingeben, App bekommen«. Es bietet eine Reihe von Funktionen und Workflows, die Ihre Produktivität erheblich steigern und das Spektrum der entwickelbaren Lösungen erweitern können. Viele Neulinge beschränken sich auf die Grundlagen, schreiben also vor allem Prompts und nutzen bei Bedarf die Rollback-Funktion, obwohl Bolt noch deutlich mehr zu bieten hat. In diesem Abschnitt stelle ich Ihnen einige weniger bekannte (oder zu selten genutzte) Bolt-Funktionen vor, mit denen Sie effizienter arbeiten und das volle Potenzial der Plattform ausschöpfen können.

Gezieltes Targeting und Sperren von Dateien

Standardmäßig kann die KI von Bolt Änderungen an beliebigen Stellen im gesamten Projekt vornehmen. Aber es gibt Situationen, in denen man den Fokus der KI exakt ausrichten oder bestimmte Codebereiche vor Veränderungen schützen möchte. Der Codeeditor von Bolt bietet für diese granulare Kontrolle die Funktionen *Target* und *Lock*. Wenn Sie mit der rechten Maustaste auf eine Datei klicken, sehen Sie die entsprechenden Optionen *Target file* und *Lock file* (siehe Abbildung 12.2).

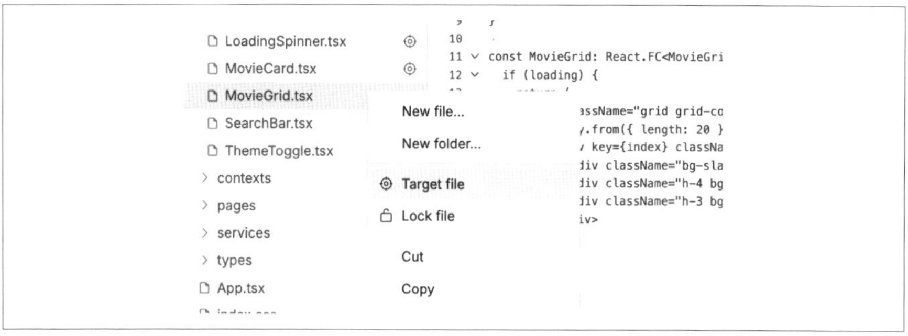

Abbildung 12.2: Optionen für das Targeting und das Sperren von Dateien in Bolt

Wenn Sie bei einer Datei *Target* auswählen (*https://oreil.ly/wIhB6*), weisen Sie Bolt an, als Reaktion auf den nächsten Prompt ausschließlich diese Datei (oder einen definierten Satz von Dateien) zu modifizieren. Das ist besonders hilfreich, wenn Sie bereits genau wissen, wo eine Änderung vorgenommen werden soll. Möchten Sie beispielsweise die Komponente *Header.jsx* anpassen, können Sie diese als Ziel auswählen und anschließend prompten:

> Animiere den Hintergrund des Headers beim Scrollen.

Bolt beschränkt seine Bearbeitungen dann auf genau diese Datei (und möglicherweise zugehörige CSS-Dateien). So wird verhindert, dass die KI unkontrolliert Änderungen vornimmt und an anderen Stellen unerwünschte Nebeneffekte verursacht.

Umgekehrt verhindert die Auswahl von *Lock* (*https://oreil.ly/VaJq8*) bei einer Datei, dass die KI Änderungen an ihr vornimmt. Aus Sicht der KI wird die gesperrte Datei dadurch schreibgeschützt. Das ist besonders sinnvoll, wenn kritischer Code korrekt funktioniert und nicht mehr verändert werden soll. Hat Bolt beispielsweise ein komplexes Utility-Modul generiert, das nach vielen Anpassungen endlich stabil läuft, können Sie es sperren, damit es als Reaktion auf spätere Prompts nicht versehentlich refaktoriert oder beschädigt wird. Sie signalisieren der KI damit im Grunde: »Finger weg von diesem Teil.« Bei Bedarf können Sie die Sperre jederzeit wieder aufheben.

Diese Funktionen, die als echte Produktivitätsbooster dienen können, verstecken sich innerhalb der Benutzeroberfläche leider etwas. Sie ermöglichen ein Maß an Präzision beim KI-gestützten Programmieren, das ein wenig an Teamführung erinnert: Sie können der KI dadurch ausdrücklich eine oder mehrere Dateien zur Bearbeitung zuweisen oder ihr genauso ausdrücklich sagen, bestimmte Dateien unangetastet zu lassen – ähnlich wie eine Senior-Entwicklerin einem Junior Developer sagen würde: »Lass das Zahlungsmodul komplett außen vor, kümmere dich nur um die UI.« Einsteigern kann Targeting zudem beim Lernen helfen, weil dabei Änderungen bewusst fokussiert werden müssen: Es zwingt Sie dazu, sich vorab genau zu überlegen, in welcher Datei eine Änderung stattfinden soll. Das ist eine gute Angewohnheit, um Projektstrukturen zu verstehen.

Dateien ignorieren: fortgeschrittenes Kontextmanagement

Für alle, die Bolt bis an seine Grenzen ausreizen möchten, gibt es eine fortgeschrittene Funktion (*https://oreil.ly/4zx_m*), mit der man steuert, was die KI im Projekt »sehen« kann. In jedem Bolt-Projekt (das technisch auf StackBlitz basiert) existiert ein versteckter Ordner mit dem Namen *.bolt*. Darin befindet sich eine Datei *.bolt/ignore* (vergleichbar mit einer *gitignore*-Datei), in der Dateien und Verzeichnisse aufgeführt werden, die der KI verborgen bleiben sollen. Wenn Sie ein Projekt in StackBlitz öffnen, können

Sie diese Datei bearbeiten und dort festlegen, welche Dateien die KI von Bolt ignorieren soll.

Wozu ist das gut? Mit wachsendem Projektumfang muss die KI bei jedem Prompt mehr Code als Kontext einlesen, was Tokens verbraucht und die KI unter Umständen durch irrelevante Teile ablenkt. Große oder unwichtige Dateien zu ignorieren, schafft Platz im Kontextfenster der KI und kann die Performance verbessern. Zum Ausschluss bieten sich beispielsweise automatisch generierte Dateien, große Datendateien oder Bibliothekscode an.

Dieses Vorgehen ist zwar wirkungsvoll, aber zugleich riskant. Die Dokumentation weist darauf hin, dass diese Funktion für »fortgeschrittene Nutzer« gedacht ist und dass das Ausblenden von Dateien »unbeabsichtigte Konsequenzen« haben kann: Die KI könnte versuchen, auf etwas zuzugreifen, das sie nicht mehr sehen darf, und dadurch durcheinandergeraten. Setzen Sie diese Möglichkeit daher achtsam ein. Wenn Ihr Projekt beispielsweise eine sehr große Bibliothek oder umfangreiche Inhalte enthält, die die Token-Anzahl unnötig in die Höhe treiben, können Sie diese ignorieren, um den Fokus auf die zentrale Anwendungslogik zu lenken. Denken Sie lediglich daran, das Projekt nach dem Bearbeiten der Ignore-Datei erneut in Bolt zu öffnen, damit die Änderungen wirksam werden.

Import und Integration externer Tools

Bolt ist keine Insellösung, sondern lässt sich hervorragend mit anderen Tools kombinieren, was zu einem erheblichen Produktivitätsschub führen kann. Sie haben bereits gesehen, dass Bolt mit Supabase (Kapitel 6 und 8), Netlify (Kapitel 7) und Figma (Kapitel 9) zusammenarbeitet.

Eine weitere wichtige Integration ist mit GitHub (*https://oreil.ly/oSEsG*) möglich (einen detaillierten Überblick finden Sie in Kapitel 10). Sie können jedes öffentliche GitHub-Repository direkt in Bolt öffnen und damit arbeiten. Hängen Sie dazu einfach die URL des GitHub-Repository in Ihrem Browser an *bolt.new/* an. Wenn Sie beispielsweise *https://bolt.new/github.com/someuser/someproject* aufrufen, lädt Bolt den Code dieses Projekts direkt in die Entwicklungsumgebung.

Diese Funktion eignet sich hervorragend, um mit Open-Source-Projekten zu experimentieren oder mit Bolt eine bestehende Codebasis zu refaktorieren oder zu erweitern. Wenn Sie auf GitHub Boilerplate-Code finden, der Ihnen gefällt, können Sie ihn in Bolt importieren und anschließend die KI per Prompt auffordern, ihn zu modifizieren. So kombinieren Sie den enormen Fundus an Open-Source-Vorlagen effektiv mit der KI-Power von Bolt. Zum Zeitpunkt der Abfassung dieses Buchs unterstützt Bolt ausschließlich den Lesezugriff auf öffentliche GitHub-Repos. Wenn Sie Änderungen dauerhaft sichern wollen, müssen Sie sie weiterhin manuell aus Bolt herunterladen und zurück zu GitHub pushen. Für ein schnelles Prototyping oder um vom Code anderer Projekte zu lernen, ist diese Funktion jedoch äußerst praktisch.

Wie wir in Kapitel 11 ausführlich besprochen haben, ermöglicht die Integration von Bolt und Expo (*https://oreil.ly/bS8Xi*) die Entwicklung vollwertiger mobiler Apps für iOS und Android. Diese leistungsstarke Funktionalität verwandelt Bolt von einem reinen Webtool in eine plattformübergreifende Entwicklungsumgebung.

Bolt erstellt dafür das Grundgerüst einer React-Native-App. Es startet einen Expo-Dev-Server im WebContainer, und Sie können sich eine Vorschau im Web anzeigen lassen oder einen QR-Code für die Expo-Go-App abrufen.

Während der Entwicklungsprozess in Bolt ähnlich abläuft (Chat und Code), erfordert das Deployment mobiler Apps zusätzliche Schritte, wie etwa die Nutzung von Expos EAS (*Expo Application Services*) für Cloud-Builds und die Veröffentlichung in App-Stores. Die zentrale Erkenntnis an dieser Stelle: Bolt ist nicht nur für Websites gedacht. Wenn Sie eine Idee für eine Mobile-App haben, können Sie dafür mit Bolt ebenfalls einen Prototyp erstellen – was bemerkenswert ist. Dabei handelt es sich um eine bislang wenig genutzte Möglichkeit: Viele Anwender wissen schlicht nicht, dass sie mit Bolt mehrere Plattformen gleichzeitig adressieren können.

Chrome-Erweiterungen: Supercharge und Snippets

Über die Web-App hinaus bietet Bolt zwei Chrome-Erweiterungen an, die den Funktionsumfang erweitern. Supercharge (*https://superchargebolt.com*) wurde entwickelt, um »Ihren Entwicklungsworkflow zu beschleunigen«. Diese Erweiterung fügt Bolt eine Seitenleiste hinzu, die Prompt-Vorlagen, schnell einfügbare UI-Komponenten und Nutzungsstatistiken bereitstellt. Mit ihr lassen sich über vorgefertigte Prompts insbesondere wiederkehrende Aktionen beschleunigen. Es ist praktisch eine Bibliothek vorformulierter, anpassbarer Anweisungen, sodass Sie nicht immer alles neu eingeben müssen.

Die Chrome-Erweiterung Snippets (*https://oreil.ly/VUUl5*) fungiert als Brücke zwischen Ihrer lokalen Entwicklungsumgebung und der KI-Unterstützung von Bolt. Mit ihr können Sie Code in VSCode, auf Stack Overflow oder auf beliebigen Webseiten markieren und schnell zur Analyse oder Modifikation an Bolt senden. Außerdem können Sie persönliche Snippet-Bibliotheken einrichten und diese mit einem simplen /-Befehl in Bolt einfügen. Wenn Sie beispielsweise lokalen Code debuggen und dabei nicht weiterkommen, können Sie die problematische Funktion einfach markieren und an Bolt senden, ohne sie dafür kopieren und einfügen zu müssen.

Diese Erweiterungen sind optional, unterstützen aber als zusätzliche Angebote des Bolt-Ökosystems Entwicklerinnen und Entwickler in ihren bestehenden Arbeitsabläufen – sei es durch die Beschleunigung alltäglicher Aufgaben oder durch den Brückenschlag zwischen lokaler und Cloud-basierter Entwicklung.

Praxisbeispiele für versteckte Funktionen

Spielen wir zur Veranschaulichung ein kleines Szenario durch, das einige der gerade beschriebenen Möglichkeiten kombiniert. Stellen Sie sich ein Projekt vor, das ursprünglich von Bolt erstellt wurde, das Sie aber um weitere Features ergänzt haben. Inzwischen ist es deutlich angewachsen und enthält viele Komponenten und möglicherweise auch einige Markdown-Dateien mit Content. Sie bemerken nun, dass Bolt für seine Antworten zunehmend länger braucht und es manchmal den früheren Kontext zu vergessen scheint – ein Hinweis darauf, dass Sie an die Grenzen des Kontextfensters stoßen. So könnten Sie in diesem Szenario einige der fortgeschrittenen Funktionen einsetzen:

.bolt/ignore verwenden
: Sie beschließen, *node_modules* und einige große JSON-Datendateien aus dem Kontext auszuschließen. Sie öffnen das Projekt in StackBlitz, bearbeiten die Datei *.bolt/ignore*, ergänzen die entsprechenden Verzeichnisse bzw. Dateien und öffnen das Projekt danach erneut in Bolt. Dadurch muss die KI künftig bei jedem Prompt weniger Material verarbeiten, was ihre Reaktionsfähigkeit verbessern sollte.

Stabile Dateien sperren
: Sie haben Ihre Authentifizierungslogik in *auth.js* debuggt und perfektioniert: Es ist eine kritische Datei, die im aktuellen Zustand funktioniert. Damit Bolt sie nicht ändert, während Sie sich auf etwas anderes konzentrieren, sperren Sie sie. Jetzt können Sie Bolt beauftragen, ein neues Feature (etwa eine Profilseite) zu implementieren, ohne das Risiko einzugehen, dass dabei versehentlich Ihr Auth-Code beschädigt wird.

Ein Design importieren
: Ihr Designer sendet Ihnen einen Figma-Link für eine aufwendig gestaltete neue Einstellungsseite. Anstatt den UI von Hand zu programmieren, importieren Sie das Design über eine Frame-URL aus Figma – so wie in Kapitel 9. Bolt generiert die entsprechenden React-Komponenten und das nötige CSS, sodass Ihre Seite sofort korrekt gestylt ist.

Diskussionsmodus nutzen
: Nach dem Import und der Implementierung des Designs stellen Sie fest, dass die Seite zwar schön aussieht, aber statisch ist. Sie möchten, dass das Einstellungsformular die Präferenzen der Nutzer dauerhaft speichert. Sie sind sich nicht sicher, wie man Benutzereinstellungen in einer React-App mit Bolt am besten speichert, also gehen Sie in den Diskussionsmodus und fragen:

> Wie kann ich in dieser BoltApp am besten Benutzerpräferenzen (wie Dark Mode an/aus) speichern?

Die KI schlägt einen Ansatz vor, bei dem der Local Storage für sofortige Änderungen und Supabase für die langfristige Speicherung verwendet werden. Sie klicken auf *Implement this plan*, und Bolt ergänzt den Code zum Umschalten des Themes mithilfe eines Context-Providers. Anschließend speichert es die Einstellung.

Deployen und teilen
: Schließlich deployen Sie die App über die Netlify-Integration (wie in Kapitel 7 beschrieben).

Änderungen vornehmen
: Später stellen Sie fest, dass die App noch eine kleine Anpassung benötigt, sind aber gerade nicht an Ihrem Computer. Da das Projekt in Ihrem Bolt-/StackBlitz-Konto gespeichert ist, können Sie sich von jedem Browser aus einloggen – auch auf einem anderen Gerät – und darauf zugreifen. Alle Ihre Bolt-Chats und -Projekte sind in der Bolt-Collection Ihres StackBlitz-Kontos sichtbar. Diese Funktion wird oft übersehen. Sie müssen weder Code mitnehmen noch eine Entwicklungsumgebung einrichten: Ihr Projekt lebt in der Cloud und lässt sich von wo auch immer ausführen.

Wie Sie sehen, ermöglichen Ihnen diese weniger bekannten Funktionen von Bolt, weit mehr zu tun, als nur mit Prompts zu arbeiten. Sie helfen dabei, Lücken zu schließen – etwa indem Sie Unterstützung bei einem Bug erhalten oder die KI auf bestimmte Dateien fokussieren –, und machen den Entwicklungsprozess dadurch effizienter und angenehmer. Als fortgeschrittener Bolt-Nutzer sollten Sie diese Tools immer »mit auf dem Schirm haben«. Wenn Sie das nächste Mal mit Bolt entwickeln, nehmen Sie sich einen Moment Zeit, um die Menüs und die Dokumentation detaillierter zu erkunden: Vielleicht entdecken Sie weitere Funktionen, die Ihnen Arbeit ersparen oder durch die Sie etwas Neues lernen können.

Nachdem Sie nun über solide Debugging-Fähigkeiten und fundierte Kenntnisse der besonderen Funktionen von Bolt verfügen, wenden wir uns einem der revolutionärsten Aspekte der Plattform zu: wie Bolt Backend-Code direkt im Browser ausführt und verwaltet.

Entwicklung von (Backend-gestützten) Full-Stack-Apps in Bolt

Dieser Abschnitt richtet sich an Leserinnen und Leser mit grundlegender Programmiererfahrung, die bereit sind, sich mit Backend-Entwicklung auseinanderzusetzen. Wenn Sie sich erstmals mit Programmieren beschäftigen, empfiehlt es sich, diesen Abschnitt erst zu lesen, wenn Sie mit JavaScript etwas vertrauter sind.

Mit entsprechenden Backend-Fähigkeiten können Sie echte Full-Stack-Anwendungen entwickeln:

APIs und Microservices
: In früheren Kapiteln haben wir API-Aufrufe direkt aus dem Browser mit `fetch()` durchgeführt – dabei wurden API-Schlüssel im Frontend-Code offengelegt, und die Möglichkeiten zur Verarbeitung waren eingeschränkt. Sie können in der Node-Umgebung von Bolt RESTful-Routen oder GraphQL-Endpunkte erstellen. Beispielsweise könnten Sie prompten:

> Erstelle einen Express-Endpunkt */api/weather*, der Wetterdaten von der OpenWeather-API abruft und das Ergebnis zurückgibt.

Bolt wird daraufhin normalerweise eine Express- oder Next.js-API-Route hinzufügen, die diesen Abruf serverseitig ausführt, sobald sie aufgerufen wird. Dadurch liegt der API-Schlüssel auf dem Server und bleibt Nutzern verborgen, außerdem können Sie Caching oder Rate Limiting implementieren und Daten vor der Weitergabe an das Frontend bei Bedarf bearbeiten. Ihr Frontend empfängt anschließend die Serverantwort und verarbeitet sie. Im Grunde ermöglicht Bolt Ihnen dadurch, einen Backend-Server für Ihre App zu simulieren – ideal, um Client-Server-Interaktionen zu erlernen oder Aufgaben aus dem Frontend auszulagern.

Server-side Rendering (SSR) und Frameworks
: *Server-side Rendering* (SSR) bedeutet, dass Ihr Web-Framework HTML bereits auf dem Server generiert, bevor es an den Browser gesendet wird, anstatt die gesamte Seite erst im Browser mit JavaScript aufzubauen. Das verbessert die SEO und verkürzt die initialen Ladezeiten. Moderne Frameworks wie Next.js und Nuxt (Vue) verfügen über Serverkomponenten für SSR oder API-Routen. In der Bolt-Umgebung können diese nahtlos ausgeführt werden. Eine Next.js-App in Bolt startet ihren eigenen Node-Server zum Ausliefern der Seiten. Sie können mit SSR experimentieren in dem Wissen, dass in diesem Tab tatsächlich ein Server läuft. So können Einsteiger erste Erfahrungen mit Full-Stack-Frameworks sammeln, ohne lokal irgendetwas einrichten zu müssen. Wenn Sie beispielsweise ein Nuxt-Blog entwickeln, kann Bolt sowohl die Generierung der Frontend-UI als auch das Backend-API-Management übernehmen.

Datenbanken und Speicher
: Zwar lässt sich in einem WebContainer keine vollwertige Postgres-Datenbank betreiben (zumindest bei Redaktionsschluss dieses Buchs noch nicht), doch Bolt gleicht das über Cloud-Integrationen aus. Supabase stellt eine Datenbank sowie Authentifizierung (Auth) und Speicher bereit, mit denen Ihre Bolt-App über das Internet kommunizieren kann. Bolt hilft ebenfalls beim Einrichten der SDK-Schlüssel und ähnlicher Konfigurationsdetails im Projekt, wenn Sie per Prompt darum bitten. Für einfachere Anwendungsfälle können Sie sich auch für eine da-

teibasierte Speicherung im WebContainer entscheiden, da dieser über ein virtuelles Dateisystem verfügt. Eine Express-App könnte Daten beispielsweise in eine JSON-Datei schreiben. Beachten Sie jedoch, dass das Dateisystem des WebContainers beim Neuladen des Browser-Tabs zurückgesetzt wird – es ist also flüchtig, sofern Sie das Projekt nicht herunterladen. Für eine dauerhafte Speicherung wäre also eine Cloud-Datenbank (oder der Local Storage des Browsers für das Frontend) besser geeignet.

Hintergrundjobs und Skripte

Es geht nicht nur um Server: Sie können Bolt auch verwenden, um Node-Skripte für einmalige oder gelegentliche Aufgaben auszuführen. Angenommen, Sie prompten:

> Scanne alle Seiten und erstelle eine sitemap.xml.

Bolt wird daraufhin ein Node-Skript schreiben, es im Container ausführen und abschließend die Sitemap anlegen. Die Entwicklungsumgebung verfügt über eine Shell, sodass die KI bei Bedarf Befehle wie `npm run build` oder `node scripts/migrate.js` ausführen kann. Damit verschwimmt die Grenze zwischen Coding und DevOps: Ihnen steht faktisch die Leistungsfähigkeit eines Mini-Servers zur Verfügung.

Eine Einschränkung gibt es allerdings: WebContainer unterstützen keine langlebigen Prozesse, die eine dauerhafte externe Verbindung erfordern, etwa direkte Datenbank-Sockets oder das Starten von Child-OS-Prozessen. Es handelt sich um eine Node-Sandbox, die in ihren Möglichkeiten bewusst eingeschränkt ist. Dennoch deckt sie den überwiegenden Teil gängiger JavaScript-Anwendungsfälle ab.

Best Practices für die Nutzung der Backend-Funktionalität

Zu wissen, dass man in Bolt Backend-Code ausführen *kann*, ist das eine. Zu wissen, wie man diese Möglichkeiten effektiv nutzt, ist etwas anderes – vor allem wenn die serverseitige Programmierung für Sie Neuland ist. Hier einige Tipps:

Nutzen Sie vertraute Frameworks.

Wenn Sie sich mit Node.js noch nicht so gut auskennen, lassen Sie Bolt die Details mithilfe etablierter Frameworks regeln. Bitten Sie zum Beispiel um ein einfaches Express-Setup oder nutzen Sie API-Routen von Next.js:

> Richte einen Express-Server mit einer */api/hello*-Route ein, die »Hello world« zurückgibt.

Bolt erstellt dafür das Grundgerüst des Projekts gemäß gängigen Konventionen, sodass Sie sich auf die eigentliche Logik konzentrieren können. Nachdem Bolt die Struktur angelegt hat, können Sie Änderungen vornehmen oder per Prompt eine weitere Route hinzufügen. Dieses iterative Vorgehen vermittelt Backend-Grundlagen direkt im praktischen Kontext.

Behalten Sie die Sicherheit im Blick.
: Die Sandbox schützt Ihr System zwar, dennoch sollten Sie verantwortungsvoll programmieren. Wenn Sie beispielsweise API-Schlüssel für externe Dienste verwenden, vermeiden Sie es, diese anzuzeigen oder im Frontend offenzulegen. Bolt verfügt zwar über keine eigene Verwaltung für Secrets oder Credentials, Sie können Schlüssel jedoch als Umgebungsvariablen speichern, sofern das verwendete Framework dies unterstützt. (Next.js verwendet *.env*-Dateien, die Sie von Bolt anlegen lassen können). Grundsätzlich sollten Sie im Umgang mit Secrets Ihr Bolt-Projekt immer so behandeln, als wäre es öffentlich zugänglich (auch wenn es standardmäßig privat ist), und keine Schlüssel committen, die sich nicht widerrufen lassen.

Nutzen Sie Logs.
: Wie beim Frontend-Debugging ist `console.log` auch serverseitig hilfreich. Wenn Sie einen API-Endpunkt erstellen und dieser sich nicht wie erwartet verhält, fügen Sie im Code Logging hinzu oder prompten Bolt:

> Füge der */api/hello*-Route Logging hinzu, um den Request Body auszugeben.

Rufen Sie den Endpunkt anschließend auf – über das Frontend oder mit `fetch` direkt in der Konsole – und prüfen Sie die Konsolenausgaben. Tatsächlich werden serverseitige `console.log`-Ausgaben sowohl in der Oberfläche von Bolt als auch in den Browser-DevTools angezeigt – häufig in einem speziellen Bereich; Fehler werden zudem meist im Chat erläutert. Auf diese Weise können Sie nachvollziehen, was auf dem »Server« während der Ausführung passiert. Das ist entscheidend, um etwa Request-Daten oder Error-Traces zu verstehen.

Testen Sie die App offline.
: Es ist ein besonders bemerkenswerter Aspekt von WebContainern, dass sie nach dem vollständigen Laden auch offline funktionieren (*https://oreil.ly/A3SYN*) können – zumindest für statische Dateien oder API-Routen, die keinen externen Zugriff benötigen. Dabei handelt es sich nicht um eine explizit aktivierbare Funktion, sondern um einen Nebeneffekt der Ausführung im Browser. Wenn Sie beispielsweise eine völlig eigenständige App haben (ohne externe API-Aufrufe), wird die App im geöffneten Tab auch dann weiter funktionieren, wenn Sie die Internetverbindung trennen. Das unterstreicht noch einmal, wie stark die Grenze zwischen Frontend und Backend hier verschwimmt, weil letztlich alles im Browser läuft. Zugleich zeigt es, dass der Node-Server für den Browser lediglich ein weiteres Skript ist, das ausgeführt wird. Es unterscheidet nicht zwischen dem Be-

reitstellen einer API und der Manipulation des DOM (*Document Object Model*); beides lässt sich mit denselben Werkzeugen debuggen.

Berücksichtigen Sie technische Einschränkungen.
: Auch wenn es verlockend ist, rechenintensive Serverprozesse auszuführen: Denken Sie daran, dass der WebContainer bestimmten Limitationen unterliegt. Die Technik eignet sich hervorragend für Prototyping, Lernzwecke und kleinere Apps. Wenn Sie jedoch versuchen, Dinge wie Video-Encoding oder ein Machine-Learning-Modell darin auszuführen, werden Sie schnell an Performance- oder Speichergrenzen stoßen.

Außerdem ist die Umgebung für einen einzelnen Benutzer ausgelegt – sie verhält sich nicht wie ein Cloud-Server, der problemlos mehrere Clients gleichzeitig bedienen kann. Wenn Sie die App über Netlify deployen, übernimmt Netlify das Hosting eines geeigneten Backends (obwohl es typischerweise nur Frontends hostet; für Backends kommen meist andere Dienste oder serverlose Funktionen zum Einsatz). Der wesentliche Punkt ist daher: Nutzen Sie das Backend in Bolt, um Full-Stack-Logik zu entwickeln und zu testen, verlagern Sie rechenintensive oder produktive Backends jedoch in eine eigens dafür vorgesehene Umgebung. Für Lernzwecke und Prototyping ist das Backend von Bolt jedoch mehr als ausreichend.

Eine weitere Einschränkung betrifft Bibliotheken: Wenn eine Node-Library native Module oder nicht unterstützte Node-APIs verwendet, kann sie im WebContainer Probleme verursachen. WebContainer decken viele Node.js-APIs ab, aber nicht alle. Wenn Sie auf einen Fehler wie »Unsupported module« stoßen, benötigen Sie möglicherweise einen Workaround (weil eventuell manche Dateisystem- oder Netzwerkoperationen nicht erlaubt sind). Der überwiegende Teil webzentrierter Bibliotheken – etwa für HTTP-Anfragen oder die Datenverarbeitung – funktioniert jedoch problemlos.

Nutzen Sie Bolt, um Node.js besser kennenzulernen.
: Für Neulinge ist Bolt eine hervorragende Sandbox, um serverseitiges JavaScript kennenzulernen. Sie können Bolt bitten, Ihnen Beispiele zu zeigen oder kleine Server zu erstellen, und anschließend den erzeugten Code untersuchen.

Da die Interaktion dialogbasiert ist, können Sie etwa fragen:

> Erkläre, wie die verwendete Express-Middleware funktioniert.

Im Diskussionsmodus erläutert die KI bei Bedarf detailliert den von ihr erzeugten Backend-Code und vermittelt dabei die zugrunde liegenden Konzepte. Anschließend können Sie den Code anpassen und sofort beobachten, was passiert. Das ist ein deutlicher Fortschritt gegenüber früheren Zeiten, als man erst Node.js, einen Editor, Postman und weitere Tools einrichten musste, um überhaupt mit einem Backend-Konzept experimentieren zu können.

Beispiel: Ausführen einer Backend-Aufgabe in Bolt

Angenommen, Sie möchten einer mit Bolt generierten React-Site ein Kontaktformular hinzufügen. Dafür benötigen Sie eine Backend-Route, die die Formulardaten per E-Mail versendet, da Sie die Zugangsdaten des E-Mail-Diensts nicht im Frontend offenlegen möchten. In Bolt prompten Sie:

> Füge eine Backend-Funktion hinzu, die ein abgeschicktes Kontaktformular als E-Mail über SendGrid sendet.

Bolt fügt daraufhin eine neue API-Route hinzu (nehmen wir an, es erstellt */api/sendEmail*) und schreibt Code, der die Node-Bibliothek von SendGrid nutzt. Im Hintergrund installiert Bolt dazu das Paket *@sendgrid/mail*. Der Code wird wahrscheinlich einen API-Key für SendGrid verwenden, nach dem Bolt Sie fragen wird. Sie stellen ihn beispielsweise durch Speichern in einer *.env*-Datei bereit, die Bolt für Sie anlegen kann.

Wenn Sie das Formular jetzt in der Web-App ausfüllen und absenden, ruft das Frontend `/api/sendEmail` auf (Bolt wird normalerweise eine entsprechende Verknüpfung im Formular-Handler vornehmen). Der Node-Code läuft im WebContainer, stellt die Verbindung zu SendGrid her und versendet die E-Mail. Sie erhalten eine Erfolgsantwort, und möglicherweise protokolliert Bolt in der Konsole eine Meldung wie »Email sent«.

Das ist ein Beispiel für eine End-to-End-Full-Stack-Entwicklung, bestehend aus einem Frontend-Formular, E-Mail-Logik im Backend und einem externen API-Aufruf. Sie haben damit einen externen Dienst mit einer Backend-Funktion integriert – vollständig aus einem Browser-Tab heraus, wobei Bolt den gesamten Ablauf koordiniert.

> Denken Sie daran, dass alle Secrets (wie Ihr SendGrid-Key) Teil Ihres Projektcodes sind. Die Umgebung von Bolt ist zwar nicht öffentlich für andere zugänglich, doch wenn Sie Ihr Projekt teilen, könnten Dritte diese Informationen einsehen. Ersetzen Sie daher später alle Schlüssel, die Sie in Demos verwenden, und geben Sie keine Bolt-Projekt-URL weiter, sofern sie sensible Informationen enthält.

Deployment und Export Ihres Backends

Wenn Sie bereit sind, die vollständige App zu deployen, sollten Sie berücksichtigen, dass Netlify (der Standard bei Bolt) in erster Linie ein statischer Host ist, der zusätzlich auch serverlose Funktionen (*Serverless Functions*) anbietet. Serverlose Funktionen sind kleine Einheiten von Backend-Code, die bei Bedarf ausgeführt werden, ohne einen dauerhaft laufenden Server zu erfordern: Sie werden bei Aufruf ausgeführt und anschließend wieder beendet, was sie kosteneffizient und gut skalierbar macht. Beim Deployment konvertiert Bolt Ihre API-Routen möglicherweise automatisch in Netlify Functions. Falls nicht, könnten Sie den Code auch manuell verschieben oder das Projekt herunterladen und auf einem eigenen Node-Server oder einer anderen Plattform betreiben. Der von Bolt erzeugte Code ist ganz normaler Node/Express- oder Next.js-Code – Sie können ihn wie jedes andere Projekt behandeln. Sie könnten ein mit Bolt erstelltes Next.js-Projekt beispielsweise problemlos auf Vercel deployen.

Was Sie im WebContainer entwickeln und testen, verhält sich auf einem echten Server identisch, da WebContainer darauf ausgelegt ist, Node sehr genau nachzubilden. Ein kleiner Unterschied betrifft die Performance: Ein WebContainer ist unter Umständen etwas langsamer oder stärker eingeschränkt. Läuft es aber im Container, wird es wahrscheinlich in einer echten Node-Umgebung erst recht laufen.

Abschließende Gedanken zum Backend in Bolt

Für Einsteigerinnen und Junior-Entwickler sind die Backend-Funktionalitäten von Bolt eine Einladung, die Serverseite ohne Berührungsängste zu erkunden. Sie können schrittweise vom bloßen Anpassen der UI zum Schreiben von API-Endpunkten, zur Arbeit mit Datenbanken und anderem übergehen – alles in einer vertrauten Umgebung, die sofortiges Feedback liefert. Das senkt die Einstiegshürde für die Full-Stack-Entwicklung erheblich. Indem Sie in der Bolt-Sandbox üben, erwerben Sie Fähigkeiten, die sich auf alle Node.js-Umgebungen übertragen lassen. Zugleich profitieren Sie vom Komfort eines durchgängigen Workflows, ohne ständig zwischen Frontend und Backend wechseln zu müssen.

Um dieses große Potenzial sicher zu nutzen, sollten Sie keinen Code ausführen, den Sie nicht verstehen. Die Bolt-KI wird nicht absichtlich schädlichen Code schreiben, doch bei der Integration von Beispielen aus Drittquellen ist Vorsicht geboten. Testen Sie Änderungen stets gründlich in der Vorschau. Wenn potenzielle Nebenwirkungen auftreten können, beispielsweise durch den Versand von E-Mails oder die Durchführung von Zahlungsvorgängen, sollten Sie zunächst mit Testzugangsdaten oder in einem sicheren Modus arbeiten. Es gelten immer die bekannten, bewährten Praktiken – Bolt beschleunigt den Entwicklungsvorgang lediglich.

Zusammenfassend lässt sich sagen: WebContainer verwandeln Ihren Browser in einen Full-Stack-Playground. Darauf aufbauend, stellt Bolt eine integrierte Entwicklungs- und Laufzeitumgebung bereit, die beides in einem System vereint. Wenn Sie die Backend-Seite von Bolt beherrschen und serverseitigen Code per Prompt schreiben, ihn debuggen und externe Dienste integrieren können, sind vom Frontend-Entwickler zum echten Full-Stack-Entwickler aufgestiegen. Und das ist Ihnen gelungen, indem Sie sich bei minimalem Einrichtungsaufwand ganz auf Lernen und Entwicklung konzentriert haben.

Wenn Sie Bolt weiterhin nutzen, können Sie die Grenzen dessen, was Sie entwickeln, weiter verschieben: Versuchen Sie, ein benutzerdefiniertes Node-Modul zu erstellen und damit einen kleinen API-Dienst einzurichten. Sie werden feststellen, dass sich diese Fähigkeiten auch auf die konventionelle Entwicklung übertragen lassen. Die besondere Stärke von Bolt liegt darin, die komplexe Welt der Full-Stack-Entwicklung zugänglich zu machen und Sie in die Lage zu versetzen, vollständige Anwendungen per Prompt zu erstellen – von der Datenbank bis zum Browser.

Durch den Einsatz dieser fortgeschrittenen Werkzeuge haben Sie Ihren Browser in eine leistungsfähige Entwicklungsumgebung verwandelt. Sie profitieren dabei sowohl vom unmittelbaren Feedback von StackBlitz als auch von den robusten Möglichkeiten einer vollwertigen Entwicklungsumgebung. Lassen Sie uns nun alles Gelernte zusammenfassen und auf die Reise zurückblicken, die Sie von Bolt zu StackBlitz geführt hat.

Zusammenfassung

Herzlichen Glückwunsch, dass Sie diese intensive Einführung in Bolt und StackBlitz abgeschlossen haben! Lassen Sie uns einen Moment innehalten, um zu rekapitulieren und einzuordnen, was wir behandelt haben.

Am Anfang stand eine von Bolt wie von Zauberhand generierte Movie-App – ein Schnellstart dank KI. Im Verlauf dieses Buchs sind Sie nach einigen Beispiel-Apps aus der Bolt-Umgebung herausgewachsen und in die Werkstatt von StackBlitz eingezogen. Sie haben gelernt, was StackBlitz ist: eine Online-Entwicklungsumgebung, die genauso einfach und komfortabel ist wie Bolt, aber die Detailgenauigkeit und Kontrolle bietet, die nur manuelles Programmieren ermöglicht.

Sie haben ein Projekt von Bolt nach StackBlitz exportiert – ein einfacher, aber entscheidender Schritt, der Ihnen die Freiheit zum experimentellen Arbeiten eröffnet hat. Anschließend haben Sie sich in den StackBlitz-Editor eingearbeitet und entdeckt, welche Werkzeuge er Ihnen zur Verfügung stellt. Anfangs mag all das etwas überwältigend gewirkt haben, doch durch schrittweises Erkunden und kleine Änderungen haben Sie erlebt, dass Programmieren ein iterativer, kreativer Prozess ist. Jede Bearbeitung des Codes und jedes erneute Laden einer App trägt zu einem vertieften Verständnis bei.

Der Vergleich zwischen Bolts KI-getriebenem Workflow und dem manuellen Ansatz zeigt, dass in *beiden* Methoden enormes Potenzial steckt. Bolt bietet große Geschwindigkeit und ein beruhigendes Sicherheitsnetz beim Einstieg. StackBlitz punktet mit Präzision und Lerngewinnen, sodass Sie zunehmend Selbstvertrauen beim Lesen und Schreiben von Code entwickeln. Beide Ansätze schließen sich nicht aus – sie ergänzen sich.

Die Weiterentwicklung der TMDB-App war eine gute Gelegenheit, die eigenen Fähigkeiten weiter auszubauen. Sie haben neue Features ergänzt, die Oberfläche verbessert und sich an Backend-Logik herangewagt. Bei diesen Verbesserungen ging es nicht nur darum, die App attraktiver zu machen (obwohl das ein netter Nebeneffekt war) – es ging darum, Sie in die Lage zu versetzen, bei der Entwicklung einer App Ihre eigenen Vorstellungen verwirklichen zu können. Durch die Ergänzung einer Suchleiste oder den Umgang mit API-Fehlern konnten Sie Ihre Fähigkeiten im Umgang mit APIs, UI-Events und Fehlermeldungen deutlich erweitern. Die Überlegungen zu Backend-Funktionalitäten und die Integration neuer Bibliotheken boten einen Blick in die weite Welt der Full-Stack-Entwicklung – und das alles innerhalb der bereits vertrauten Umgebung.

Die fortgeschrittenen Werkzeuge in StackBlitz – etwa das Terminal und die GitHub-Integration – zeigen, dass diese Plattform kein Spielzeug ist, sondern sich für echte Entwicklungsworkflows eignet. Sie haben dabei Aufgaben professioneller Entwickler ausgeführt: Abhängigkeiten verwaltet, Server gestartet, Versionsverwaltung eingesetzt und GitHub genutzt. Und das alles, ohne den Browser zu verlassen oder etwas auf Ihrem Rechner installieren zu müssen! Das ist ein Beleg dafür, welchen Reifegrad moderne Entwicklungsumgebungen inzwischen erreicht haben. Sie dürfen stolz sein: Sie sind von einer Idee (»Movie-App mit TMDB-Daten«) über eine KI-generierte Lösung zu einem Punkt gelangt, an dem Sie das Projekt selbstständig erweitert und verfeinert haben – und es damit wirklich zu Ihrem eigenen gemacht haben.

In Zukunft können Sie dieses Buch sowohl als Tutorial als auch als Nachschlagewerk nutzen. Wenn Sie einmal vergessen, wie etwas funktioniert (etwa wie man zu GitHub pusht oder welche Schritte für den Export aus Bolt nötig sind), schlagen Sie einfach das entsprechende Kapitel auf und rufen sich den Ablauf noch einmal ins Gedächtnis. Sollten Sie ein *neues* Projekt beginnen, können Sie es zunächst mit Bolt grob aufsetzen und sich dann anhand dieses Leitfadens daran erinnern, wie Sie zu StackBlitz wechseln, um es dort weiter anzupassen.

Diesmal war es eine Movie-App, morgen könnte es alles Mögliche sein: ein persönliches Blog, eine kleine E-Commerce-Demo, ein Spiel oder ein Inventarisierungstool für die Firma. Bolt kann den Einstieg in viele unterschiedliche Projekte erleichtern, und StackBlitz kann als Entwicklungsumgebung und Werkstatt dienen, um diese Ideen vollständig zum Leben zu erwecken. Mit zunehmendem Selbstvertrauen können Sie zu lokalen Entwicklungsumgebungen oder anderen Cloud-IDEs wechseln und dort die gleichen Konzepte anwenden. Die grundlegenden Fähigkeiten, die Sie sich angeeignet haben – Code zu bearbeiten, Projektstrukturen zu verstehen, Fehler zu beheben, mit Terminals und Versionsverwaltung zu arbeiten –, werden Ihnen in unzähligen Situationen von großem Nutzen sein.

Programmieren zu lernen – und darin wirklich kompetent zu werden –, ist ein fortlaufender Prozess. Nutzen Sie sowohl den Komfort von KI-Helfern als auch die großen Möglichkeiten des manuellen Codings. Arbeiten Sie mit Analogien, zerlegen Sie Probleme in kleinere Schritte (wie wir es bei den Feature-Erweiterungen getan haben), und scheuen Sie sich nicht, Dokumentationen und Communitys zu konsultieren, wenn Sie nicht weiterkommen. Die Community der Webentwicklerinnen und -entwickler ist groß und hilfsbereit – und Sie sind nun Teil davon! Experimentieren Sie weiter, entwickeln Sie weiter und vor allem: Haben Sie viel Freude an Ihren künftigen Coding-Abenteuern.

Vielen Dank fürs Lesen – und viel Spaß beim Programmieren in der Cloud!

Index

A

AI-first-Development 24, 25
  Einstiegsbeispiel 26
  erstes Beispiel 29
  Fehlerbehandlung 63
  inkrementeller Ansatz 62
  klare Kommunikation 62
  Tools 62
  UX (User Experience) 63
Anima 147
Animation 89
APIs (Application Programming Interfaces)
  CameraView-API 195
  Entwicklung 220
  Keys
    Einrichtung 76
    Umgebungsvariablen 191
  Location-API 190
  OpenWeatherApp-API 190, 194
    Current-Weather-API 191
  StyleSheet-API 198, 200
Authentifizierung
  Best Practices 117, 119
  Bolt 104, 108
  Supabase 103
  Workout Tracker (App) 135
Authentifizierungs-UI
  Bolt 104, 108
automatisiertes Testen in der LocalWeather-App 202
Autorisierung, Troubleshooting 115

B

Backend-gestützte Apps
  APIs (Application Programming Interfaces) 220
  Best Practices 221, 223
  Datenbanken 220
  deployen 224
  Einschränkungen 223
  exportieren 224
  Frameworks 220, 221
  Hintergrundjobs 221
  Logs 222
  Microservices 220
  Offlinefunktionalität 222
  Sicherheit 222
  Skripte 221
  Speicher 220
  SSR (Server-side Rendering) 220
  Task-Ausführung 224
Backups 70
Barrierefreiheit, Movie-Explorer-App 90
Beispielprompt für ein Daten-Dashboard 61
Beispielprompt für ein E-Commerce-Frontend 60
Beispielprompt für einen Fitness-Tracker 59
Beispielprompt für einen persönlichen Blog 61
Beispielprompt für eine To-do-Liste 59
Blog-Website (Beispielprompt) 61
Boilerplate-Code 216
  Prompt-first-Development 24
Bolt
  Account-Erstellung 37, 40

Authentifizierung 104, 108
Authentifizierungs-UI 104, 108
Backend-Entwicklung in 221, 226
Checkpoints und Rollbacks 67, 71
Code ausführen 24
Debugging in 207, 214
Deployment mit Netlify 123, 127
Discussion-Mode 95, 210, 211, 218
Editing 175, 176
Entwickler 25
Expo-Integration 188, 217, 226
Features, weniger bekannte 214
Dateien ignorieren (.bolt/ignore) 215
Dateien sperren 214
Datei-Targeting 214, 215
Sperren 215
Figma-Integration 147, 161
GitHub-Integration 182, 184, 216
Junior-Entwickler und Einsteiger 25
KI (Künstliche Intelligenz) 29
Live-Entwicklungsumgebung 201
Metaprompts 44, 46
Nichtentwickler 26
Option »Import from Figma« 147
Projekte
erstellen 76, 78
mit Supabase verbinden 104
React und 34, 35
Registrierung 37, 40
StackBlitz
Projekte exportieren nach 166, 168
Übergang zu 165
starten 37, 40
State 83
Suchvorgänge, testen 84
Supabase, verbinden 100
Supabase-Integration 99, 104, 125, 133, 145
Tokennutzung 94
Token-Verbrauch 44
wer davon profitiert 25
Workflow 174, 179
Workspace 38, 40, 60, 61, 65
Bolt-Collection in StackBlitz 219
Bolt im Vergleich zu StackBlitz 177, 179
Bootstrap 79
Build-Testing 202

C

Chatbereich 43
Chats
Chatverlauf 49
Fehlererläuterung 222
leeren/zurücksetzen 43
mehrere 71
Prompt-Eingabefeld 38
Chatverlauf 49
Checkpoints 67, 70
Chrome-DevTools 208
Code-Editor 39
CORS (Cross-Origin Resource Sharing) 93
Cross-Origin Resource Sharing (CORS) 93, 160
CSS-Regeln 80
Current-Weather-API 191

D

Dateien
ignorieren 215, 218
sperren 214, 215, 218
Targeting 214, 215
Dateien ignorieren 215, 218
Dateien sperren 214, 215, 218
Datei-Explorer 38
Datenbanken 220
Best Practices 117, 119
Debugging 207
Beispiel 212
Best Practices 210, 212
Chrome-DevTools 208
Errorlog und 208
Fehler bei externen Diensten 210
Fehlermeldungen 208
Fehlerschleifen 209
KI-Agent und 208
Laufzeitfehler 209
Live-Entwicklungsumgebung 208
StackBlitz 173
Troubleshooting und 209
Umgebungsprobleme 210
Vorschauprobleme 210

Deployment
Backend-gestützte Apps 224
Netlify 121
benutzerdefiniert 125
konfigurieren 122
Testen 124, 125
Troubleshooting 126, 127
Überwachung 123
Updates 125
verbinden 122
Designs, importieren 218
Design-to-Code-Pipeline 147
Discussion-Mode 95, 218
dynamische Daten 32, 34

E

EAS (Expo Application Services) 202
Editing 175, 176
Einkaufslisten-App 147
Checkboxen 149, 156
dynamische Anwendung 155, 159
Einträge entfernen 157
Entfernen-Button 150
Erweiterung 161
Figma, Design 149, 155
Interaktivität 156
Listenelemente 149
Mobile-App, Adaptierung zu 203
Mobile-App, Konvertierung zu 205
Persistenz 158
Projektanforderungen 148
Titel 149
UX (User Experience) 159
Einstiegshürden, Prompt-first-Development und 24
»Enhance prompt«-Funktion 50
Entwicklungsprozess, eingreifen in 73
Entwicklungstests, Mobile-Apps 201
Errorlog, Debugging und 208
Expo 187
App.tsx 188
expo-camera-API 194, 196
expo-notifications-API 196, 198
Integration 217
Location-API 190
Projekte, beginnen 188
Expo Application Services (EAS) 202
Expo Go 187
Expo-Setup 188

F

Fallback-Ladeanzeige 86
Farbe, semantische Farbgebung 160
Feedback, kontinuierliches 55
Fehler, Chats 222
Fehlerbehandlung 86
Laufzeitfehler 209
Movie Explorer (App) 91
Fehlerbehandlung, saubere 86
Fehler bei externen Diensten 210
Fehler-Fallback 86
Fehlermeldungen 208
Fehlerschleifen 209
Figma 147
Auto-Layout 149, 151
Responsivität 158
Benutzeroberfläche 148
Cross-Origin-Probleme 160
Design-Datei erstellen 149
Design-Patterns 160
Download der vorbereiteten Beispieldatei 148
Export zu Bolt 151, 155
Frame-Tool 149
generische Bezeichnungen 160
Konto einrichten 148
Option »Import from Figma« in Bolt 147
Positionierung 159
Text-Werkzeug 150
Troubleshooting 159
Updates, statische Muster 160
Flexbox (CSS) 80
Frameworks
Backend-gestützte Apps 220, 221
Bootstrap 79
Expo 187
Tailwind 79
Full-Stack-Apps 219, 226

G

GitHub 182, 184
  Integration 216
Grid-Container 80

H

Hintergrundjobs 221
Hooks 45
Hot Reloading 172

I

IDEs (Integrierte Entwicklungsumgebungen) 164, 166
Integration mit GitHub 216
Iteration 54
  Prompt-first-Development 25
iterative Entwicklung 71, 72
  eingreifen 73
  neu beginnen 73
  Refactoring und 72
  Resets 73

J

JSX-Syntax 30, 45
  hartcodierte Elemente 155

K

KI (Künstliche Intelligenz)
  Analogie zu Atelierassistent 29
  Annahmen 49
  Grenzen 49, 51
  Kontextfenster 49
  nichtdeterministisch 77
KI-Prompts 174
Komponenten (React) 30
  Props 31, 32
Komponentenfunktionen 30
Kontextfenster 49
Kreativität, Vibe Coding 56, 57

L

Lade-Feedback 86
Ladezustände 86
Laufzeitfehler 209
LLMs (Large Language Models, große Sprachmodelle) 23
LocalWeather-App 188
  Benachrichtigungen 196, 198
  expo-location-Paket 188
  Kamera 194, 196
    »Foto aufnehmen«-Button 194
    CameraView-API 195
  OpenWeatherMap-API 190, 194
  Standortdienste 188, 190
    GPS-Koordinaten 188
  Testen 200
    automatisiertes Testen 202
    Build-Testing 202
    Live-Entwicklungstests 201
Location-API (Expo) 190
Lucide React 45

M

manuelles Coding 174
Metaprompts 44, 46
Microservices 220
Minimum Viable Product (MVP) 26
missverstandene Anweisungen, Reaktion darauf 57, 59
Mobile-Apps
  automatisiertes Testen 202
  Build-Testing 202
  Einkaufslisten-App, Konvertierung 203, 205
  Entwicklungstests 201
  Expo Go 188
  LocalWeather-App 188
MovieDetailsPage (Komponente) 86
Movie Explorer (App) 75
  »Meine Favoriten«-Seite 112, 115
  Animation 89
  anklickbare Movie-Cards 85
  API-Key
    Einrichtung 76
    ungültig 93
  Auffindbarkeit 89
  Authentifizierung 99
  Authentifizierungs-UI 104, 108

Barrierefreiheit 90
Best Practices 95, 97
CORS-Fehler 93
Detailseite, testen 87
Discussion-Mode 95
Empfehlungen 90
Favoriten 90, 99
Favoriten-Button 109, 111
Fehlerbehandlung 91
Filmdetailseite 85, 88
Filme abrufen 79, 82
Filme anzeigen 79, 82
Filmplakate anzeigen 80
Genre-Tags 90
Hover-Effekte 89
Inhaltsangaben 90
intelligente Paginierung 91
interaktive Funktionen 90
Ladevorgang der Filmplakate 91
Loading-States, Skeleton-Screens 89
Navigation 85, 87, 89
Tastaturnavigation 90
Netlify 121
benutzerdefiniertes Deployment 125
Deployment-Prozess 123
konfigurieren 122
Post-Deployment-Updates 125
Testen der Live-Site 124, 125
Troubleshooting 126, 127
verbinden 122
Next.js 85
React 76
Sternebewertung 90
Styling-Probleme 94
Suchanfragen 89
Suchfunktion 82, 84
Supabase 99
Authentifizierung 103
Bolt, verbinden mit 100
Favoriten-Tabelle 101, 102
Kontoeinrichtung 100
Testen 92, 93
Troubleshooting 93, 95
Vorschau 80
MVC (Model-View-Controller) 140
MVP (Minimum Viable Product) 26

N

Navigation
Tastaturnavigation 90
Terminal 180
Troubleshooting 117
Netlify 121
Deployment
benutzerdefiniert 125
Testen 124, 125
Troubleshooting 126, 127
Überwachung 123
Updates 125
konfigurieren 122
Kontoeinrichtung 122
verbinden 122
Next.js 85, 87
nichtdeterministisch 41
NPM-Pakete 77
Nutzertrennung 103

O

OpenWeatherMap-API 190, 194
Current-Weather-API 191
Optimierung, iterative Entwicklung 72

P

Pakete (Abhängigkeiten)
package.json-Datei 85, 180
scripts 177
Terminal 180, 182
Performance
Best Practices 118
Dateien ignorieren 216
iterative Entwicklung 72
Projekt neu beginnen 73
Prompt Engineering 50
Prompt-first-Development 24, 25
Einstiegsbeispiel 26
erstes Beispiel 29
Fehlerbehandlung 63
inkrementeller Ansatz 62
klare Kommunikation 62
Tools 62
UX (User Experience) 63

Prompting
allgemeine Prompts verfeinern 53, 54
Beschreibungen 51
Kontext 51
Look-and-Feel beschreiben 52
Signalphrasen 52
Technologieangaben 52
Zweck 51
Prompts
»Enhance prompt«-Funktion 50
allgemeine Prompts verfeinern 53, 54
Daten-Dashboard (Beispiel) 61
E-Commerce-Frontend (Beispiel) 60
erstellen 40, 43
Fitness-Tracker (Beispiel) 59
globaler Systemprompt 46
Iteration 54
KI-Prompts 174
Kreativität 56, 57
Metaprompts 44, 46
persönlicher Blog (Beispiel) 61
schrittweiser Ansatz 54, 55
To-do-Liste (Beispiel) 59
Umgang mit Missverständnissen 57, 59
Vibe Coding 56, 57
Props, React 31

R

Randfälle 83
React
als Framework 35
Bolt und 34, 35
Denken in 30, 56
dynamische Daten 32, 34
Hooks 45, 50, 140
useEffect 79, 84, 96, 158
useParams 86
useState 33, 79, 155, 156
JSX 30, 45, 155
Komponenten 30, 31
Daten übergeben an 31
Props 31
Komponentenfunktionen 30
Movie Explorer (App) 76
Props 31
Router 86, 87
package.json 85
react-router-dom 85
State 32, 34, 61, 155, 158
Management 183
Variablen 32
Suspense-Fallbacks 87
UI-Elemente 30
Variablen, State-Variablen 32
React-Native-Apps 187
fetch 191
LocalWeather 188
Styles 198, 200
StyleSheet-API 198, 200
UI-Kit 200
react-router-dom 86
Refactoring, iterative Entwicklung und 72
relationale Datenbanken, Workout Tracker (App) 131, 133
Resets 73
RLS (Row-Level Security)
Richtlinien (Policies) 101
Nutzertrennung 103
testen 140
Workout Tracker (App)
Tabelle workout_exercises 134
Tabelle workout_sessions 134
Rollbacks 70, 71
Row-Level Security (RLS) 101

S

scripts
Terminal 180
semantische Farbgebung 160
Server-side Rendering (SSR) 220
Skeleton-UI (Ladeplatzhalter) 86
Skripte
Node-Skript 221
Snippets (Chrome-Erweiterung) 217
Speicher 220
SSR (Server-side Rendering) 220
StackBlitz 23, 164, 166
Autosave 172
Bolt-Collection 219
Bolt-Projekte, exportieren nach 166, 168

Dateioperationen 172
Debugging in 173, 201
Editing 175, 176
Editor-Oberfläche
Ask Bolt.new 171
Datei-Explorer 169
Editor-Bereich 170
Konsolen- und Terminal-Bereich 170
Menü 171
Toolbar 171
Vorschaubereich 170
Express-Server 164
GitHub-Integration 182, 184, 200
Hot Reloading 172
in Dateien suchen 172
KI-Unterstützung 177
Projektstruktur 176, 177
Redo (Wiederholen) 172
Speichern und Versionierung 182
Templates 164
Terminal, Verwendung 179, 182, 209
Testen in 173
Undo (Rückgängig) 172
Vorschau in neuem Fenster 173
WebContainer 164, 166, 208, 210, 220, 225
Workflow im Vergleich zu Bolt 174, 179
State 83
Ladezustände 86
React 155
Troubleshooting 117
Variablen 32, 79
StyleSheet-API 198, 200
Suchanfragen
Movie Explorer (App) 82, 84
testen 84
TMDB-API 82
Supabase 99
Authentifizierung 103
Bolt-Projekt, verbinden 100, 104
Datenvisualisierung 143
Edge Functions 141, 143
Favoriten-Tabelle 101, 102
Kontoerstellung 100
Table Editor 133
Templates 134
UID (User ID) 102
Workout Tracker (App) 131
Authentifizierung 135
Datenbankschema 132, 133
MVC (Model-View-Controller)-Muster 140
Projektgerüst erstellen 135
RLS-Tests 140
Setup 132
Tabelle workout_exercises 132
Tabelle workout_sessions 132
Trainingsverlauf 138, 139
Übungen zu Workout-Sessions hinzufügen 136, 138
Updates 141
Workout-Sessions anlegen 136
Workouts löschen 139
Supercharge (Chrome-Erweiterung) 217

T

Tailwind 79
Targeting von Dateien 214, 215
Tastaturnavigation 90
Templates
Expo 188
Open Source 216
StackBlitz 164
Supabase 102, 134
Supercharge (Chrome-Erweiterung) 217
Terminal, StackBlitz 179, 182
Terminal-Tabs 181
Testen
in StackBlitz 173
LocalWeather-App 200
automatisiertes Testen 202
Build-Testing 202
Live-Entwicklungstests 201
Movie Explorer (App) 92, 93
TMDB (The Movie Database) 75
TMDB-API 76
Filmdetailseite 85, 88
konfigurieren 78, 79
Suchanfragen 82
Umgebungsvariablen 78
Tokens

Limits 94
Verbrauch 44
Troubleshooting
Abruf der Favoriten 116
Autorisierungsprobleme 115
Debugging und 209
Figma 159
Fix testen 66
Folgefehler 66
Hinzufügen von Favoriten 116
Movie Explorer (App) 93, 95
Navigation 117
Problem beschreiben 66
Problemidentifikation 65
State 117
Workout Tracker (App) 143

U

UI (Benutzeroberfläche) 30
Aktualisierung beim Login 115
Authentifizierungs-UI 104, 108
Figma 147
Flackern 86
Skeleton-UI (Ladeplatzhalter) 86
Supabase Favorites-Tabelle 102
verbessern 88, 92
UID (User ID), Supabase 102
UI-Elemente, React 30
Universally Unique Identifiers (UUIDs) 102
Updates, Echtzeit 141
useEffect-Hook 79, 84, 86
useParams-Hook 86
User ID (UID) 102
useState-Hook 33, 79, 155, 156
UUIDs (Universally Unique Identifiers) 102
UX (User Experience)
Einkaufslisten-App 159
Prompt-first 63

V

Variablen, State 32, 79
Versionsverwaltung 67, 70, 177, 179
GitHub 182, 184
Iteration 71, 72
Vibe Coding 56, 57

W

WebContainer 164, 166
Workout Tracker (App) 131
Authentifizierung 135
Best Practices 144, 145
Datenbankschema 132, 133
Datenvisualisierung 143
Edge Functions 141, 143
MVC (Model-View-Controller)-Muster 140
Projektgerüst erstellen 135
RLS (Row-Level Security)
Tabelle workout_exercises 134
Tabelle workout_sessions 134
RLS-Tests 140
Setup 132
Tabellen
Setup 133
Tabelle workout_exercises 132
Tabelle workout_sessions 132
Troubleshooting 143
Updates 141
Workout-Sessions
erstellen 136
Übungen hinzufügen 136, 138
Verlauf 138, 139
Workouts löschen 139
Workspace
Buttons 39
Chatbereich 43
Code-Editor 39
Datei-Explorer 38
Einstellungen 44
Indikatoren 39
Open in StackBlitz 44
Output Panel 39
Preview Panel 39
Prompt-Eingabefeld 38
Schaltfläche »Clear« 43
Schaltfläche »Deploy« 44
Schaltfläche »Download« 43
Schaltfläche »New Project« 43
Schaltfläche »Reset« 43
Token-Verbrauch 44
Wrapper, klickbare 86

Über den Autor

Addy Osmani arbeitet bei Google als leitender Entwickler an Developer Experience, Performance und KI-gestützten Entwicklungswerkzeugen. Er verfügt über 25 Jahre Branchenerfahrung in der Entwicklung von Webtechnologien und hat mehrere Bücher über Best Practices in der Softwareentwicklung verfasst.

Addy hat umfassend mit KI-gestützten Coding-Tools gearbeitet und dabei neue Plattformen wie GitHub Copilot, OpenAI Codex, v0.dev, Cursor und Cline getestet und bewertet. Seine Veröffentlichungen zur KI-gestützten Softwareentwicklung beeinflussen Tausende von Entwicklerinnen und Entwicklern, und in seiner Führungsrolle bei Google Chrome prägt er die Zukunft von Webperformance und KI-gestützten Entwicklerworkflows entscheidend mit.

Dieses Buch bündelt seine umfassende Expertise in der Softwareentwicklung und seine praktische Erfahrung mit KI-gestützten Coding-Assistenten. Es vermittelt Entwicklern konkrete Strategien, um KI in ihren alltäglichen Workflow zu integrieren und sich im dynamischen und schnell wandelnden Feld der Softwareentwicklung zu behaupten.

Kolophon

Auf dem Umschlag von *Vibe Coding mit Bolt* ist ein Karakal (*Caracal caracal*) zu sehen, eine überwiegend in Afrika heimische Wildkatze. Der Karakal wird manchmal auch als Wüstenluchs bezeichnet. Diese Katzen fühlen sich in Wäldern und Savannen, im Buschland, im Grasland und in Wüsten wohl. Die Art kommt außerdem im Nahen Osten und in Indien vor.

Karakale haben auffallend lange, schwarze Haarbüschel an den Ohrspitzen, markante dunkle Gesichtszeichnungen und ein ansonsten einfarbig rötlich goldenes Fell. Ausgewachsene Tiere sind typischerweise etwa 60 bis 105 Zentimeter lang, rund 45 Zentimeter groß und etwa sechs bis 20 Kilogramm schwer, wobei die Weibchen eher kleiner sind. Sie jagen nachts eine Vielzahl von Beutetieren, darunter Mangusten, Nagetiere, Dikdiks und Affen. Karakale können bis zu etwa 80 Kilometer pro Stunde laufen und bis zu drei Meter hoch springen; dabei wurde beobachtet, wie sie nach Vögeln im Flug schlagen.

Die IUCN, die Internationale Union zur Bewahrung der Natur, stuft den Karakal derzeit als »nicht gefährdet« (*Least Concern*) ein. Diese Bewertung ist zum Zeitpunkt der Veröffentlichung dieses Buchs jedoch bereits über zehn Jahre alt und bedarf einer Aktualisierung. Viele der Tiere auf den Covern der O'Reilly-Bücher sind vom Aussterben bedroht. Sie sind ein Schatz der Evolution.

Die Umschlagillustration stammt von José Marzan Jr. und basiert auf einem historischen Stich aus der *Natural History of Animals*. Das Design der Buchreihe stammt von Edie Freedman, Ellie Volckhausen und Karen Montgomery.